21世纪普通高等院校系列规划教材

工程经济学

Gongcheng Jingjixue

主　编　牟绍波　向　号
副主编　饶　芳　张秋凤

西南财经大学出版社
中国 · 成都

图书在版编目(CIP)数据

工程经济学/牟绍波,向号主编.—成都:西南财经大学出版社,2018.8
ISBN 978-7-5504-3507-0

Ⅰ.①工… Ⅱ.①牟…②向… Ⅲ.①工程经济学 Ⅳ.①F062.4

中国版本图书馆 CIP 数据核字(2018)第 117911 号

工程经济学

主　编　牟绍波　向　号
副主编　饶　芳　张秋凤
责任编辑:刘佳庆
封面设计:杨红鹰　张姗姗
责任印制:朱曼丽

出版发行	西南财经大学出版社(四川省成都市光华村街 55 号)
网　　址	http://www.bookcj.com
电子邮件	bookcj@foxmail.com
邮政编码	610074
电　　话	028-87353785　87352368
照　　排	四川胜翔数码印务设计有限公司
印　　刷	四川新财印务有限公司
成品尺寸	185mm×260mm
印　　张	14.75
字　　数	308 千字
版　　次	2018 年 8 月第 1 版
印　　次	2018 年 8 月第 1 次印刷
印　　数	1—2000 册
书　　号	ISBN 978-7-5504-3507-0
定　　价	38.00 元

Preface 前言

工程经济学是一门工程技术科学与经济科学相结合的交叉学科。本书是为适应我国工程类和管理类人才培养的需求，结合我国工程项目管理的实践而编写的。本书注重理论联系实际，思路清晰，案例丰富，具有一定的深度和广度。本书不仅可作为高等学校工程类、管理类本科专业和研究生相关专业的教材，也可作为工程技术人员和管理人员学习和培训用的教材。

本书由西华大学牟绍波和向号任主编。全书共分8章，内容包括：绪论、经济效益及评价指标体系、工程经济分析的可比性原理、工程经济分析的基本方法、不确定性分析、建设项目可行性研究及企业技术改造经济分析、价值工程、工程项目后评价。其中，第一章由向号、张秋凤、唐选坤编写，第二章由牟绍波、张秋凤、杨洋编写，第三章由牟绍波、吴佳、周杉杉编写，第四章由牟绍波、向奕萱、曾雪、辜鹏编写，第五章由向号、向奕萱、曹小英编写，第六章由向号、杨璐、张秋凤、范柳编写，第七章由饶芳、游灿宇、陈明月编写，第八章由饶芳、游灿宇、杨璐和吴佳编写。全书由牟绍波统稿，向号审稿。

本书是西华大学“工程管理类专业教学团队”建设的阶段性成果，在编写过程中参阅了大量的参考书籍和文献资料，在此对这些作者表示衷心感谢！由于编者水平有限，书中难免存在缺点和不足之处，恳请广大读者批评指正。

编者

2018年5月

Contents 目录

第一章　绪论

第一节　工程经济学的定义与研究对象

一、工程经济学的定义

工程经济学（Engineering Economics）是工程与经济的交叉学科，是研究如何有效利用资源，提高经济效益的学科。

有关工程经济学的定义有很多种，归纳起来主要有以下几种观点：

（1）工程经济学是研究技术方案、技术政策、技术规划、技术措施等经济效果的学科，通过经济效益的计算以求找到最好的技术方案。

（2）工程经济学是研究技术与经济的关系，以期达到技术与经济最佳结合的学科。

（3）工程经济学是研究生产、建设中各种技术经济问题的学科。

（4）工程经济学是研究技术因素与经济因素最佳结合的学科。

综上，工程经济学是利用经济学的理论和分析方法，研究经济规律在工程问题中的应用，具体而言是研究工程项目的效益和费用，并对此进行系统计量和评价的学科。

经济学的一个基本假定是资源具有稀缺性。资源的稀缺是相对的，这里指与我们的需要相比，满足这些需要的东西是非常有限的。由于资源稀缺，就要对资源进行合理配置，因此，需要对各种资源配置方案进行评价。本学科的任务就在于，通过一定的判断标准选择恰当的方案。

二、工程经济学的研究对象

工程经济学的实质是寻求工程技术与经济效果的内在联系，揭示二者协调发展的内在规律，促进工程技术的先进性与经济的合理统一。工程经济学的对象是各种工程项目，而这些项目可以是已建项目、新建项目、扩建项目、技术引进项目、技术改造项目等。工程经济学的核心是工程项目的经济性分析。它的研究对象可概括为以下三个方面：

（1）工程经济学是研究工程技术实践的经济效果，寻求提高经济效果的途径与方法的科学。

（2）工程经济学是研究工程技术和经济的辩证关系，探讨工程技术与经济相互促进、协调发展途径的科学。技术和经济是人类社会发展不可缺少的两个方面，其关系极为密切。

（3）工程经济学是研究如何通过技术创新推动技术进步，进而获得经济增长的科学。

第二节　工程经济学的学科性质与特点

一、工程经济学的学科性质

1. 工程经济学是一门与自然科学、社会科学密切相关的边缘学科

要组织生产，进行预测、决策和对技术方案做出分析、论证，都离不开科学技术和现代化管理；进行工程项目的投资决策，需要运用数学优化方法和现代计算手段；从事和做好某一行业的企业管理和技术经济工作，也必须了解该行业的生产技术等。因此，自然科学是本课程的基础。进行工程经济分析，就是为获得更高的经济效益，而经济效益的取得离不开管理的改进、职工积极性和创造性的发挥，因此本课程与社会学、心理学等社会科学相联系。

2. 工程经济学是一门与生产建设、经济发展有着直接联系的应用性学科

无论是工程经济还是企业管理的研究，都要与我国国情和生产建设实践密切结合，包括自然资源的特点、物质技术条件和政治、社会、经济状况等。研究所需资料和数据应当来自生产实际，研究目的都是为了更好地配置和利用社会资源，不断提高经济效益。因此，工程经济学是一门应用性较强的学科。

3. 工程经济学是一门定性与定量分析并重的学科

工程经济与企业管理都要求有一套系统全面的研究方法。随着自然科学与社会科学的交叉与融合，使系统论、数学、电子计算机进入工程经济和企业管理领域，使过去只能定性分析的因素，现在可以定量化。但是，现实仍存在大量无法定量化的因素，如技术政策、社会价值、企业文化等。因此，在研究中必须注意定性与定量的结合。

二、工程经济学的特点

工程经济学是工程技术和经济相结合的综合性边缘学科。因此，它具有边缘学科的特点，即具有综合性、系统性、可预测性和实践性等特点。工程经济学必须以自然规律为基础，但既不同于技术科学研究自然规律本身，又不同于其他经济科学研究经济规律本身，而是将经济科学作为理论指导和方法论。工程经济学的任务不是创造和发明新技术，而是对成熟的技术和新技术进行经济性分析、比较和评价，从经济的角度为技术的采用和发展提供决策依据。工程经济学也不研究经济规律，它是在尊重客观规律的前提下，对工程方案的经济效果进行分析和评价。

工程经济学具有如下特点：

1. 工程经济学强调的是技术可行性基础上的经济分析

工程经济学的研究是在技术可行性研究的基础上，进行经济合理性的研究与论证工作。它为技术可行性提供经济依据，并为改进技术方案提供符合社会采纳条件的改进方案和途径。

2. 工程技术的经济分析和评价与所处的客观环境关系密切

技术方案的择优过程必须受到自然环境和社会环境的客观条件制约。工程经济学是研究技术在某种特定社会经济环境下的效果的科学，是把技术问题放在社会的政治、经济与自然环境的大系统中加以综合分析、综合评价的科学。因此，工程经济学的特点之一是系统的综合评价。

3. 工程经济学是对新技术的各种可行方案的未来“差异”进行经济效果分析比较的科学

工程经济学的着眼点，除研究各方案可行性与合理性之外，还放在各方案之间的经济效果差别上，把各方案中相等的因素在具体分析中略去，以简化分析和计算。

4. 工程经济学所讨论的经济效果问题几乎都和“未来”有关

着眼于“未来”，也就是对技术政策、技术措施制定后，或技术方案被采纳后，将要带来的经济效果进行计算、分析与比较。工程经济学关心的不是某方案已经花费了多少代价，它不考虑过去发生的、在今后的决策过程中已无法控制的、已用去的那部分费用的多少，而只考虑从现在起可获得同样使用效果的各种机会或方案的经济效果。既然工程经济学讨论的是各方案未来的经济效果问题，那就意味着它们会有“不确定性因素”与“随机因素”的预测与估计，这将关系到技术效果评价的结果。因此，工程经济学是建立在预测基础上的科学。

综上所述，工程经济学具有很强的技术和经济的综合性、技术与环境的系统性、方案差异的对比性、对未来的预测性及方案的择优性等特点。

第三节　工程经济学的内容与研究方法

一、工程经济学的内容

实践中经常碰到的工程经济问题主要有：

（1）如何计算某方案的经济效果；

（2）几个相互竞争的方案应该选择哪一个；

（3）在资金有限的情况下，应该选择哪一个方案；

（4）正在使用的技术、设备是否应该更新换代；

（5）公共工程项目的预期效益多大时，才能接受其建设费用；

（6）遵从安全而保守的行动准则，还是从事能够带来较大潜在收益的高风险活动。

据此，工程经济学研究的主要内容包括如下方面：

1. 方案评价方法

研究方案的评价指标，以分析方案的可行性。

2. 投资方案选择

投资项目往往具有多个方案，分析多个方案之间的关系，进行多方案选择是工程经济学研究的重要内容。

3. 筹资分析

随着社会主义市场经济体制的建立，建设项目资金来源多元化已成为必然。因此，需要研究在市场经济体制下，如何建立筹资主体和筹资机制，怎样分析各种筹资方式的成本和风险。

4. 财务分析

研究项目对各投资主体的贡献，从企业财务角度分析项目的可行性。

5. 经济分析

研究项目对国民经济的贡献，从国民经济角度分析项目的可行性。

6. 更新分析

研究资产的更新问题，做出何时更换资产更佳的分析。

7. 风险和不确定性分析

任何一项经济活动，受各种不确定性因素的影响，都会使期望的目标与实际状况发生差异，可能会造成经济损失。为此，需要识别和估计风险，进行不确定性分析。

二、工程经济学的研究方法

工程经济学是工程技术与经济核算相结合的边缘交叉学科，是自然科学、社会科学密切交融的综合科学，一门与生产建设、经济发展有着直接联系的应用性学科。研究方法主要包括：

1. 费用效益分析法

费用效益分析法是工程经济分析的基本方法。通过项目的投入（即费用）和产出（即效益）的对比分析，定量考察工程项目的经济效益状况，研究工程的经济性。具体包括静态分析、动态分析，确定性分析、不确定性分析等。

2. 方案比较法

工程经济分析的一个突出特征是进行方案优选，优选的前提就是比较方案。通过对方案经济效益水平的比较，确定相对较优方案作为实施方案。

3. 预测法

工程经济分析主要是针对拟建项目进行的，依据科学的预测把握未来项目的运行情况。

4. 价值工程法

价值工程方法是工程经济分析的专门方法，通过对价值工程对象的功能分析、功能研究，提出完善对象的功能设计和费用降低的途径。（消除无效或过剩功能）

5. 综合评价法

项目的运行状况反映在技术、经济、环境、国防、政治等多个方面，因此对工程项目的考察不能局限在一方面或几个方面，要全面评价，这就需要综合评价。

思考与练习

1. 如何正确理解工程经济学的研究对象？
2. 如何正确理解工程经济学的性质和特点？
3. 工程经济学的研究内容有哪些？
4. 工程经济分析的研究方法有哪些？

第二章　经济效益及评价指标体系

第一节　经济效益的概念及一般表达式

一、经济效益的概念

现代社会的一切实践活动，无论是物质生产领域还是非物质生产领域，都是围绕着取得预期效益为目的，只不过效益的表现形式和取得方式有所不同。在物质生产中，创造了物质财富，同时也支付了社会劳动，在合理利用资源和保护生态环境的前提下，所得到的有用成果和全部的劳动耗费（包括物化劳动和活劳动的占用和消耗）的比较，构成了经济效益的概念。

1. 有用成果

有用成果是指对社会有益的产品或劳务。有用成果可用价值或使用价值表示，即该成果既符合社会需要，又能够在市场上实现其价值。工程项目投资经济效果主要是指工程项目投资与形成的固定资产、生产能力及社会效益的比较。它不仅反映在工程项目建设过程中，而且反映在投产后的生产过程中。因此，工程项目投资经济效果具有两重含义：一是表现在价值的成果上，即形成固定资产和生产能力；二是表现在使用价值的成果上，即项目建成后所产生的经济与社会效益。工程项目投资不是单纯为了形成固定资产和生产能力，所以，应把这两个方面的效果结合起来对工程项目投资的经济效果进行评价。

工程项目投资经济效果包含的因素主要有：①个别工程项目的投资经济效果和整个国民经济的投资经济效果，即包括微观经济效果和宏观经济效果；②工程项目投资经济效果要统一考虑建设过程中和投产使用后两方面的效果，尤其是后者。所以，工程项目投资经济效果包括近期效果与远期效果两个方面；③工程项目投资经济效果不是某一个方面可能完全反映的，即它不仅反映在工程造价上，还反映在工程质量、建设速度上，因此，它是一个综合的、全面的经济效果。

2. 劳动耗费

劳动耗费是指为取得有用成果而在生产过程中消耗和占用的物化劳动和活劳动。

物化劳动消耗是指进行劳动所具有的物质条件和基础。它既包括原材料、燃料、动力、辅助材料等在生产过程中的消耗，还包括厂房、机器设备、技术装备等在生产实践过程中的磨损折旧等。活劳动消耗是指生产过程中具有一定的科学知识和生产经验并掌握一定生产技能的人，消耗一定的时间和精力，发挥一定的技能，有目的地付出的脑力和体力所花费的劳动量。

劳动占用是指技术方案从开始实施到停止运行为止长期占用的劳动，即投资的占用。例如，为进行生产所购置和安装的机器设备和建造的厂房等，就属于物化劳动的占用。而它们在生产过程中逐渐磨损和消耗，则是物化劳动的消耗。同时，为保证生产过程得以顺利地连续进行，经常需要建立一定数量的材料储备，这也属于物化劳动的占用。它们被分期分批地投入生产而被消耗，则是物化劳动的消耗。活劳动的占用是指在一定生产时期内所占用的全部劳动力的数量。而活劳动消耗则是指劳动者为完成一定的生产任务或生产过程所花费的劳动量。

二、经济效益的一般表达式

人类所从事的任何社会经济活动都有一定的目的性，而且都可以获取一定的效果，这些效果称为该项活动的劳动成果，如各种产品、劳务等。但是要取得这些劳动产品必然要付出一定的代价，即必须投入一定数量的物化劳动和活劳动，付出的代价通常称为劳动消耗。

所谓经济效益就是指人们在工程建设领域中的劳动成果与劳动消耗的比较。这种比较可以用“比率法”“差值法”或“差值-比率法”三种方法表示。

1. 比率法

用比率法表示经济效益，就是用比值的大小来反映经济效益的高低，其数学表达式为

$$E=\frac{B}{C} \tag{1-1}$$

式中：E——经济效益；

B——劳动成果；

C——劳动消耗。

式（1-1）实际上是单位投入产出比，其比值越大越好。投入产出比可以用四种形式表示：①劳动成果和劳动消耗均以价值形态表示，如劳动成果可以用国民生

产总值、国内生产总值、销售收入、利润总额等指标表示，劳动消耗可以用固定资产投资、总成本、工资总额等指标表示；②劳动成果以价值形态表示，劳动消耗以实物形态表示；③劳动成果与劳动消耗均以实物形态表示；④劳动成果以实物表示，劳动消耗以价值表示。

2. 差值法

差值法是以减法的形式表示经济效益的大小，其数学表达式为

$$E = B - C \tag{1-2}$$

在差值法中，无论是劳动成果还是劳动消耗，都必须用价值的形式表示，劳动成果用财政收入、销售收入等价值形态表示；劳动消耗用财政支出、成本支出等价值形态表示。计算出来的收支差额用纯收入、利润等价值形态表示，要求 $E \geqslant 0$，而且差额越大越好。

3. 差值-比率法

除比率法和差值法两种表示方法外，还可以将两者结合起来表示经济效益，即

$$E = \frac{B - C}{C} \tag{1-3}$$

该式反映单位消耗所创造的净收益，如每百元固定资产创造的利润等。这种表示方法综合了比率法和差值法的优点，其应用也非常广泛。

第二节 经济效益评价的基本原则

在工程经济学中，评价工程项目或技术方案的原则通常有技术和经济相结合的评价原则、定性分析和定量分析相结合的评价原则、财务分析与国民分析相结合的评价原则以及可比性原则。这些原则从不同角度对项目或方案进行考评，综合上述原则便可得到项目或方案较全面的评价结果。

一、技术和经济相结合的评价原则

工程经济学是研究技术和经济相互关系的科学，其目的就是根据社会生产的实际情况以及技术与经济的发展水平，研究、探索和寻找技术与经济相互促进、协调发展的途径。此外，工程经济分析的主要内容还包括分析拟建项目的各种可能的实施方案在技术上的可行性、先进性，在经济土的合理性、节约性。因此，在讨论、评价工程项目或技术方案时，必须要遵循技术和经济相结合的评价原则。

技术和经济既相互联系、相互促进，又相互制约。一方面，技术是经济发展的重要手段，技术进步是推动经济发展的强大动力；另一方面，技术上的先进性和其经济合理性之间又存在着一定的矛盾。所以，在应用工程经济学的理论来评价工程

项目或技术方案时，为保证工程技术很好地服务于经济，满足社会的需要，最大限度地创造效益，要采用技术和经济相结合的原则来评价工程项目的经济效果。

二、定性分析和定量分析相结合的评价原则

多数情况下，工程经济分析都是对拟建项目进行分析，项目尚未实施，项目功能要求还不十分明确，项目的细节问题有待改进，有些经济问题非常复杂，甚至有些内容难以用准确的数量来表达。所以，在某些情况下，定性分析是十分必要的。定量分析和定性分析相互配合，相互依存，缺一不可。定量分析的科学计算是分析的基础，定性分析可以对定量分析进行修正，是定量分析的补充和完善，定性分析又是定量分析的基础。在定量分析以前，必须进行必要的定性分析，才能正确选择评价的参数。因此，在实际分析评价中，应善于将定性分析与定量分析结合起来，互相补充，从而使分析结果更科学、更准确。

三、财务分析和国民经济分析相结合的评价原则

财务分析是从投资者的角度出发，根据国家现行的财务制度和价格体系，分析和计算项目直接发生的财务效益和费用，考查项目给投资者带来的经济效益，据此判断项目的财务可行性。财务分析是站在企业立场上的微观经济分析，其目的是考查项目给企业带来的经济效益，对于企业或投资者来讲，投资项目的目的就是希望从项目的实施中获得回报，取得效益。这样，企业就必须本着获利的原则对项目进行财务分析，计算项目直接发生的财务效益和费用，编制各种财务报表，计算评价指标，考查项目的盈利能力和偿债能力，以便对项目自身的盈利水平和生存能力做出评价。财务分析是以企业获得的最大净收益为目标。

国民经济分析则是从国民经济的角度出发，根据国家的有关政策，按照资源优化配置原则，分析和计算项目发生的间接效益和间接费用，考查项目给国家带来的经济效益，据此判断项目的国民经济可行性。国民经济分析的目的是考查项目给国家带来的净贡献，它是一种站在国家和社会的立场上进行的宏观经济分析。一般情况下，投资项目对整个国民经济的影响不仅仅表现在项目的财务效果上，还可能会对国民经济其他部门和单位或对国家资源、环境等造成影响，只有通过项目的国民经济分析，才能具体考查项目的整体经济效果。国家的兴旺发达离不开企业的经济发展，任何企业的发展必须兼顾国家、集体和企业三者的共同发展。企业的发展要有利于国民经济的发展，企业的发展策略也必须在国家的宏观指导下进行。因此，项目必须进行国民经济评价。

从以上内容可以看出，项目的财务分析和国民经济分析都是用来评价投资项目的，但其出发点是不同的。

当财务分析与国民经济分析结果不一致时，应以国民经济分析结果为主。财务

分析与国民经济分析结论均可行的项目，应予以通过。国民经济分析结论不可行而财务分析结果可行的项目应予以否定。对于一些关系国计民生必须的项目，国民经济分析结果可行，但财务分析结果不可行，通常要重新考虑方案，或向有关主管部门建议申请采取相应的经济优惠措施，使得投资项目具有财务上的生存能力，既满足人民群众生产、生活的必须，又不给国家造成严重的经济负担。

四、可比性原则

在分析中，既要对某方案的各项指标进行研究，以确定其经济效益的大小，也要把该方案与其他方案进行比较评价，以便从方案中找出具有最佳经济效果的方案，这便是比较问题。满足可比性原则是进行工程经济分析时应遵循的重要原则之一。经济效益评价中，只有满足可比条件的方案才能进行比较。这些可比条件有：满足需要上的可比、消耗费用上的可比、时间上的可比和价格上的可比。

第三节　经济效益评价指标体系

一、劳动成果类指标

劳动成果类指标是反映工程项目或技术方案有用成果的指标，主要包括产品数量、产品品种、产品质量、劳动耗费的节约以及时间因素等内容，通常要结合工程实际的特点来确定。

1. 数量指标

数量指标反映的是工程项目或技术方案所产生的有用成果数量的大小，它表明技术方案对社会需求在数量上的满足，可用实物量或价值量表示，如产品产量、产品产值等。用实物量表达的数量指标应是满足规定质量标准的实物产量；价值量指标是通过价值的形式说明技术方案有用成果的指标，它们都统一在货币的基础上，可用销售收入、净产值、利润额及总产值等指标计量。实物量指标不能准确反映出一个产出多种产品技术方案的价值量，而价值量指标可以做到这一点。

2. 品种指标

品种指标是用来反映经济用途相同而实际使用价值有差异的产品种类的多少。品种指标主要有产品品种数量、新产品品种数量、新品种代替老品种的数量、尖端产品品种数量以及它们各自在产品品种总数中的比重，大型设备产品配套率、产品自给率等也属于该类指标。品种指标无论在体现满足社会需求方面，还是在表示经济成果方面，都是一个重要指标。

3. 质量指标

质量指标是指工程项目或产品的性能、功用，满足使用要求的程度以及外部质量特性。它通常可分为两大类：一类是反映产品内在质量特性的专门性指标，如产品的精度、构造、物理性能、化学性能、力学性能、电气性能等；另一类是反映产品外部质量特性的指标，如外观、形状、气味、色泽、手感等。因质量特性不同，反映产品质量的指标不能直接比较时，实践中通常采用间接的指标进行评价，如合格率、优质品率等。

4. 劳动耗费的节约指标

生产建设活动中各种物化活动和活劳动的占用和消耗的节约，也应属于有用成果类指标，而且是很重要的指标。因为劳动占用和劳动消耗的节约本身是一种额外的收益，所以它是有效的劳动成果。这种情况在技术方案比较和分析中经常遇到，因此，应充分重视这类指标的应用。

5. 时间指标

时间指标是指工程项目从设计到竣工以及产品从设计、试制到生产出来，发挥其使用价值作用所需经历的时间。它用来反映生产与建设的速度。缩短时间所产生有用成果体现在两个方面：一是通过节约劳动耗费来增加有用成果，二是减少或避免因新技术出现而使原技术方案相对贬值所引起的损失。属于时间指标的有：产品研制周期、产品生产周期、设备成套周期、项目寿命周期、项目的建设周期以及从投产到达到设计产量的时间等。

二、劳动耗费类指标

劳动耗费类指标是指反映劳动消耗和劳动占用情况的指标。具体又可划分为物化劳动的消耗、物化劳动的占用、活劳动的消耗、活劳动的占用以及劳动消耗的综合指标等。

1. 物化劳动消耗指标

物化劳动消耗可用各种原材料、燃料、动力等物质要素的实物消耗量和价值消耗量来表示。具体可按产品总量计算，也可按单位产品的消耗量计算。例如，原材料总消耗量就是该类指标；机器、设备、厂房等物化劳动的消耗是通过折旧的方式多次转移到劳动成果中去，如制造单位产品消耗设备台时数，就是反映设备消耗情况的实物量指标。

2. 物化劳动占用指标

物化劳动的占用是指某些劳动产品还没有被消耗掉，作为生产经营活动过程中必不可少的一部分已经被占用，这种被占用了的劳动产品就称为劳动占用，可用实物量和价值量表示。作为劳动手段而被占用的固定资产，如厂房、建筑物、机器设备、仪器仪表等固定资产扣除折旧后的价值；作为劳动对象而被占用的流动资产，如处于储备状态中的原材料、燃料、动力等物化劳动产品以及处于生产过程和流通领域中的在制品、库存待销售产品、已销售但未收回货款的产品、银行存款、库存现金等。

3. 活劳动消耗指标

活劳动消耗可划分为直接活劳动消耗和间接活劳动消耗。前者是指直接参与产品生产或项目建设的生产人员付出的劳动量，而该劳动消耗又可细分到各道生产工序。各道生产工序的生产工时、生产人员工资总额等均属该类指标。后者则是指生产管理人员的活劳动消耗，如管理人员平均工资等指标。

4. 活劳动占用指标

当经济论证或考核一个技术方案的能力或效率时，常常需要完成该技术方案所需的各类人员总数，该类指标就属于活劳动占用指标。如职工总数、生产人员数量、辅助人员数量等。

5. 劳动消耗的综合指标

反映劳动消耗的综合指标有两个：一是年总成本费用指标；二是基本建设投资指标。

年总成本费用指标是指一个年度内为生产和销售产品而花费的包括生产成本、管理费用、财务费用和销售费用在内的全部成本和费用的总和。

投资指标一般是指投资者将资金投放到指定的地方，并希望达到预期效果的一种经济行为。投资指标可用两种形式描述，即投资总额和单位产品投资额。投资总额是指为实现工程项目或技术方案而在固定资产形成过程中发生的全部费用支出的总和与流动资金投资之和。投资总额与生产总量（通常按年计算）的比值为单位产品投资额。它反映了技术方案的投资水平，是比较指标。在分析比较投资效果时，当两个项目或方案产量相同时，可以用投资总额比较；当产量不同时，则要用单位产品投资额来衡量才有可比性。

三、经济效益类指标

这类指标是反映有用成果与劳动耗费相互比较的指标。它可从三个方面进行对比：有用成果与劳动消耗的对比；有用成果与劳动占用的对比；有用成果与劳动消耗、劳动占用的综合对比。

1. 反映有用成果与劳动消耗对比的指标

该类指标反映的是某种单位劳动消耗所产生的有用成果。例如，劳动生产率、材料利用率、动力利用率、成本利润等均属该类指标。

2. 反映有用成果与劳动占用对比的指标

该类指标反映的是某种单位劳动占用所产生的有用成果。例如，设备综合利用率、人均年产量、流动资金周转次数、固定资产产值率、资金利润率等均属该类指标。

3. 反映经济效益的综合指标

综合指标通过对有用成果与劳动消耗和劳动占用的全面计算与比较，可以综合反映投资的效益。这类指标可分为绝对经济指标和相对经济指标。绝对经济指标反映一个技术方案或一个项目本身经济效益的大小。常用的绝对经济指标有：投资回收期、净现值、内部收益率等；相对经济指标反映一个技术方案与另一个技术方案相比较的经济效益状况。常用的相对经济指标有追加投资回收期、差额内部收益率等。

第四节　工程经济分析的基本原则和一般程序

一、工程经济分析的基本原则

许多读者觉得工程经济学很难学，本教材总结了以下十条基本原则供大家参考，如果读者能在今后的学习和工作实践中把握好这些原则，将有助于做出正确的工程经济分析。

1. 资金的时间价值原则——今天的 1 元钱比未来的 1 元钱更值钱

一个最基本的概念是资金具有时间价值，即今天的 1 元钱比未来的 1 元钱更值钱。投资项目的目标是为了增加财富，财富是在未来的一段时间获得的，能不能将不同时期获得的财富价值直接加总来表示方案的经济效果呢？显然不能。由于资金时间价值的存在，未来时期获得的财富价值现在看来没有那么高，需要打一个折扣，以反映其现在时刻的价值。如果不考虑资金的时间价值，就无法合理地评价项目的未来收益和成果。

2. 现金流量原则——投资收益不是会计账面数字，而是当期实际发生的现金流

衡量投资收益用的是现金流量而不是会计利润。现金流量是项目发生的实际现金的净得，而利润是会计账面数字，按“权责发生制”核算，并非手头可用的现金。

3. 增量分析原则——从增量角度进行工程经济分析

增量分析符合人们对不同事物进行选择的思维逻辑。对不同方案进行选择和比较时，应从增量角度进行分析，即考察增加投资的方案是否值得，将两个方案的比较转化为单个方案的评价问题，使问题得到简化，并容易进行。

4. 机会成本原则——排除沉没成本，计入机会成本

企业投入一些自己拥有的资源，如厂房、办公楼、设备、人工等，因为是自有要素，故企业不允许未使用它们而发生任何实际支出，但这并不意味着自有要素的使用没有成本，将楼房出租或出售给其他企业就能够取得一定的收益，这种收益构成了企业使用自有要素的机会成本。沉没成本是决策前已支出的费用或已承诺将来必须支付的费用，这些成本不因决策而变化，是与决策无关的成本。

5. 有无对比原则——有无对比而不是前后对比

“有无对比法”将有这个项目和没有这个项目时的现金流量情况进行对比；“前后对比法”将某一项目实现以前和实现以后所出现的各种效益费用情况进行对比。

6. 可比性原则——方案之间必须可比

进行比较的方案在时间上、金额上必须可比。因此，项目的效益和费用必须有相同的货币单位，并在时间上匹配。

7. 风险收益的权衡原则——额外的风险需要额外的收益进行补偿

投资任何项目都是存在风险的，因此必须考虑方案的风险和不确定性。不同项目的风险和收益是不同的，对风险和收益的权衡取决于人们对待风险的态度。但有一点是肯定的，选择高风险的项目，必须有较高的收益。

8. 采用一贯的立脚点

备选方案的未来可能产生效果，无论是经济的还是其他方面，都应该一直从同一个确定的立脚点来预测。立脚点有个人、企业、政府、国家、社会公众等，一般采用决策者（通常是项目投资者）作为立脚点。然而，对某个特定的决策所采用的立脚点从一开始就应确定，并在今后的描述、分析和备选方案的比较时也应一直采用。

9. 考虑所有相关的判据标准

选择一个较优的方案（做决策）需要使用一个或几个判据。在决策的过程中既应该考虑用货币单位度量的效果，也应该考虑用其他测量单位表示的效果或定性描述的效果。决策者通常会选择那些最有利于组织所有者长期利益的备选方案。在工程经济分析中最主要的判据是与所有者的长期经济利益相关的。这是基于这样的假设：所有者的可用资本将被合理分配以提供最大的货币回报。但是，人们在做决策时还想达到其他的组织目标。这些目标应该考虑，而且在选择备选方案时也应给以一定的重视。这些非货币属性和多目标就成为决策过程中附加判据的基础。

10. 重新审视决策

合适的程序有助于提高决策质量，为了使决策更有实践性，被选出的备选方案的初始预测效果应该与随后取得的实际效果进行比较分析。

一个好的决策过程也有可能产生一个结果不理想的决策。另外有些决策，即使比较成功，但实际结果与最初预测结果差别很大。总结经验教训并适时调整，是一个优秀组织的标志。

将选定方案的实际效果与其最初预测效果进行对比分析，常常被认为是不实际或不值得去做的。人们更习以为常的是，在决策过程当中没有任何反馈。组织应该建立一个制度，确保对执行的决策效果做例行后评价，并且将后评价结果用来改进今后的分析和决策制定的质量。例如，在比较备选方案时通常会犯的一个错误是，没有充分考虑到所选因素估计中的不确定性对决策的影响。只有后评价才集中关注这个组织进行工程经济分析时的薄弱环节。

第三章　工程经济分析的可比性原理

第一节　技术方案经济比较的可比原则

一、工程经济分析比较的可比性原则

工程经济学研究的核心内容就是让项目或者技术方案达到最佳经济效果。因此，在分析中，我们不仅要对某一个方案的各项指标进行研究，来确定其经济效益的大小，还要把该方案与其他备选方案进行比较评价，为的是从所有的方案中找出具有最佳经济效果的那个方案，这就是比较问题。对备选方案进行比较是工程经济的主要内容。可比性原则是在进行工程经济定量分析时所应遵循的重要原则之一，可确保所有的备选方案在统一口径下进行比较评价。通常，对方案进行比较可从满足需要上的可比、消耗费用上的可比、价格指标上的可比和时间因素上的可比因素上的可比四个方面着手分析。

1. 满足需要上的可比

任何一个项目或技术方案的主要目的都是为了满足一定的社会需求，不同项目或方案在满足相同的社会需求的前提下也能进行比较。满足需要可比性应在产品的品种、产量、质量三个方面具有可比性。

（1）产品品种可比

产品品种是指企业在计划期内应生产的产品品种的名称、规格和数目，反映的是企业在计划期内在产品品种方面满足社会需要的情况。

对技术方案进行经济比较时，为符合产品品种可比的要求，可运用以下方法进行调整：

①为达到相同的使用功能，对不同的品种可运用折算系数进行折算。

②可按费用的多余开支或节约来调整，然后再进行比较。

（2）产量可比

产量可比是指项目或技术方案满足社会需要的产品的数量。

不同项目或技术方案的产量或完成的工作量的可比是指其净产量或净完成工作量、净出力之间的可比，而不是其额定产量或工作量、出力多少的可比。由于各项目或技术方案通常具有不一样的技术性质和条件，在执行过程中还会造成相关的损失和费用。

（3）质量可比

质量可比是指不同项目或技术方案的产品质量相同时，可直接比较各个相关指标；质量不同时，则需经过调整计算后方可比较。在现实实际生活中，由于有些产品的质量用数字精确描述有着很大的困难，而存在有些项目或技术方案的产品质量有所不同，这对不同的社会需求也会有较大差异。因此，在进行比较时要进行调整或折算。而对如美观、方便、味道等难以用定量的质量指标进行比较时，可运用评分法进行比较。

此外，在进行满足需要可比性时，对能够满足多方面需要的方案可与满足单一需要方案的联合方案比较；方案规模不同时，应以规模小的方案乘以倍数与规模大的方案进行比较；对产品可能涉及其他部门或造成某些损失的方案，应将该方案本身与消除其他部门损失的方案组成联合方案进行比较。

2. 消耗费用上的可比

工程项目的经济效果是投入和产出之比，所以方案的选择除了满足需要上的可比性之外，还要进行消耗费用方面的可比性分析。由于备选方案的技术特性和经济特性的不同，所需要的人力、物力和财力各不相同，为了使各个方案能够进行阶级效果上的比较，应从项目建设到产出产品以及产品消费的全过程中整个社会的消耗费用来比较，而不是依某个国民经济部门或个别环节的部分消耗进行比较。当项目涉及行业众多，难以从根本上保证消费费用上的可比性时，可只考虑与项目或方案有直接关系的环节，对这些环节的消耗费用进行比较分析，而忽略其他的间接环节的费用比较。

3. 价格指标上的可比

价格是影响工程项目或技术方案的重要因素之一。每一个项目或技术方案都要产出或提供服务，同时消耗物化劳动，即有产出也有投入。要描述项目或方案产出和投入的大小，以便与其他的项目或技术方案进行比较，就要考虑价格因素。价格指标上的可比是分析比较项目或技术方案经济效益的一个重要原则。

要使价格可比，项目或技术方案所采用的价格指标体系应该相同，这是价格可比的基础。对每个技术方案可言，无论是消耗品还是产品，均应该按其相应的品目价格计算投入或产出。从理论上讲，产品的价格与价值是一致的，实际中，却时有背离的情况。所以，在比较价格时，通常对产出物和投入物的价格不采用现行价格，而是按合理价格来比较。这个合理价格反映了国家的最大利益和用户及消费者的正当利益，由国家主管行政部门确定。这个价格通常仅供对项目或方案进行经济效益分析时参考使用，对现行价格不产生任何意义上的影响，也不暗示其变化的趋势，只作为价格比较时的基本条件。

4. 时间因素上的可比

资金的时间价值是动态经济分析的基础，所以在对备选方案进行比选时，必须考虑时间因素，采用相等的计算期作为比较基准，然后才能进行经济效果比较。对于投资、成本、产品质量、产量相同条件下的两个项目或方案，其经济效益也不同。规模小的方案，建设期短，寿命期短，投产后很快实现收益，资金回收期短，但往往需要追加投资；规模大且技术先进的方案，通常建设期长，寿命期长，经济效益好，但收益晚，回收期长。显然，时间因素对方案经济效益有直接影响。比较不同项目或方案的经济效益，时间因素的可比条件应满足：

（1）计算期相同。不同的方案应以相同的计算期为比较基础。

（2）考虑货币的时间价值。发生在不同时间内的效益和费用，应根据货币的时间价值进行折算比较。

（3）考虑整体效益。不同项目或技术方案在投入财力、物力、人力及自然力和发挥经济效益等方面的时间不同，其经济效益会有很大差别，比较时应该考虑这些方面对社会、环境、资源及本企业的总体影响。

第二节　现金流量

一、现金流量的概念与构成

所谓现金流量，是指拟建项目在建设或营运中实际发生的以现金或现金等价物表现的资金流入和资金流出的总称。现金流量可以分为现金流入量、现金流出量和净现金流量。

现金流入量是指在整个计算期内所发生的实际现金流入，或者说是某项目引起的企业现金收入的增加额，通常来自于营业（销售）收入，固定资产报废时的残值收入以及项目结束时收回的流动资金。这里的中心指标是营业现金流入。

现金流出量是指在整个计算期内所发生的实际现金支出，或者说是某项目引起的企业现金支出的增加额，通常用于支付企业的建设投资和流动资金投资、税金及附加和经营成本等。

净现金流量是指某个时点上实际发生的现金流入与现金流出的差额。流入量大于流出量时，其值为正；反之，其值为负。

建设项目的现金流量是以项目作为一个独立系统，反映项目整个计算期内的实际收入或实际支出的现金活动。

项目计算期也称为项目寿命期，是指对拟建项目进行现金流量分析时应确定的项目的服务年限。一般分为四个时期：建设期、投产期、达产期和回收处理期。

确定现金流量应注意以下问题：发生时点；实际发生资金数量；现金流入或现金流出（不同的角度有不同的结果，如税收，从企业的角度来看是现金流出，从国家的角度来看就是现金流入）。

在项目经济分析与评价中，构成系统现金流量的要素，主要有投资、成本、销售收入、税金和利润等。这些经济量是构成经济系统现金流量的基本要素，也是进行经济分析最重要的基础数据。其中构成系统现金流入的要素，主要是销售收入、回收固定资产残值和回收流动资金等；构成系统现金流出的要素，主要是投资、经营成本、税金等。

二、现金流量的确定和发生时间的选择

1. 现金流量的确定

在投资项目决策中，经济分析是建立在现金流量基础上的，也就是说，项目分析是建立在一定时期内项目的收益和支出的实际资金数量之上的。而影响项目投资决策结果的现金流量是相关现金流量，因此我们要在现金流量分析中考虑相关的现金流量。

在辨别相关现金流量时，应明确净现金流量不是利润；相关现金流量是有无对比的增量现金流量，而非总量现金流量；相关现金流量是未来发生的，而非过去发生的，即沉没成本不应该考虑在内的；相关现金流量不能忽视机会成本。

2. 现金流量发生时间的选择

一个完整的投资全过程是从第一笔投资收入到项目不再产生收益为止。作为实业性投资，这个周期至少要几年甚至要几十年。在投资决策的前期，一般要事先估计这样一个投资的周期，即计算期或研究期。计算期的起点可以定在投资决策后开始实施的时点上，在此之前的投资支出（一般不会很大）可以合并后作为这点上的支出。计算期的长短取决于项目的性质，或根据产品的寿命周期、主要生产设备的经济寿命、合并合作期限而定，一般取上述考虑中较短者，最长不宜超过 20 年。投资者希望在这段时间内使投资活动取得成功，在投资环境风险较大的情况下，投资者一般选定较短的计算期，仅几年甚至几个月，这样，投资项目选择的余地很小，投资规模也不会很大。

此外，在工程经济分析中，我们还必须正确地考虑现金流量发生的时间。由于货币具有时间价值，从理论上讲，分析投资项目现金流量应该与其发生时间相一致。

而投资项目的现金流量可能会发生在投资期间的任何时点，因此，在大多数情况下，为了方便计算和汇集现金流量，按投资各年归集现金流量时，现金流量发生在年（期）末，第一年年初发生的可另行处理，可作为“0”年。

为使决策更准确，最好进行每日现金流量估计。但是预测中的不确定性和工作量的加大会导致决策成本过高，所以选择归集现金流量的时间要考虑所得和所费之间的平衡，一般按年分析项目现金流量比较合适。但是，如果有必要和可能，可以以月、季或半年为单位进行分析。

三、现金流量表与现金流量图

1. 现金流量表

现金流量表是指能够直接、清楚地反映出项目在整个计算期内各年现金流量（资金收支）情况的一个表格，利用它可以进行现金流量分析，计算各项静态和动态评价指标，是评价项目投资方案经济效果的主要依据。现金流量表的一般形式见下表 3.1。

表 3.1　　**现金流量表**

序号	项目 \ 年序	建设期		投产期		达到设计能力生产期				合计
		1	2	3	4	5	6	……	n	
1	现金流入									
1.1	产品销售（营业）收入									
1.2	回收固定资产余值									
1.3	回收流动资金									
2	现金流出									
2.1	固定资产投资									
2.2	流动资金									
2.3	经营成本									
2.4	销售税金及附加									
2.5	所得税									
3	净现金流量（1-2）									
4	累计净现金流量									
5	所得税前净现金流量（3+2.5）									
6	所得税前累计净现金流量									

从表中可以看出，现金流量表的纵列是现金流量的项目，其编排按现金流入、现金流出、净现金流量等的顺序进行；表的横行是年序，按项目计算期的各个阶段来排列。整个现金流量表中既包含现金流量各个项目的基础数据，又包含计算的结

果；既可纵向看各年的现金流动情况，又可横向看各个项目的发展变化，直观方便，综合性强。

根据现金流量表中的净现金流量，我们可直接计算净现值、静态投资回收期、动态投资回收期等主要的经济评价指标，非常直观、清晰。现金流量表是实际操作中常用的分析工具。

2. 现金流量图

对于一个经济系统，其现金流量的流向（支出或收入）、数额和发生时点都不尽相同，为了正确地进行经济效果评价，我们有必要借助现金流量图来进行分析。所谓现金流量图，就是一种反映经济系统资金运动状态的图示，即把经济系统的现金流量绘入一幅时间坐标图中，表示出各现金流入、流出与相应时间的对应关系，如图 3.1 所示。

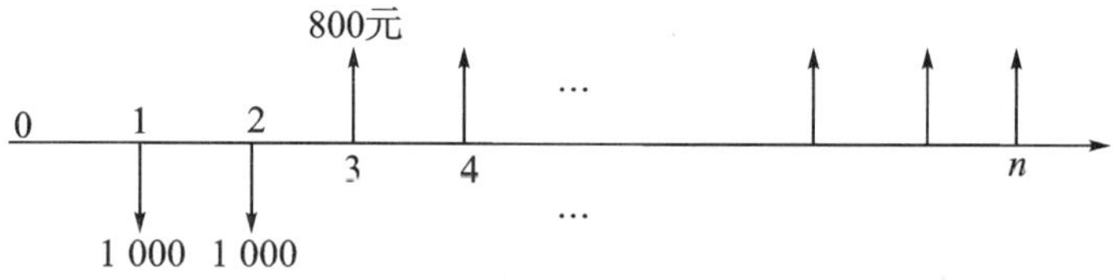

图 3.1　现金流量图

现以图 3.1 为例说明现金流量图的作图方法和规则：

以横轴为时间轴，向右延伸表示时间的延续，轴上每一刻度表示一个时间单位，可取年、半年、季或月等；零表示时间序列的起点。

时间坐标上的垂直箭线代表不同时点的现金流量，在横轴上方的箭线表示现金流入，即效益；在横轴下方的箭线表示现金流出，即费用或损失。

现金流量的方向（流入与流出）是针对特定的系统而言的。贷款方的流入就是借款方的流出，反之亦然。通常，工程项目现金流量的方向是针对资金使用者的系统而言的。

在现金流量图中，箭线长短与现金流量数值的大小应成比例，但由于经济系统中各时点现金流量的数额常常相差悬殊而无法成比例绘出，故在绘制现金流量图时，箭线长短只示意性地体现各时点现金流量数额的差异，并在各箭线上方（或下方）注明其现金流量的数值。

箭线与时间轴的交点即为现金流量发生的时点。

从上述内容可知，现金流量图包括三个要素：大小——现金流量的数额；流向——现金流入或流出；时点——现金流入或流出所发生的时间点。

第三节　资金时间价值与资金等值

一、资金及其分类

资金是用货币形式表现的发展生产的能力。工程项目消耗的人力、物力和资源以及产生的经济效益，最终都是以价值形态——资金的形式表现出来的。一般企业资金的构成根据其性质不同可以划分为：

1. 固定资金

这是劳动资料的货币表现。其实物形态是厂房建筑、机器设备、运输工具等固定资产。其中，又分为生产性固定资金和非生产性固定资金。它是企业生产经营的重要物质技术基础。

2. 流动资金

这是支付在劳动对象上的资金。其实物形态是原材料、燃料、员工工资等各类流动资产。它包括企业初建时的流动资金和在以后生产经营中追加的流动资金。它是保证企业再生产过程持续进行的必要条件。

3. 专项资金

这是由企业内部提取而形成的资金。例如，更新改造基金、大修理基金、员工福利基金和利润留成基金等，基本上专款专用，是一种独立的资金运动形态。

4. 无形资金

这是一种与信誉、影响等联系在一起的资源形成的资金，其表现形式有厂名、商标、专利、知识产权和商誉等无形资产所占用的资金。它是一种潜在的资金，在产品的生产经营和市场营销中可以发挥作用。

企业运用这些资金，组织生产经营活动，生产出满足社会和消费者需要的产品和服务，同时获得盈利，也具备了再生产投资的资本。

二、资金时间价值的含义

资金是一种具有潜在的增值能力的物质财富。资金潜在的增值能力如要变成现实，必须具备两个条件：第一，它必须参与生产或流通过程，在运动中实现价值附加；第二，它必须在一个或多个完整周期时间里运动，运动时间小于一个周期也无法实现增值。

货币如果作为储藏手段保存起来，不论经过多长时间仍为同等数量的货币，而不会发生数值的变化。货币的作用体现在流通中，货币作为社会生产资金参与再生产的过程即会得到增值、带来利润。货币的这种增值现象，一般称为资金的时间价值。简单地说，“时间就是金钱”，是指资金在生产经营及其循环、周转过程中，随着时间的变化而产生的增值。如某人年初存入银行 100 元，若年利率为 10%，年末可从银行取出本息 110 元，出现了 10 元的增值。

在货币经济中，资金是劳动资料、劳动对象和劳动报酬的货币表现。资金运动反映的是物化劳动和活劳动的劳动过程。在这个运动过程中，劳动者在生产劳动过程中新创造的价值形成资金增值，这个资金增值采取了随时间推移而增值的外在形式，故称之为资金的时间价值。资金必须在生产和流通过程中与劳动相结合，才会产生增值。资金时间价值是劳动创造价值的一种表现形式。

资金时间价值具有两种含义：

（1）资金用于生产、构成生产要素，生产的产品除了弥补生产中物化劳动与活劳动外有剩余。

（2）货币一旦用于投资，就不可现期消费，资金使用者应有所补偿。

因此，盈利和利息是资金时间价值的两种表现形式：

（1）从投资者角度来看，是资金在生产与交换活动中给投资者带来的利润。

（2）从消费者角度来看，是消费者放弃即期消费所获得的利息。

【例 3-1】某公司面临两种投资方案 A 和 B，寿命期都是 4 年，初始投资相同，均为 10 000 元。实现收益的总数相同，但每年数值不同，见表 3.2。

表 3.2

方案/年末	0	1	2	3	4
A	-10 000	6 000	5 000	4 000	2 000
B	-10 000	2 000	4 000	5 000	6 000

如果其他条件相同，我们应该选用哪个方案呢？根据直觉和常识，我们会觉得方案 A 优于方案 B。方案 A 的得益比方案 B 早，这就是说，现金收入与支出的经济效益，不仅与资金量的大小有关，而且与发生的时间有关。这里隐含着资金具有时间价值的观念。

进行方案投资决策分析时，主要着眼于方案在整个计算期内的现金流量。上例表明，在计算和评价投资方案的经济效果时，我们不能将不同时期发生的现金流量直接加总。由于资金时间价值的存在，使不同时间上发生的现金流量无法直接加以比较。因此，要通过一系列的换算，在同一时间点上进行比较，才能符合实际情况。这种考虑了资金时间价值的经济分析方法，使方案的评价和选择变得更加真实可靠，也就构成了工程经济学要讨论的重要内容之一。

资金的时间价值是客观存在的，是商品生产条件下的普遍规律，只要商品生产存在，资金就具有时间价值。资金时间价值原理在生产实践中有广泛的应用，其最大的作用在于使资金的流向更加合理和易于控制，从而使有限的资金发挥更大的作用。在建设投资活动过程中，必须充分考虑资金的时间价值，尽量缩短建设周期，加速资金周转，提高建设资金的使用效益。

三、资金时间价值的影响因素与衡量尺度

1. 资金时间价值的影响因素

从投资者的角度来分析，资金时间价值主要考虑以下几个因素：

（1）投资额。投资者投资的资金额度越大，资金的时间价值就越大。例如，如果银行存款年利率为 2.2%，那么将 200 元存入银行，一年后的现值为 204.4 元；400 元存入银行，一年后的现值为 408.8 元。显然，400 元的时间价值比 200 元的时间价值大。

（2）利率。一般来讲，在其他条件不变的情况下，利率越大，资金时间价值越大；利率越小，资金时间价值越小。例如，如果银行存款年利率为 2.2%时，将 100 元存入银行，一年的时间价值就是 2.2 元；如果银行存款年利率为 5%，将 100 元存入银行，一年的时间价值是 5 元。显然，银行存款年利率为 5%时的时间价值比存款年利率为 2.2%的时间价值大。

（3）时间。在其他条件不变的情况下，时间越长，资金时间价值越大；反之，越小。

（4）通货膨胀。若出现通货膨胀，会使资金贬值，贬值会减少资金时间价值。

（5）风险。投资是一项有风险的活动。对项目进行投资，其每年的收益、利率等都可能发生变化，既可能项目投资失败，也可能获取收益，这就是风险的存在所影响的。但是，风险往往与收益成比例，也就是风险越大的投资项目，一旦经营成功，其收益也越大。

（6）资金投入的和回收的特点。在总投资量一定的情况下，前期投入的资金越多，资金的负效益越大；后期投入的资金越多，负效益越小。当资金的回收期一定时，距离现在越近的时间回收的资金越多，资金的时间价值就越多；反之则越少。

（7）资金周转的速度。资金周转速度越快，在一定的时间内等量资金的周转次数越多，资金的时间价值越多；反之则越少。

资金是一种短缺资源，社会资金总是有限的，对于国民经济增长具有特别的制约作用。因此，从上述影响资金时间价值的因素来看，要想充分利用并最大限度地获取资金的时间价值，就要督促企业合理地使用资金，防止多占、积压等浪费资金的现象发生；同时可以吸引、收集闲散资金，加速资金周转，提高投资的社会经济效益。

2. 资金时间价值的衡量尺度

资金时间价值一般用利息和利率来衡量。利息是利润的一部分，是利润的分解或再分配。利率是指一定时期内积累的利息总额与原始资金的比值，即利息与本金之比。它是国家调控国民经济、协调部门经济的有效杠杆之一。

资金时间价值的计算方法与复利方式计息的方法完全相同，因为利息就是资金

时间价值的一种重要表现形式，而且通常用利息作为衡量资金时间价值的绝对尺度，用利率作为衡量资金时间价值的相对尺度。

（1）利息与利率

①利息。利息是资金借贷关系借方给贷方的报酬，是债务人给债权人超过原借款本金的部分，就是利息，即：

$$I = F - P \tag{3-1}$$

式中：I—— 利息；

F—— 还本付息总额（也称本利和）；

P—— 本金。

对利息可以从不同的角度加以理解，从借出者的角度看，“利息是将货币从消费转移到长期投资所需的货币补偿”；从借入者的角度讲，“利息是资本使用的成本（代价）”；而从现实上看，它又是资金在不同的时间上的增值额；从工程经济学的角度来看，利息是衡量资金随着时间变化的绝对尺度。在工程经济分析中，利息常常被看作是资金的一种机会成本。

对于整个国家而言，利息是不是创造出来的价值？利息是劳动者创造的剩余价值的再分配部分，是社会平均利润的一部分。借贷款要计算利息，固定资金和流动资金的使用也采取有偿和付息的办法，其目的都是为了鼓励企业改善经营管理，节约资金，提高投资的经济效果。

②利率。在经济学中，利率的定义是从利息的定义中衍生出来的，即理论上先承认了利息，再以利息解释利率。在实际计算中，正好相反，利息通常根据利率来计算，利息的大小用利率来表示。

利率就是在单位时间内（一个计息周期）所得利息与借款本金之比，通常用百分数表示，即：

$$i = \frac{I_t}{p} \times 100\% \tag{3-2}$$

式中：i——利率；

I_t——单位时间内的利息；

P——借款本金。

利率是单位时间里投入单位资金所得的增值。它反映了资金随着时间变化的增值速度，是衡量资金时间价值的相对尺度。

（2）决定利率高低的因素

利率的确定，在完全的市场经济条件下，由借贷双方竞争解决，即所谓的市场利率。在计划经济或有计划的商品经济条件下，则主要由国家根据经济发展的需要来制定。由国家制定的利率，遵循“平均利润和不为零”的原则。所谓“平均利润和不为零”，是指借方所获得的平均收益与贷方所获得的平均利润之代数和不为零，即借方借用货币资金所获得的利润不可能将其全部以利息的形式交给贷款者，而贷方因为放弃了货币资本能够增值的使用价值（资金时间价值），因而必须获得报酬，利息就不能为零，更不能为负数。

利率的高低，通常由下列因素决定：

①社会平均利润率。一般来说，利息是平均利润的一部分，因而利率的变化，要受平均利润的影响。当其他条件不变时，平均利润率越高，利率也会相应提高，反之，则会相应下降。通常情况下，平均利润率是利率的最高界限。因为如果利率高于平均利润率，借款人投资后无利可图，也就不会去借款了。

②金融市场上借贷资本的供求情况。在平均利润率不变的情况下，借贷资本供过于求，利率便下降；反之，利率便上升。

③银行所承担的贷款风险。借出资本要承担一定的风险，而风险的大小也影响着利率的波动。风险越大，利率也就越高。

④通货膨胀率。有直接影响，资金贬值往往会使实际利率在无形中变为负值。

⑤借出资本的期限长短。借款期限越长，不可预见的因素就越多，风险就越大，利率也就越高；反之，利率越低。

（3）利息和利率在工程经济活动中的作用

①利息和利率是以信用方式动员和筹集资金的动力。以信用方式筹集资金有一个特点就是自愿性，而自愿性的动力在于利息和利率。比如一个投资者，他首先要考虑的是投资某一项目所得到的利息是否比把这笔资金投入其他项目所得的利息多。

②利息和利率促进投资者加强经济核算，节约使用资金。投资者借款所需付利息，增加支出负担，这就促使投资者必须精打细算，把借入资金用到刀刃上，减少借入资金的占用，以少付利息。同时可以使投资者自觉减少多环节占压资金。

③利息和利率是宏观经济管理的重要标杆。国家在不同时期制定不同的利息政策，对不同地区、不同行业规定不同的利率标准，就会对整个国民经济产生影响。例如，对于限制发展的行业，利率规定得高一些；对于提倡发展的行业，利率规定得低一些，从而引导行业和企业的生产经营服从国民经济发展的总方向。同样，占用资金时间短，收取利息低；占用时间长，收取利息高。对产品适销多路、质量好、信誉高的企业，在资金供应上给予低息支持；反之，收取较高利息。

④利息和利率是金融企业经营发展的重要条件。作为企业，金融机构必须获取利润。由于金融机构的存放款利率不同，其差额成为金融机构的业务收入。此差额扣除业务费后就是金融机构的利润，所以利息和利率能刺激金融企业的经营发展。

（4）单利和复利

利息的计算方法分为单利法和复利法。

①单利法。单利计息是指每期利息的计息基数都是以本金来计算的，也就是利息不再计息。因此，每期的利息是固定不变的，其总利息数与利息期数成正比。

其计算公式为：

$$F = P(1 + in) \tag{3-3}$$

式中：F——第 n 期期末的本利和；

P——本金；

i——利率；

n——计息期数。

【例 3-2】李某借款 1 000 元，按 8%的年利率单利计算，求第四年年末的本息和。

【解】$F = P(1 + in) = 1\ 000 \times (1 + 8\% \times 4) = 1\ 320$（元）

单利法虽然考虑到了资金时间价值，但仅仅针对本金而言，而没有考虑每期所得利息再进入社会再生产过程从而实现增值的可能性，这不符合资金运动的实际情况。因此，单利法不能完全反映资金时间价值，在应用上有局限性，通常仅适用于短期投资及期限不超过一年的借款项目。

②复利法。复利法，不仅对本金计息，而且对期间产生的利息也要计息的计算方式，即所谓的“利滚利”。

其计算方式为：

$$F = P(1 + i)^n \tag{3-4}$$

式中符号意义同前。

【例 3-3】李某现在把 1 000 元存入银行，年利率为 8%，问 4 年后有存款多少元?

【解】$F = 1\ 000(1 + 8\%)^4 = 1\ 360.5$（元）

复利计息的思想符合社会在生产过程中资金运动的规律，充分体现了资金的时间价值。从上面的计算结果可以看出，单利计息与资金占用时间之间呈直线行变化关系，利息额与时间按等差级数增值；而复利计息与资金占用时间之间则是指数变化关系，利息额与时间按等比级数增值。当利率较高、资金占用时间较长时，复利所需支付的利息额就比单利要大得多。所以，复利计息方法对资金占用的数量和时间有较好的约束力。目前，在工程经济分析中，一般都是采用复利法，单利法仅在我国银行储蓄存款中采用。

复利计算具有间断复利与连续复利之分。按期（年、半年、季、月、周、日等）计算复利的方法称为间断复利（即普通复利）。按瞬时计算复利的方法称为连续复利。在实际应用中，一般采用间断复利，这一方面是出于习惯，另一方面是因为会计通常在年底结算一年的进出款，按年支付税金、保险金和抵押费用，因而采用间断复利考虑问题更适宜。

四、研究资金时间价值的意义

在方案的经济评价中，时间是一项重要的因素，研究资金时间因素，就是研究时间因素对方案经济效果（或经济效益）的影响，从而正确评价投资方案的经济效果（或经济效益）。

具体来讲，研究资金时间价值在宏观方面可以促进有限的资金得到更加合理的利用。因为时间是市场经济的一个经济范畴，我国的建设资金有限，考虑资金时间价值，可以充分发挥建设资金的效用；在微观方面，研究资金时间价值可以使方案评价更加合理、更加切合实际。

五、引起资金时间价值的原因

资金的运动规律就是资金的价值随时间的变化而变化，其变化的主要原因有：

1. 资金时间价值是资源稀缺性的体现

经济和社会的发展要消耗社会资源，现有的社会资源构成现存社会财富，利用这些社会资源创造出来的将来物质和文化产品构成了将来的社会财富，由于社会资源具有稀缺性特征，又能够带来更多社会产品，所以现在物品的效用要高于未来物品的效用。在货币经济条件下，货币是商品的价值体现，现在的货币用于支配现在的商品，将来的货币用于支配将来的商品，所以现在货币的价值自然高于未来货币的价值。市场利息率是对平均经济增长和社会资源稀缺性的反映，也是衡量资金时间价值的标准。

2. 资金时间价值是信用货币制度下，流通中货币的固有特征

在目前的信用货币制度下，流通中的货币是由中央银行基础货币和商业银行体系派生存款共同构成，由于信用货币有增加的趋势，所以货币贬值、通货膨胀成为一种普遍现象，现有货币也总是在价值上高于未来货币。市场利息率是可贷资金状况和通货膨胀水平的反映，反映了货币价值随着时间的推移而不断降低的程度。

3. 资金时间价值是人们认知心理的反映

由于人在认识上的局限性，人们总是对现存事物的感知能力较强，而对未来事物的认识较模糊，结果人们存在一种普遍的心理就是比较重视现在而忽视未来，现在的货币能够支配现在的商品满足人们现实需要，而将来货币只能支配将来商品满足人们将来不确定需要，所以现在单位货币的价值要高于为未来单位货币的价值，为使人们放弃现在货币及其价值，必须付出一定代价，利息率便是这一代价。

六、资金等值的概念

由于资金具有时间价值，决定了即使金额相等的资金，因其发生的时间不同，其价值也会有所不同。反之，发生在不同时间点上绝对数不同的资金在时间价值的作用下却可能具有相等的价值，这种现象就是资金等值。

在资金时间价值的计算中，等值是一个十分重要的概念。资金等值是指考虑时间因素后不同时间点上数额不等的相关资金在一定利率条件下具有相等的价值。比如，现在的300万元与1年后的330万元，其数额并不相等，但若年利率为10%，

在不考虑其他因素的影响，则两者是等值的。同样，1 年后的 330 万元在年利率为 10%的情况下等值于现在的 300 万元。从该例子中可以看出，影响资金等值的因素有三个：资金额大小、资金发生时间和资金时间价值率。其中资金时间价值率是一个关键因素，一般等值计算中是以同一资金时间价值率为依据的。

七、资金等值计算中的其他概念

等值计算在技术方案的经济分析中，是很重要的概念和计算方法。进行资金的等值计算还需阐明以下几个概念：

（1）现值（P）。指某一现金流量换算成当前时点上的金额，即指未来某一时点上的一定量的现金折合为现在的价值。

（2）终值（F）。指资金经过一定时间的增值后的资金值，是现值在未来时点上的等值资金。相对现值而言，终值又称为将来值、本利和。

（3）年金（A）。指某一现金流量值换算成若干连续时点上且大小相等的金额。另外，A 也指年值、年金和月金。

（4）等差递增（减）年值（G）。指现金流量逐期等差递增（减）时相邻两期资金的差额。

（5）等比递增（减）率（Q）。指等比序列资金流量逐期递增（减）的百分比。

（6）贴现或贴现率（i）。把终值换算为现值的过程叫作贴现或折现。

第四节　资金等值计算及基本公式

在第三节介绍了相关资金等值的概念以及参数意义。本节主要讲资金等值计算的基本公式。

利用等值的概念，把在不同时点发生的资金金额换算成同一时点的等值金额，这一过程叫作资金等值计算。资金等值的计算方法与利息的计算方法相同，根据支付方式不同，可以分为一次支付系列、等额支付系列、等差支付系列和等比例支付系列。

一、一次支付类型公式

一次支付又称整付，是最基本的现金流量情形，是指分析系统的现金流量，无论是现金流入还是现金流出，分别在时点上只发生一次。

1. 一次支付终值（整付终值）计算公式

$$F = P \cdot (1 + i)^n \tag{3-5}$$

记为 $F = P(F/P,i,n)$，$(1 + i)^n$ 称为整付终值系数，通常用 $(F/P,i,n)$ 表示。

【例 3-4】某企业为建设一项工程项目，向银行贷款 5 000 万元，按年复利率 8%计算，5 年后连本带利一次偿还多少？

【解】$F=P(1+i)^n=5\,000\times(1+8\%)^5=7\,346.64$（万元）

$F=P(F/P,i,n)=5\,000\times(F/P,\ 8\%,\ 5)=5\,000\times1.469\,3=7\,346.50$（万元）

2. 一次支付现值（整付现值）计算公式

整付现值是整付终值的逆运算，其公式为

$$P=F\cdot\frac{1}{(1+i)^n} \tag{3-6}$$

记为 $P=F(P/F,i,n)$，$\frac{1}{(1+i)^n}$ 称为整付现值系数，通常用 $(F/P,i,n)$ 表示。

【例 3-5】某人计划在五年后从银行提取 1 000 元，如果银行利率为 12%，问现在应存入银行多少钱？

【解】$P=F(1+i)^{-n}=1\,000\times(1+12\%)^{-5}=567.43$（元）

若利用复利系数表查表计算：

$P=F(P/F,i,n)=1\,000\times(P/F,\ 12\%,\ 5)=1\,000\times0.567\,4=567.4$（元）

在工程经济评价中，由于现值评价常常是选择现在为同一时点，把技术方案预计的不同时期的现金流量折算成现值，并按现值之代数和大小作出决策。因此，在工程经济分析时应当注意以下两点：

（1）正确选择折现率。折现率是决定现值大小的一个重要因素，必须根据实际情况灵活选用。

（2）要注意现金流量的分布情况。从收益方面来看，获得的时间越早、数额越多，其现值越大。因此，应使技术方案尽早完成，尽早实现生产能力，早获收益，多获收益，才能达到最佳经济效益。从投资方面来看，在投资额一定的情况下，投资支出的时间越晚、数额越少，其现值也越小。因此，应合理分配各年投资额，在不影响技术方案正常实施的前提下，尽量减少建设初期投资额，加大建设后期投资比重。

二、等额支付类型公式

等额支付的特点：在计算期内

（1）每期支付是大小相等、方向相同的现金流，用年值 A 表示；

（2）支付间隔相同，通常为 1 个计息周期（如 1 年、1 个月）；

（3）每次支付均在每个计息期期末。

等额支付系列是多次收付形式的一种。

多次收付是指现金流量不是集中在一个时点上发生，而是发生在多个时点上。现金流量的数额大小可以是不等的，也可以是相等的。当现金流量大小相等时，发生的时间是连续的，就称为等额支付系列，其现金流量又叫作年金。

年金是指一定时期内每次等额收付的系列款项，通常记作 A。值得注意的是，年金并未强调时间间隔为一年。年金的形式多种多样，如保险费、养老金、折旧、租金、等额分期收款、等额分期付款以及零存整取或整存零取储蓄等，都存在年金问题。年金按照其每次收付发生的时点不同，可分为普通年金、即付年金、递延年金、永续年金等几种。

1. 普通年金终值的计算

普通年金是指从第一期起，在一定时期内每期期末等额发生的系列收付款项，又称后付现金。

年金终值的计算公式为：

$$F = A(1+i)^0 + A(1+i)^1 + A(1+i)^2 + \cdots + A(1+i)^{n-2} + A(1+i)^{n-1} \tag{3-7}$$

整理上式，可得：

$$F = A \times \frac{(1+i)^n - 1}{i} = A(F/A,i,n) \tag{3-8}$$

式中，$\frac{(1+i)^n - 1}{i}$称为“年金终值系数”，记作（$F/A,i,n$），可通过直接查阅“复利因子表”求得有关数值。

【例 3-6】如图 3.2 所示，许某在 5 年内每年年末在银行存款 1 000 万元，存款利率为 10%，许某五年后能从银行收到本利和为多少？

【解】$F = 1\,000 \times \frac{(1+10\%)^5 - 1}{10\%}$

$= 1\,000 \times (F/A，10\%，5)$

$= 1\,000 \times 6.105\,1$

$= 6\,105.1$（万元）

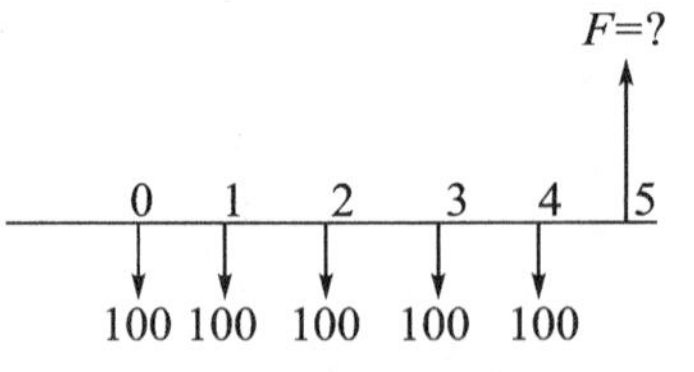

图 3.2 许某银行存款的现金流量图

2. 年偿债基金的计算

偿债基金是指为了在约定的未来某一时点清偿某笔债务或积聚一定数额的资金而必须分次等额形成的存款准备金。由于每次形成的等额准备金类似年金存款，因而同样可以获得按复利计算的利息，所以债务总额实际上等于年金终值，每年提取的偿债基金等于基金 A。也就是说，偿债基金的计算实际上是年金终值的逆运算。其计算公式为：

$$A = F \times \frac{i}{(1+i)^n - 1} = F(A/F,i,n) \tag{3-9}$$

式中，$\frac{i}{(1+i)^n - 1}$称为“偿债基金系数”，记作（$A/F,i,n$），它与年金终值系数（$F/A,i,n$）互为倒数。

【例 3-7】张某希望能在 10 年后得到一笔 5 000 元的资金，在年利率为 5%的条件下，张某需要每年等额地存入银行多少钱？

【解】根据式（3-9）可求得：

$$A = F \times \frac{i}{(1+i)^n - 1} = 5\ 000 \times \frac{0.05}{(1+0.05)^{10} - 1} = 5\ 000 \times 0.079\ 5 = 397.5(\text{元})$$

3. 普通年金现值的计算

年金现值是指一定时期内每期期末等额收付款项的复利现值之和。年金现值的计算公式为：

$$P = A(1+i)^{-1} + A(1+i)^{-2} + \cdots + A(1+i)^{-(n-1)} + A(1+i)^{-n} \tag{3-10}$$

整理上式，可得：

$$P = A\frac{(1+i)^n - 1}{i(1+i)^n} = A(P/A,i,n) \tag{3-11}$$

式中，$\frac{(1+i)^n - 1}{i(1+i)^n}$称为“年金现值系数”，记作（$P/A,i,n$），可通过直接查阅“复利因子表”获得有关数值。

上式也可以写作：

$$P = A \times \frac{1-(1+i)^{-n}}{i} \tag{3-12}$$

【例 3-8】吴某为了在未来的 10 年中，每年年末取回 6 万元，已知年利率为 8%，现需向银行存入多少现金？

【解】$P = 6 \times (P/A,\ 8\%,\ 10) = 40.26$(万元)

4. 年资本回收额的计算

资本回收是指在给定的年限内等额回收初始投入资本或清偿债务的价值指标。年资本回收额的计算式年金现值的逆运算，资本回收公式可以通过复利终值公式与年金终值公式，以 n 时间点为等值转换点变换求得。其计算公式为：

$$A = P \times \frac{i(1+i)^n}{(1+i)^n - 1} = P(A/P,i,n) \tag{3-13}$$

式中，$\frac{i(1+i)^n}{(1+i)^n - 1}$称为“资本回收数”，记作（$A/P,i,n$），可直接查阅“复利因子表”。上式也可写作：

$$A = P \times \frac{i}{1-(1+i)^{-n}} \tag{3-14}$$

【例 3-9】某企业现借 200 万元的借款，在 10 年内以年利率为 12%等额偿还，则每年应付金额多少？

【解】$A = 200 \times \dfrac{12\%}{1-(1+12\%)^{-10}} = 200 \times 0.1770 = 35.4$(万元)

或 $A = 200 \times [1/(P/A,\ 12\%,\ 10)] = 200 \times (1/5.6502) \approx 35.4$(万元)

5. 公式总结

（1）倒数关系。

$$(P/F,i,n) = 1/(F/P,i,n)$$
$$(P/A,i,n) = 1/(A/P,i,n)$$
$$(F/A,i,n) = 1/(A/F,i,n)$$

（2）乘积关系。

$$(F/P,i,n)(P/A,i,n) = (F/A,i,n)$$
$$(F/A,i,n)(A/P,i,n) = (F/P,i,n)$$

（3）其他关系。

$$(A/F,i,n) + i = (A/P,i,n)$$
$$[(F/A,i,n) - n]/i = (F/G,i,n)$$
$$[(P/A,i,n) - n(P/F,i,n)]/i = (P/G,i,n)$$
$$[1 - n(A/F,i,n)]/i = (A/G,i,n)$$

三、等差系列

在经济分析中，常常会遇到其现金流量呈等差数列规律变化的问题，可能递增，也可能递减，若每年增加或减少的量是相等的，就应该用等差数列来计算。

1. 等差系列现值公式

$$P = \left(\frac{A}{i} + \frac{G}{i^2}\right)\left[1 - \frac{1}{(1+i)^n}\right] - \frac{G}{i} \times \frac{n}{(1+i)^n} \tag{3-15}$$

式中：G——每年发生金额的等差值；

A——第一年年末发生的金额。

该公式的含义是，第一年年末发生的余额为 A，此后每年发生金额的差额为 G，第 n 年年末发生的金额为 $A+(n-1)G$，求这些金额的现值总额 P 为多少。现金流量图如图 3.3 所示。该式中，当 $A=0$ 时，该式可写成：

$$P = \frac{G}{i}\left[\frac{(1+i)^n - 1}{i(1+i)^n} - \frac{n}{(1+i)^n}\right] = G(P/G,i,n) \tag{3-16}$$

式中，$\dfrac{1}{i}\left[\dfrac{(1+i)^n - 1}{i(1+i)^n} - \dfrac{n}{(1+i)^n}\right]$ 称为“等差系列现值系数”，记作 $(P/G,i,n)$，可直接查阅“定差因子表”。

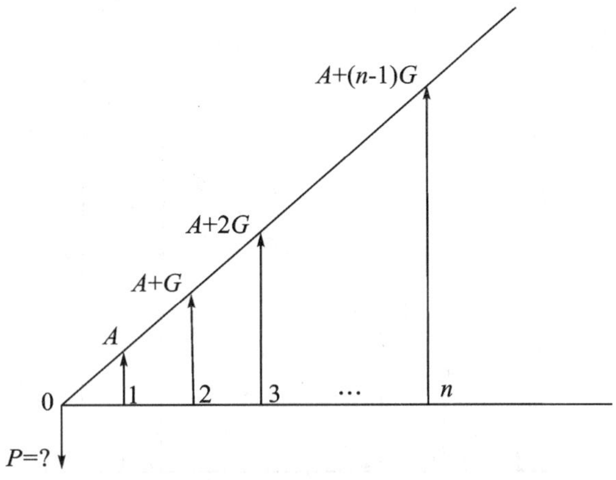

图 3.3　现值公式的现金流量图

【例 3-10】某项目建设完成后进行生产第一年年末净收益为 10 万元，以后每年净收益逐年递增 2 万元。若年利率为 5%，试求 5 年后其每年收益的现值总和。

【解】$P = (\frac{A}{i} + \frac{G}{i^2})\left[1 - \frac{1}{(1+i)^n}\right] - \frac{G}{i} \times \frac{n}{(1+i)^n}$

$= \frac{A}{i}n\left[1 - \frac{1}{(1+i)^n}\right] + \frac{G}{i}\left[\frac{(1+i)^n - 1}{i(1+i)^n} - \frac{n}{(1+i)^n}\right]$

$= \frac{10}{5\%} \times \left[1 - \frac{1}{(1+5\%)^5}\right] + \frac{2}{5\%}\left[\frac{(1+5\%)^5 - 1}{5\% \times (1+5\%)^5} - \frac{5}{(1+5\%)^5}\right]$

$= 26.04$（万元）

2. 等差系列终值公式

$$F = (\frac{A}{i} + \frac{G}{i^2})[(1+i)^n - 1] - \frac{nG}{i} \tag{3-17}$$

该公式的经济含义是：期初发生一笔现金流量 A，以后每期都以 G 的差额递增或递减，则经过 n 期以后，其现金流量的终值 F 是多少。其现金流量图如图 3.4 所示。式中，当 $A=0$ 时，该式可以写成：

$$F = \frac{G}{i}\left[\frac{(1+i)^n - 1}{i} - n\right] = G(F/G,i,n) \tag{3-18}$$

式中，$\frac{1}{i}\left[\frac{(1+i)^n - 1}{i} - n\right]$ 称为“等差数列终值系数”，记作 $(F/G,i,n)$，可直接查阅“定差因子表”。

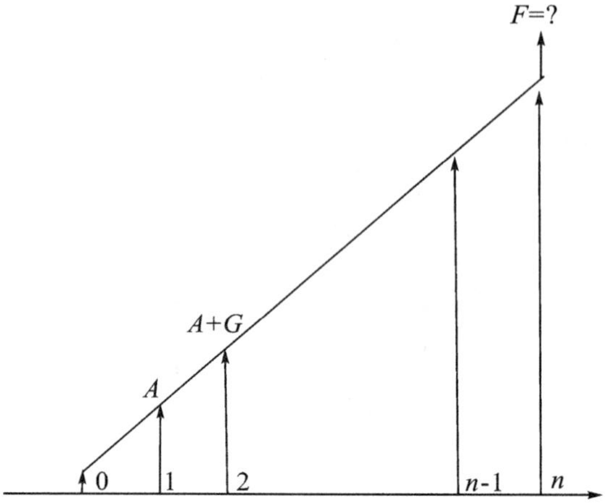

图 3.4　终值公式的现金流量图

【例 3-11】某设备投产后，第一年折旧 5 万元，以后每年递增 1 万元。若年利率为 5%，试求 5 年后该设备的折旧总额。

【解】$F=(\frac{A}{i}+\frac{G}{i^2})[(1+i)^n-1]-\frac{nG}{i}$

$=(\frac{5}{5\%}+\frac{1}{(5\%)^2})[(1+5\%)^5-1]-\frac{5\times 1}{5\%}$

$=38.15$(万元)

3. 等差系列年值公式

$$A=G(\frac{1}{i}-\frac{n}{(1+i)^n-1})=G(A/G,i,n) \quad (3\text{-}19)$$

式中，$(\frac{1}{i}-\frac{n}{(1+i)^n-1})$ 称为“资本回收系数”，记作 $(A/G,i,n)$，可直接查阅“定差因子表”。

四、等比系列

在经济分析中，可能会遇到现金流量以一定的比例递增或递减的问题，这时就需要用到等比系列公式。

1. 等比系列现值公式

$$\begin{cases} P=\frac{A}{i-j}\left[1-(\frac{1+j}{1+i})^n\right] & (i\neq j) \\ P=\frac{nA}{1+i} & (i=j) \end{cases} \quad (3\text{-}20)$$

式中：A ——第一年年末现金流量；

j ——现金流量每年递增或递减的比率。

式中，$\frac{1}{i-j}\left[1-\left(\frac{1+j}{1+i}\right)^{n}\right]$ 称为“等比系列现值系数”，因此，当 $i \neq j$ 时，等比系列现值公式也可写成：

$$P = A(A/P,\ i,\ j,\ n) \tag{3-21}$$

【例 3-12】某设备第一年维修费用为 2 万元，以后每年递增 10%，若年利率为 5%，试求 5 年后该设备维修费的总额。

$$P = \frac{A}{i-j}\left[1-\left(\frac{1+j}{1+i}\right)^{n}\right]$$

$$= \frac{2}{5\% - 10\%}\left[1-\left(\frac{1+10\%}{1+5\%}\right)^{5}\right]$$

$$= 10.47\ （万元）$$

2. 等比例系列终值公式

$$\begin{cases} F = \dfrac{A}{i-j}\left[(1+i)^{n} - (1+j)^{n}\right]\ (i \neq j) \\ F = nA\ (1+i)^{n-1}(i = j) \end{cases} \tag{3-22}$$

式中，$\frac{1}{i-j}\left[(1+i)^{n}-(1+j)^{n}\right]$ 称为“等比系列终值系数”，因此，当 $i \neq j$ 时，等比例系列终值公式可写作：

$$F = A(A/F,\ i,\ j,\ n) \tag{3-23}$$

五、资金等值公式应用中应注意的问题

资金的等值公式对于工程方案的决策与经济效果的评价具有重要的作用。然而，上述的资金等值的基本公式是在标准条件下推演而得的，而实际情况往往是比较复杂的。一般而言，工程投资的借款的偿付方式不外乎以下几种情况：第一，所谓本金在还本期前并不偿还，每年计息期末仅偿付利息，在最后一次偿付利息时，本金一次偿付；第二，所借本金有计划地分期等额偿还，在付息期偿还相应的利息，同时按计划偿还本金，由于本金是逐渐减少的，故支付的利息并不同，是递减的；第三，等额偿还本利和；第四，在借款期中本金及利息不进行偿还，在借款到期时一次还本付息。在具体运用资金等值公式时应注意以下问题：

（1）方案的初始投资假定发生在方案的寿命期初，即第一年年初，而方案的经常性支出假定发生在计息期末。

（2）P 是在当前年度开始发生的，F 是当前以后第 n 年年末发生的，A 是考察期各年年末的发生额。当问题包括 P 和 A 时，系列的第一个 A 是在 P 发生一个期间后的期末发生的；当问题包括 F 和 A 时，系列的最后一个 A 与 F 同时发生。

（3）要注意弄清公式的原理及其应用条件，能够灵活应用公式。在工程经济分析的实践中有时可能很难直接套用公式，而需要根据具体情况进行具体分析。比如，

有时等额支付（年金）是发生在期初的，这种年金称为预付年金；而我们介绍的等值计算公式中的年金是普通年金，这时就要对现金流量进行调整，调整为普通年金后利用公式进行计算。对于比较复杂的情况，可以根据资金等值的原理进行推导与计算。另一方面，利率的选用也很重要，因为它直接影响了计算的结果，而计算结果是我们评价与决策的依据，因此在选用利率时，通常自有资金可以企业自身的基准收益率作为折现率，借款要以借款合同中确定的偿还利率作为折现率，而银行或信托投资公司等的贷款则要以银行或信托投资公司等的贷款利率作为折现率来计算。对于利率的形式也要注意，即使各方案采用的计算期和名义利率相同，只要它们的计息期不同，那么彼此也不可比。此时，一定要注意将名义利率转化为实际利率后再进行计算和比较。

第五节　名义利率、实际利率与连续复利

一、名义利率和实际利率的概念以及计算

在前面的分析计算中，都是假设计算利息的时间和利率的时间单位相同，即均为一年。但是如果计算利息的时间和利率的时间单位不同时，情况会怎样呢？如，利率的时间单位是一年，而每个月计算一次利息，其计算结果会怎样呢？这就涉及到名义利率和实际利率的问题。

名义利率（Nominal Interest Rate）是指利率的变现形式，而实际利率（Real Interest Rate）是指实际计算利息的利率。例如每半年计息一次，每半年的利率为5%，那么，这个5%就是实际计算利息的利率。又如每半年的利率为5%，而每季度计息一次，那么这个5%仅仅是计算利息时利率的表现形式，而非实际计算利息的利率，我们把它叫作名义利率。在工程经济分析计算中，如果不特别说明，通常说的年利率一般都是指名义利率，如果后面不对利息期加以说明，则表示一年计息一次，此时的年利率也就是年实际利率（有的书上也叫作有效利率）。

之所以会出现名义利率和实际利率之分，主要原因就是因为各自的计息期不同。由于存在不同的计息期，而计息期可长可短，实际利率最长的计息期就等于名义利率的时间单位，最短的计息期可以为一小时、一分钟、一秒钟，甚至更小。计息期与计息次数成反比关系。在名义利率的时间单位里，计息期越长，计息次数就越少；计息期越短，计息次数就越多。当计息期非常短，难以用时间来衡量时，计息次数就趋于无穷大。由此，就出现了两种情况下的名义利率和实际利率的转换及利息的计算，即离散式和连续式。

1. 名义利率

所谓名义利率 r 是指计息周期利率 i 乘以一个利率周期内的计息周期数 m 所得

的利率周期利率。即

$$r = i \times m$$

假设月利率为1%，则年名义利率为12%。很显然，计算名义利率时忽略了前面各期利息再生的因素，这与单利的计算相同。通常所说的利率周期都是名义利率。

2. 实际利率

所谓实际利率，也称为有效利率，是指用复利法将计息周期小于一年的实际利率 i 折成年实际利率。

（1）离散式复利的实际利率计算

离散式复利指的是按照一定的时间单位（如年、月等）来计算的利息。

已知名义利率 r，名义利率时间单位内的计息次数为 m，则计息周期内实际利率为 $i = \frac{r}{m}$，在某个利率周期初有资金 P，根据一年支付终值公式可得本利和 F，即

$$F = P\left(1 + \frac{r}{m}\right)^{m} \quad (3\text{-}24)$$

根据利息的定义可得 I 为：

$$I = F - P = P\left(1 + \frac{r}{m}\right)^{m} - P = P\left[\left(1 + \frac{r}{m}\right)^{m} - 1\right] \quad (3\text{-}25)$$

再根据利率的公式可得 i 为：

$$i = \frac{I}{P} = \frac{P\left(1 + \frac{r}{m}\right)^{m} - P}{P} = \left(1 + \frac{r}{m}\right)^{m} - 1 \quad (3\text{-}26)$$

式（3-26）也称作离散式复利的名义利率与实际利率的转换式。

【例3-13】唐某向银行借款1 000元，约定3年后归还。若年利率为6%，按月计息，试求3年后李某应归还给银行多少？

【解】根据题意可知，$r = 6\%$，$m = 12$，则实际利率为：

$$i = \left(1 + \frac{r}{m}\right)^{m} - 1 = \left(1 + \frac{6\%}{12}\right)^{12} - 1 = 6.186\%$$

按照实际利率求得三年后的未来值为：

$$F = P(1 + i)^{n} = 1\,000 \times (1 + 6.186\%)^{3} = 1\,196.7(\text{元})$$

（2）连续式复利的实际利率计算

当每期计息时间趋于无限小时，则一年内计息次数趋于无限大，即 $m \to \infty$。此时可视为计息没有时间间隔而成为连续计息，年实际利率就是连续复利，其计算公式如下：

$$i = \lim_{m\to\infty}\left[\left(1 + \frac{r}{m}\right)^{m} - 1\right] = \lim_{m\to\infty}\left[\left(1 + \frac{r}{m}\right)^{\frac{m}{r}}\right]^{r} - 1 = e^{r} - 1 \quad (3\text{-}27)$$

其中，e 是自然对数的底，其大小为 2.718 28。

【例 3-14】把【例 3-13】按月计息改为采用连续复利计算

【解】用连续复利公式计算，$i = e^{r} - 1 = e^{6\%} - 1 = 6.184\%$

3 年后偿还金额为：

$F = P(1 + i)^{n} = 1\,000 \times (1 + 6.184\%)^{3} = 1\,197.2$(元)

从【例 3-13】和【例 3-14】的计算结果可看出，连续复利比离散复利的利息多。但在实践的工程项目评价中，大多数还是使用离散式复利。

二、考虑通货膨胀的名义利率和实际利率

在借贷过程中，债权人不仅要承担债务人到期无法归还本金的信用风险，而且要承担货币贬值的通货膨胀风险。

考虑通货膨胀的实际利率是指物价不变，从而货币购买力不变条件下的利率。例如某年度物价没有变化，某项目从银行取得一年期贷款 1 000 万元，年利息为 50 万元，则实际利率为 5%。

但物价不变这种情况在现实经济生活中是很少见的，而物价不断上涨似乎是一种普遍的趋势。如果某年的通货膨胀率为 3%，银行在年末收回的 1 000 万本金实际上仅相当于年初的 970.87 万元（1 000 × 100/103 = 970.87 万元），本金损失率近 3%。为了避免通货膨胀给本金带来的损失，假设仍然要取得 5%的利息，那么粗略地计算，银行必须把贷款利率提高到 8%，这样，才能保证收回的本金和利息之和与物价不变以前的相当。这个 8%就是考虑了通货膨胀的名义利率。

因此，名义利率是指包括补偿通货膨胀风险的利率。粗略的计算公式可以写成：

$$r = i + \dot{P} \tag{3-28}$$

式中：r——名义利率；

i——实际利率；

$\dot{P}$——借贷期内通货膨胀率。

但是，考虑到通货膨胀对利息部分也有使其贬值的影响，因此，名义利率还应作向上的调整。这样，名义利率的计算公式推导过程如下：

设 C 为名义利率计算的本利和，D 为按实际利率计算的本利和，C 和 D 之间的关系可以表达为：

$$C = D(1 + \dot{P}) \tag{3-29}$$

设 A 为本金，其中 $C = A(1 + r)$，$D = A(1 + i)$，代入上式得：

$$A(1 + r) = A(1 + i)(1 + \dot{P})$$

$$(1 + r) = (1 + i)(1 + \dot{P})$$

从上式进一步推导得到：

$$r = (1 + i)(1 + \dot{P}) - 1$$

$$i = \frac{1+i}{1+\dot{P}} - 1 = \frac{r-\dot{P}}{1+\dot{P}} \tag{3-30}$$

【例 3-15】若名义利率为每年 8%，用 CPI 的变动百分比衡量的通货膨胀率为每年 5%，则实际利率为多少？

【解】粗略地计算，实际利率为：

$i = r - \dot{P} = 8\% - 5\% = 3\%$

精确地计算，实际利率为：

$$i = \frac{r-\dot{P}}{1+\dot{P}} = \frac{8\% - 5\%}{1+5\%} = 2.857\%$$

三、名义利率和实际利率的关系

表 3.3　　名义利率与实际利率的关系

年名义利率（r）	计息期	年计息数（m）	计息期利率（$i = r/m$）	年实际利率（i）
10%	年	1	10%	10%
	半年	2	5%	10.25%
	季度	4	2.5%	10.38%
	月	12	0.833%	10.47%
	日	365	0.027 4%	10.52%

通过上述分析，可知名义利率与实际利率有如下关系：

（1）实际利率比名义利率更能反映资金的时间价值；

（2）当计息周期为一年时，名义利率与实际利率相等，计息周期不足一年时，实际利率大于名义利率；

（3）名义利率越大，周期越短，实际利率与名义利率的差值就越大。

思考与练习

1. 什么是资金时间价值？资金时间价值的衡量尺度是什么？具体说明这些衡量尺度是如何影响资金时间价值的。

2. 试分析我国银行存款是单利还是复利。

3. 什么是资金等值？资金等值的作用是什么？

4. 假设年利率为 12%，每季度计息一次，年初存款为 1 000 万元，1 年后的本利和为多少？

5. 年利率为 15%，试计算周期为半年、季度、月、周的年实际利率。

6. 某公司拟购进一台设备，付款方式为两种：一种分 10 年每年年初付款 5 万元；二是现在一次付清共30 万元。如果考虑复利，市场利率是10%，应选择哪种付款方式？

7. 某项目起初投资为20 000 元，第一年净收益为5 000 元，从第二年开始至第六年逐年递增10%，第六年至第十年每年净收益为 6 000 元。若年资金收益率为10%，求与该项目现金流量等值的现值、终值及等年值。

8. 下列等额支付的年金终值和年金现值各为多少？

（1）年利率为6%，每年年末借款500 元，连续借款 12 年；

（2）年利率为 9%，每年年初借款 4 200 元，连续借款 43 年；

（3）年利率为 8%，每季度计息 1 次，每季度末借款 1 400 元，连续借款 16 年；

（4）年利率为 10%，每半年计息一次，每月月末借款 500 元，连续借款 2 年。

第四章　工程经济分析的基本方法

第一节　工程经济分析概述

一、工程经济分析定义

工程经济分析是指对各种技术方案的经济效益进行计算、分析和评价，使得应用于工程的技术能够有效地为建设服务。

工程经济分析的核心内容就是要根据所考察系统的预期目标和所拥有的资源条件，分析该系统的现金流量情况，选择合适的技术方案，以获得最佳的经济效果。

二、工程经济分析的重要意义

工程经济分析的重要意义体现在三个方面：

1. 它是提高社会资源利用效率的有效途径

如何以最低的成本可靠地实现产品的必要功能，是工程经济分析的一个重要内容，也就是说，要为合理分配和有效利用资源的决策，必须同时考虑技术与经济各方面的因素，进行工程经济分析。

2. 它是企业生产决策的重要前提和依据

工程经济分析的结果是企业生产决策的前提和依据，没有可靠的经济分析. 就难以保证决策的正确。

3. 它是降低项目投资风险的可靠保证

决策科学化是工程经济分析的重要体现，在工程项目投资前期进行各种技术方案的论证评价，一方面可以在投资前发现问题，以便及时采取相应措施；另一方面对技术经济论证不可行的方案，及时否决，以减少决策的盲目性，避免不必要的损失，使投资风险趋于最小。

三、工程经济分析的基本思路

1. 工程经济分析的一般过程

一个工程项目从提出意向到达到预期目标，需要经过多个工作阶段，分段进行，不断深入。例如，工程项目前期工作阶段可划分为如下过程（见图 4. 1）。

图 4. 1　项目前期工作阶段

工程经济分析是一个不断深入、不断反馈的动态规划过程。从纵向看，前一阶段的工作成果是后一阶段工作的前提和基础，后一阶段是前一阶段工作的深入和细化。从横向看，每一个阶段又可分解成若干相互联系和区别的子过程，子过程的优化离不开整体的优化，整体的优化要靠子过程的优化来实现。

2. 工程经济分析的基本步骤

工程经济分析的基本步骤如图 4. 2 所示。

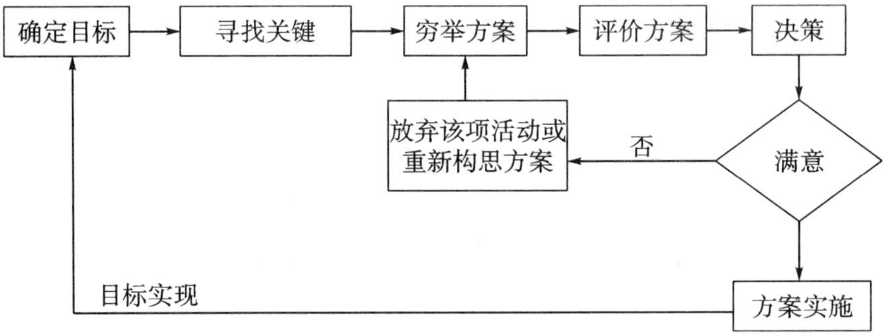

图 4. 2　经济分析的基本步骤

（1）确定目标

工程经济分析的第一步就是通过调查研究寻找经济环境中显在和潜在的需求，确立工作目标。

（2）寻找关键要素

关键要素也就是实现目标的制约因素，确定关键要素是工程经济分析的重要一环。只有找出了主要矛盾，确定了系统的各种关键要素，才能集中力量，采取最有效的措施，为目标的实现扫清道路。

（3）穷举方案

一个问题可采取多重方法来解决，因而可以制订出不同的方案。工程经济分析过程本身就是从多方案中选优。如果只有一个方案，决策的意义就不大了。所以穷举方案就是要尽可能多地提出各种备选方案。

（4）评价方案

评价方案是工程经济分析中最常用的方法。从工程技术的角度提出的方案往往都是技术上可行的，但在效果一定时，只有费用最低的方案才能成为最佳方案，这就需要对备选方案进行经济效果评价。评价方案，首先必须将参与分析的各种因素定量化，一般将方案的投入和产出转化为用货币表示的收益和费用，即确定各对比方案的现金流量，并估计现金流量发生的时点，然后运用数学手段进行综合运算、分析对比，从中选出最优的方案。

（5）决策

决策即从若干行动方案中选择令人满意的实施方案，它对工程项目建设的效果有决定性的影响。

第二节　投资回收期法和投资效果系数法

一、投资回收期法

1. 投资回收期法定义

投资回收期法又称“投资返本年限法”，是计算项目投产后在正常生产经营条件下的收益额和计提的折旧额、无形资产摊销额用来收回项目总投资所需的时间，与行业基准投资回收期对比来分析项目投资财务效益的一种静态分析法。

投资回收期指标所衡量的是收回初始投资的速度的快慢。其基本的选择标准是：在只有一个项目可供选择时，该项目的投资回收期要小于决策者规定的最高标准；如果有多个项目可供选择时，在项目的投资回收期小于决策者要求的最高标准的前提下，还要从中选择回收期最短的项目。

2. 静态投资回收期

项目的静态投资回收期是在不考虑资金时间价值的情况下，以项目净收益回收项目总投资所需要的时间。一般以年为单位。项目投资回收期宜从项目建设开始算起，若从项目投资开始计算，应予以特别注明。

（1）计算公式

静态投资回收期的表达式

$$\sum_{t=0}^{P_t}(CI-CO)_t=0 \tag{4-1}$$

式中：P_t—— 投资回收期(年)；

CI—— 现金流入量；

CO—— 现金流出量；

$(CI-CO)_t$—— 第 t 年的净现金流量。

静态投资回收期可根据项目现金流量表计算，其具体计算分以下两种情况：

①项目建成投产后各年的净收益均相同时：

$$P_t = \frac{I}{A} \tag{4-2}$$

式中：I ——项目的全部投资；

A ——每年的净现金流量。

【例 4-1】某工程项目一次性投资 1 500 万元，估计投产后每年的平均收益为 150 万元，求该项目的静态投资回收期。

解：根据公式，有

$P_t = 1\ 500 \div 150 = 10$（年）

②项目建成投产后各年的净收益不相同时：

$$P_t = \text{累计净现值开始出现正值的年份数} - 1 + \frac{\text{上年累计净现金流量绝对值}}{\text{当年净现金流量}} \tag{4-3}$$

【例 4-2】某工程的现金流量表见表 4-1，计算静态投资回收期。

表 4.1 现金流量表 单位：万元

年末	0	1	2	3	4	5	6	7
净现金流量	−120	−100	40	80	80	80	80	80
累计净现金流量	−120	−220	−180	−100	−20	60	140	220

解：根据公式得

$$P_t = 5 - 1 + \frac{|-20|}{80} = 4.25\text{（年）}$$

（2）评价标准

投资回收期评价项目时，需要与投资者确定的基准投资回收期相比较。设基准投资回收期为 P_C，判别标准为：

当 $P_t \leqslant P_c$ 时，则项目可以考虑接受；

当 $P_t > P_c$ 时，则项目应予以拒绝。

【例 4-3】某项目现金流量表如表 4-2 所示，基准投资回收期为 5 年，试用静态投资回收期法评价方案是否可行。

表 4.2 现金流量表 单位：万元

年份	0	1	2	3	4	5	6
投资	1 200						
收入		600	400	200	200	200	200

$$\sum_{t=0}^{P_t}(CI-CO)_t=1\ 200-600-400-200=0$$

$P_t=3$

$P_t<P_c$

所以方案可行。

（3）优缺点

静态投资回收期法的优点是：易于理解、计算简便，只要算得的投资回收期短于行业基准投资回收期，就可考虑接受这个项目。

其缺点是：①只注意项目回收投资的年限，没有直接说明项目的获利能力；②没有考虑项目的整个寿命周期的盈利水平；③没有考虑资金的时间价值。一般只在项目初选时使用。

（4）适用范围

投资回收期指标的特点是计算简单，易于理解，且在一定程度上考虑了投资的风险状况（投资回收期越长，投资风险越高，反之，投资风险则减少），故在很长时间内被投资决策者们广为运用，目前也仍然是一个在进行投资决策时需要参考的重要指标。但是，一般认为静态投资回收期只能作为一种辅助指标，而不能单独使用，其原因是：第一，投资回收期指标将各期现金流量给予同等的权重，没有考虑资金的时间价值。第二，投资回收期指标只考虑了回收期之前的现金流量对投资收益的贡献，没有考虑回收期之后的现金流量对投资收益的贡献。第三，投资回收期指标的标准确定主观性较大。

3. 动态投资回收期

动态投资回收期是在考虑资金时间价值条件下，按设定的基准收益率收回全部投资所需的时间。此法主要是为了克服静态投资回收期为未考虑时间因素的缺点。

（1）计算公式

动态投资回收期表达式为

$$\sum_{t=0}^{P_D}(CI-CO)(1+i_c)^{-t}=0 \tag{4-4}$$

式中：P_D——动态投资回收期；

i_c——基准收益率，其他符号含义同前。

动态投资回收期也可以用项目财务现金流量表中的累计净现金流量计算求得，其计算式为

$$P_D=\text{累计净现值开始出现正值的年份属数}-1+\frac{\text{上年累计净现值的绝对值}}{\text{当年的净现值}} \tag{4-5}$$

（2）评价标准

设基准投资回收期为 P_C，判别标准为：

当 $P_t \leqslant P_c$ 时，则项目可以考虑接受；

当 $P_t' > P_c$ 时，则项目应予以拒绝。

【例 4-4】某投资项目的净现金流量见表 4.3，如果行业基准投资回收期为 7 年，$i_c = 10\%$，计算该投资项目的动态投资回收期并判断方案是否可行。

表 4.3　　　　净现金流量表　　　　单位：万元

年份	0	1	2-9
净现金流量	-25	-20	12

解：将计算过程列于表 4.4 中。

表 4.4　　　　累计净现金流量现值表　　　　单位：万元

年份	0	1	2	3	4	5	6	7	8	9
净现金流量	-25	-20	12	12	12	12	12	12	12	12
(P/F，10%，t)	1	0.909 1	0.826 4	0.751 3	0.683 0	0.620 9	0.564 5	0.513 2	0.466 5	0.424 1
净现金流量现值	-25	-18.19	9.916 8	9.051 6	8.196	7.450 8	6.774	6.158 4	5.598	5.089 2
累计净现金流量现值	-25	-43.18	-33.3	-24.2	-16.0	-8.59	-1.82	4.34	9.94	15.03

由表，带入公式得

$$P_D = (7-1) + \frac{|-1.82|}{6.158\ 4} = 6.3\ (\text{年})$$

由于 $P_D = 6.3$ 年 $< P_C = 7$ 年，因此，该方案可行。

（3）优缺点

动态投资回收期法考虑了资金的时间价值，克服了静态投资回收期法的缺陷，所反映的项目风险性和盈利能力也更加真实、可靠。

其缺点主要有：①具有主观性，忽略了回收期以后的净现金流量。②未来年份的净现金流量为负数时，动态投资回收期可能变得无效，甚至做出错误的决策。

（4）适用范围

投资者一般都十分关心投资的回收速度，为了减少投资风险，都希望越早收回投资越好。动态投资回收期是一个常用的经济评价指标。动态投资回收期弥补了静态投资回收期没有考虑资金的时间价值这一缺点，使其更符合实际情况。但投资回收期只能反映方案投资的回收速度，而不能反映方案之间的比较结果，因此不能单独用于两个或两个以上方案的比较评价。

二、投资效果系数法

投资效果系数也称投资利润率，是指反映消耗和占用的资金与利润之间的关系。

用公式表示为：投资效果系数=年利润额除以投资总额。

1. 投资收益率

投资收益率（ROI）又称投资利润率，是指项目达到设计生产能力后一个正常年份的净收益额占项目总投资的比率。实际上，该指标是工程单位投资所获取的年净利润，反映了投资所获得的盈利水平，是考察项目经济效果的效率型指标。

（1）计算公式

投资收益率表达式为

$$\mathrm{ROI}=\frac{\mathrm{NB}}{K}\times 100\% \tag{4-6}$$

式中：K—— 投资总额；

NB—— 正常年份的净收益，根据分析目的不同，NB 可以是税前利润、税后利润等；

ROI—— 投资收益率。

ROI 可以表现为各种不同的具体指标，投资收益率常见的具体指标有：

$$全部投资收益率=\frac{年利润总额+年折旧与摊销费+年利息支出}{全部投资额}\times 100\% \tag{4-7}$$

$$自有资金投资收益率=\frac{年利润总额+年折旧与摊销费}{自有资金投资额} \tag{4-8}$$

$$投资利润率=\frac{年利润总额或年平均利润总额}{全部投资额} \tag{4-9}$$

（2）评价标准

用投资收益率判断方案的优劣需要用方案的投资收益率与国家或行业确定的基准投资收益率相比较。而基准投资收益率是国家或行业根据历史数据确定的。设基准投资收益率为 i_c，判断准则为：

当 ROI≥i_c时，项目可行，可以考虑接受；

当 ROI<i_c时，项目不可行，应予以拒绝。

若多个方案比较，则在各个方案满足 ROI≥i_c时，投资收益率越大的方案越好。

【例 4-5】某项目期初投资 2 000 万元，建设期为 3 年，投产前两年每年的收益为 200 万元，以后每年的收益为 400 万元。若基准投资收益率为 18%，问：该方案是否可行？

解：该方案正常年份的净收益为 400 万元，因此，投资收益率为；

$$\mathrm{ROI}=\frac{400}{2\ 000}\times 100\%=20\%$$

该方案的投资收益率为 20%，大于基准投资收益率 18%，因此，该方案可行。

（3）优缺点

投资收益率的优点是计算公式最为简单；缺点是没有考虑资金时间价值因素，

不能正确反映建设期长短及投资方式不同和回收额的有无对项目的影响，分子、分母计算口径的可比性较差，无法直接利用净现金流量信息。只有投资收益率指标大于或等于无风险投资收益率的投资项目才具有财务可行性。

第三节　现值法

一、现值法概述

现值法（Present Value，PV）是计算各方案的净现金流量的现值，然后在现值的基础上比较各方案。此法要求各方案的所有现金流入与现金流出可以估计出来，常用于改建、扩建项目的经济评价。

二、现值法常用的评价指标有净现值、净现值率

1. 净现值（Net Present Value，简记为 NPV）

净现值指标是对投资项目进行动态经济评价的最常用的指标，是指投资方案所产生的现金净流量以资金成本为贴现率折现之后与原始投资额现值的差额。

（1）计算公式

净现值的计算公式为

$$NPV = \sum_{t=0}^{n} (CI - CO)_t (1 + i_0)^{-t} \tag{4-10}$$

式中：NPV——项目或方案的净现值；

$(CI - CO)_t$——第 t 年的净现金流量；

n——项目寿命周期；

$(1 + i_0)^{-t}$——第 t 年的折现系数。

（2）评价标准

利用净现值判断方案时，对单一方案而言，若 NPV≥0，说明方案可行，可以接受；若 NPV<0 时，说明方案不可行，应予以拒绝。

【例 4-6】某项目的期初投资 1 000 万元，投资后一年建成并获益。每年的销售收入为 400 万元，经营成本为 200 万元，该项目的寿命期为 10 年。若基准折现率为 5%，问：该项目是否可行?

解：根据题意，可以计算项目的净现值为：

$NPV = (400 - 200)(P/A, 5\%, 10) - 1\,000 = 544.34$（万元）

由于该项目的 NPV>0，所以项目可行。

（3）优缺点

优点：①考虑了资金的时间价值，增强了投资经济性的评价；②考虑了全过程

的净现金流量，体现了流动性与收益性的统一；③考虑了投资风险，风险大则采用高折现率，风险小则采用低折现率。

缺点：①净现值的计算较麻烦，难掌握；②净现金流量的测量和折现率较难确定；③不能从动态角度直接反映投资项目的实际收益水平；④项目投资额不等时，无法准确判断方案的优劣。

2. 净现值率（NPVR）

净现值指标用于多方案比较时，若各方案计算期一致，则净现值最大的方案为最优方案。但如果投资额不等，在评价中就必须考虑单位投资的利用效率。通常用净现值率来反映单位投资的利用效率。

净现值率也称净现值指数（NPVI），指按设定贴现率计算方案净现值与其全部投资现值的比率。

（1）计算公式

净现值率的计算公式为

$$NPVR = \frac{NPV}{K_P} \tag{4-11}$$

式中：K_P ——项目总投资现值。

（2）评价标准

用净现值率评价方案时，若 $NPVR \geqslant 0$，说明方案可行，可以接受；若 $NPVR<0$ 时，说明方案不可行，应予以拒绝。

用净现值率进行方案比较时，以净现值率较大的方案为优。净现值率主要适用于多方案的优劣排序。

【例 4-7】某工程有 A、B 两个方案，现金流量见表 4.5，当基准收益率为 12% 时，试用净现值率法比较择优。

表 4.5　　A、B 两方案的现金流量表　　单位：万元

方案	0	1	2	3	4	5
A	-2 000	600	1 000	1 000	1 000	1 000
B	-3 000	500	1 500	1 500	1 500	1 500

解：由公式：

$NPV_A = -2\,000 + 600(P/F,12\%,1) + 1\,000(P/A,12\%,4)(P/F,12\%,1)$

$= 1\,247.5$（万元）

$NPVR_A = 1\,247.5 \div 2\,000 = 0.623\,8$

$NPV_B = -3\,000 + 500(P/F,12\%,1) + 1\,500(P/A,12\%,4)(P/F,12\%,1)$

$= 1\,514.1$（万元）

$NPVR_B = 1\,514.1 \div 3\,000 = 0.504\,7$

由以上计算，A 方案较优。

第四节　年值法和终值法

一、年值法

1. 年值法概述

年值法是指分别计算各比较项目或方案净效益的等效年值并进行比较，以年值较大的项目或方案为优，进行比选的一种方法。

净年值法是将一方案的现金流量，按其折现率（或最低可接受报酬率），转换成等额的年值当量，以进行方案的评估。用一连串等额的期末年金，代表某一投资方案的价值。

2. 年值法计算公式

净年值法计算公式为

$$\mathrm{NAV}=\left[\sum_{t=0}^{n}(S-I-C+S_V+W)_t\left(\frac{P}{F},\ i,\ t\right)\right]\left(\frac{A}{P},i,n\right) \tag{4-12}$$

式中：S——各年销售收入额；

I——各年投资额；

C——各年经营成本；

S_V——计算期末回收的固定资产余额；

W——计算期末回收的流动资金；

n——计算期；

NPV——净现值。

即

$$\mathrm{NAV}=\mathrm{NPV}\left(\frac{A}{P},i,n\right) \tag{4-13}$$

3. 判别标准

使用年值法对方案进行评价，其结果与净现值法的结果相同。净现值是项目整个寿命内所获收益的现值，而年值是项目期内每年的现值平均收益。

当 NAV≥0，说明项目在方案计算期内每年的平均等额收益有盈余，方案可取；当 NAV<0，则说明方案不可取。多方案比较时，净年值大的方案为优选方案。

【例 4-8】某投资方案的净现金流量见图 4-3，设基准收益率为 10%，求该方案的净年值。

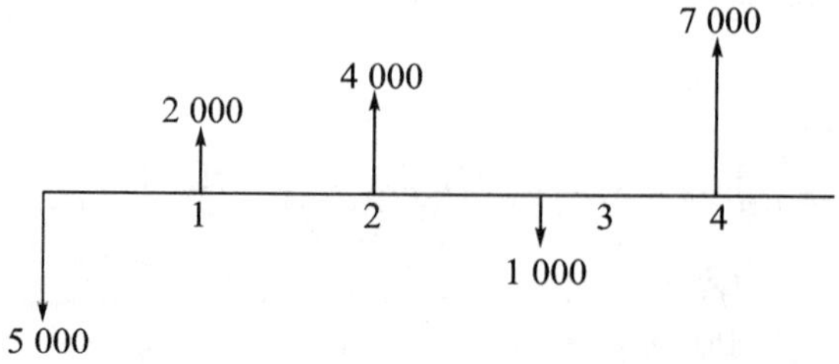

图 4.3　投资方案现金流量

解：由公式得

$$NAV = [-5\,000+2\,000(P/F,10\%,1)+4\,000(P/F,10\%,2)-1\,000(P/F,10\%,3)$$
$$+7\,000(P/F,10\%,4)=1\,311\text{（万元）}$$

二、终值法

终值即将来值，所谓将来值（Net Future Value，NFV）就是以项目计算期为准，把不同时间发生的净现金流量按照一定的折现率计算到项目计算期末的未来值之和。用公式表示为：

$$NFV = NPV(\frac{F}{P}, i_c, n) \tag{4-14}$$

即将来值等于净现值乘以一个常数（$F/P,i,n$）。由此可见，用两个指标来评价项目或方案的结论是一致的，只是二者计算的时间点不同而已。

将来值的判断准则是：对单方案或项目而言，当 NFV≥0 时，方案或项目可行；当 NFV<0 时，方案或项目不可行。对多方案而言，NFV 最大的方案最优。

NFV 是 NPV 或 NAV 指标的替代。NFV 立足于未来的时间基准点，在某种程度上有些夸大事实的作用。因此，当投资方案可能会遇到高通货膨胀时，NFV 比较容易显示出在通货膨胀的影响效果，这时比较适合用该指标进行评价。此外，有些策划人员为了说服决策者投资于某个特定方案，常应用该指标来夸大方案较其他方案的优越程度。

第五节　费用比较法

在工程经济中经常会遇到这样一类问题，两个或多个互斥方案其产出的效果基本相同，但却难以进行具体估算，如企业里的一些后方生产用设备、环保项目、教育项目、社会公益项目等的产出是难以计量和预测的，对这些项目的方案进行比较时，往往只考虑费用。也有一些产出相同的方案，在比较时为了简便起见，不考虑产出。仅用费用来比较方案，常见的指标有两种，即费用现值和费用年值。

一、费用现值法

1. 概念

所谓费用现值（Present Cost，PC）就是指按照一定的折现率，在不考虑项目或方案收益时，将项目或方案每年的费用折算到某个时刻（一般是期初）的现值之和。这种方法可视为净现值法的一个特殊情况，它是以各个比选方案的费用现值为对比条件，以所计算出来的费用现值最少的方案为最优方案。

2. 计算公式

费用现值计算公式为

$$PC=\sum_{t=0}^{n}(I+C-S_V-W)_t(\frac{P}{F},i_0,t)=\sum_{t=0}^{n}CO_t(\frac{P}{F},i_0,t) \quad (4-15)$$

式中：I——表示全部投资，包括固定资产投资和流动资金；

C——表示年经营总成本；

S_V——表示计算期末回收固定资产残值；

W——表示计算期末回收流动资金；

CO_t——各年净现金流出额；

n——计算期。

【例 4-9】某项目有 A、B 两种不同的工艺设计方案，均能满足同样的生产技术需要，其有关费用支出见表 4.6，基准折现率为 10%，试用费用现值法选择最佳方案。

表 4.6　A、B 两方案费用支出表　单位：万元

方案	投资（第 1 年年末）	年经营成本（第 2-10 年年末）	寿命期
A	780	280	10
B	900	240	10

解：由公式得

$PC_A=780(P/F,10\%,1)+280(P/A,10\%,9)(P/F,10\%,1)=2\ 175.04$（万元）

$PC_B=900(P/F,10\%,1)+240(P/A,10\%,9)(P/F,10\%,1)=2\ 074.71$（万元）

由 $PC_A>PC_B$，所以 B 方案为最佳方案。

二、费用年值法

1. 概念

费用年值（Annual Cost，AC）是指通过资金等值换算，将项目的费用现值分摊到寿命期内各年的等额年值。

2. 计算公式

费用年值法计算公式为：

$$AC=\sum_{t=0}^{n}CO_t(1+i_0)^{-t}(\frac{A}{P},i_0,n)=PC(\frac{A}{P},i_0,n) \quad (4-16)$$

式中：AC——项目或方案的费用年值；

$(A/P,i_0,n)$——等额支付资本回收系数；其他符号与 PC 表达式同。

【例 4-10】某项目有三个供气方案 A、B、C 均能满足同样的需要。其费用数据见表 4.7。若基准折现率为 5%，试分别用费用现值和费用年值判断方案的优劣。

表 4.7　　三个供气方案的费用数据表　　单位：万元

方案＼年份	总投资（第 0 年）	年运营费用（第 1-5 年）	年运营费用（第 6-10 年）
A	1 000	40	50
B	1 200	30	40
C	900	50	60

解：3 个方案的费用现值分别为：

$PC_A=50(P/A,5\%,5)(P/F,5\%,5)+40(P/A,5\%,5)+1\ 000$

$\quad =1\ 342.788\ 2$（万元）

$PC_B=40(P/A,5\%,5)(P/F,5\%,5)+30(P/A,5\%,5)+1\ 200$

$\quad =1\ 465.571\ 5$（万元）

$PC_C=60(P/A,5\%,5)(P/F,5\%,5)+50(P/A,5\%,5)+900$

$\quad =1\ 320.004\ 8$（万元）

从计算结果看，C 方案的费用现值最小，因此 C 方案最优。

再计算三个方案的费用年值：

$AC_A=PC_A(A/P,i,n)=1\ 342.788\ 2\ (A/P,5\%,10)=173.891\ 1$（万元）

$AC_B=PC_B(A/P,i,n)=1\ 465.571\ 5\ (A/P,5\%,10)=189.791\ 5$（万元）

$AC_C=PC_C(A/P,i,n)=1\ 320.004\ 8\ (A/P,5\%,10)=170.940\ 6$（万元）

从费用年值的计算结果看，也是 C 方案最优。

所以根据上例，两种方法的计算结果是一致的，因此，这两个指标是等价的。费用年值指标评价的准则也是：费用年值最小的方案最优。同样，用费用年值指标进行方案比较时，也应满足相同的需要。但是，费用年值相当于一个“年平均值”，比费用现值更具有可比性，尤其当方案或项目的寿命不同时，采用费用年值更简便，更具有可比性。

第六节　收益率法

一、内部收益率法

1. 概念

内部收益率（IRR）法是用内部收益率来评价项目投资财务效益的方法。所谓内部收益率，就是使得项目流入资金的现值总额与流出资金的现值总额相等的利率，换言之就是使得净现值（NPV）等于零时的折现率。

2. 计算

(1) 计算公式

内部收益率可从（4-17）的方程式计算得出。

$$\sum_{t=0}^{n}(CI-CO)_t(1+IRR)^{-t}=0 \tag{4-17}$$

式中：IRR——内部收益率；其余含义同前。

(2) 计算步骤

①在计算净现值的基础上，如果净现值是正值，就要采用这个净现值计算中更高的折现率来测算，直到测算的净现值正值近于零。

②再继续提高折现率，直到测算出一个净现值为负值。如果负值过大，就降低折现率后再测算到接近于零的负值。

③根据接近于零的相邻正负两个净现值的折现率，用线性插值法求得内部收益率。

(3) 评价标准

根据净现值与折现率的关系，以及净现值指标在项目评价时的评价标准，可以推导出用内部收益率指标评价过程项目式的评价标准：

若 IRR $> i_c$，则 NPV > 0，说明项目可行。

若 IEE $= i_c$，则 NPV $= 0$，说明项目可以考虑接受。

若 IRR $< i_c$，则 NPV < 0，说明项目不可行。

【例 4-11】某工程项目期初投资 10 000 元，一年后投产并获得收益，每年的净收益为 3 000 元。基准折现率为 10%，寿命期为 10 年。试用内部收益率指标项目是否可行。

解：NPV = 3 000（$P/A,i,10$）-10 000

取 $i_1=25\%$，NPV（i_1）= 711.51（元）

取 $i_2=30\%$，NPV（i_2）= -725.38（元），代入 IRR 公式计算 IRR 得：

$IRR=27.48\%$

由于基准折现率 $i_0=10\%<IRR=27.48\%$，所以项目可行。

(4) 内部收益率法的优缺点

内部收益率，是一项投资可望达到的报酬率，是能使投资项目净现值等于零时的折现率。就是在考虑了时间价值的情况下，使一项投资在未来产生的现金流量现值，刚好等于投资成本时的收益率，而不是你所想的“不论高低净现值都是零，所以高低都无所谓”，这是一个本末倒置的想法。因为计算内部收益率的前提本来就是使净现值等于零。

说得通俗点，内部收益率越高，说明你投入的成本相对地少，但获得的收益却相对的多。比如 A、B 两项投资，成本都是 10 万，经营期都是 5 年，A 每年可获净现金流量 3 万，B 可获 4 万，通过计算，可以得出 A 的内部收益率约等于 15%，

B 的约等 28%。这些情况，其实通过年金现值系数表就可以看得出来的。

3. 内部收益率的经济意义

前面了解了内部收益率的概念及计算，但怎样从经济上解释内部收益率呢？从经济上说，内部收益率就是使得项目在寿命期结束时，投资刚好被全部收回的折现率。也就是说，在项目的整个寿命期内，按照利率 i = IRR 计算，始终存在未能收回的投资，而在寿命期结束时，投资刚好被全部收回。即，在项目寿命期内的各个时刻，项目始终处于"偿付"未被收回的投资状况。因此，项目的"偿付"能力完全取决于项目内部，故有"内部收益率"的称谓。

现在通过下例来验证内部收益率的经济含义：

【例 4-12】某项目的寿命期为 4 年，其现金流量如图 4.4 所示。试计算图中现金流量的内部收益率，并验证内部收益率的经济含义。

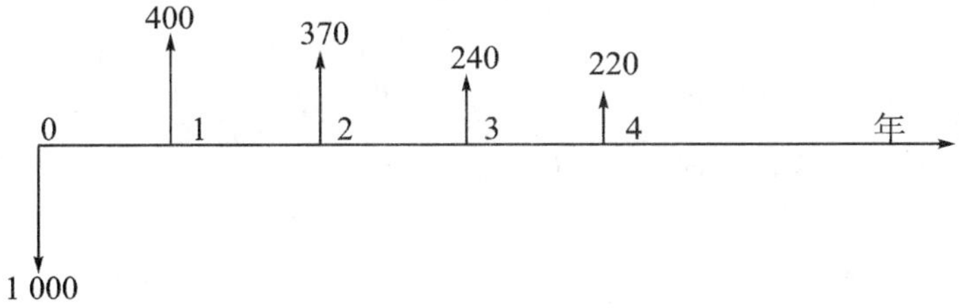

图 4.4　现金流量图

解：$NPV=\dfrac{400}{1+i}+\dfrac{370}{(1+i)^2}+\dfrac{240}{(1+i)^3}+\dfrac{220}{(1+i)^4}-1\ 000$

$i_1=8\%$，$NPV_1=39.812\ 0$（元）

$i_2=12\%$，$NPV_2=-37.254\ 2$（元）

IRR = 10%

现在验证内部收益率的经济含义。按照 i = IRR = 10%计算项目每年未收回的资金如下：

第 1 年年末未收回的资金为：$-1\ 000(1+10\%)+400=-700$（元），处于"偿付"状态。

第 2 年年末未收回的资金为：$-1\ 000(1+10\%)^2+400(1+10\%)+370=-400$（元），处于"偿付"状态。

第 3 年年末未收回的资金为：

$-1\ 000(1+10\%)^3+400(1+10\%)^2+370(1+10\%)+240=-200$（元），处于"偿付"状态。

第 4 年年末未收回的资金为：

$-1\ 000(1+10\%)^4+400(1+10\%)^3+370(1+10\%)^2+240(1+10\%)+220=0$，投资全部被收回。

可见，按照内部收益率计算，本项目在寿命期内的前三年始终处于"偿付"状态，资金未被完全收回。只有在第 4 年年末，寿命期结束时，投资才全部被收回。这就验证了内部收益率的经济含义。

4. 内部收益率的几种特殊情况

（1）内部收益率与静态投资回收期的关系

在某些特殊情况下，静态投资回收期和内部收益率是等价的。如当投资发生在年初（第 0 年），以后各年年末的收益相等时，静态投资回收期和内部收益率是等价的。这时给定项目的寿命期为 N 年，按照内部收益率的定义有：

$$-P + A(\frac{P}{A}, \text{IRR}, N) = 0 \rightarrow (\frac{P}{A}, IRR, N) = \frac{P}{A}$$

由静态投资回收期的公式可知，上式右边式子即为静态投资回收 T_P。因此，有公式：

$$T_P = \frac{(1+\text{IRR})^N - 1}{\text{IRR}(1+\text{IRR})^N} \tag{4-18}$$

【例 4-13】若某项目年初投资，一年后获得收益，每年的收益相等。先给定内部收益率为 15%，项目的寿命期为 20 年。请问：与项目等价的静态投资回收期是多少？

$$解: TP = \frac{(1+\text{IRR})^N - 1}{\text{IRR}(1+\text{IRR})^N} = \frac{(1+15\%)^{20} - 1}{15\%(1+15\%)^{20}} = 6.26(年)$$

（2）具有多个内部收益率的情况

常规投资项目都具有唯一的内部收益率。但在实际工程中，也有些项目存在多个内部收益率。对于常规项目，在项目的寿命期初（投资建设期和投产初期），净现金流量一般为负值（现金流出大于现金流入），项目进入正常生产期后，净现金流量就会变成正值（现金流入大于现金流出）。只要其累计净现金流量大于零，IRR 就有唯一的正数解。对于非常规项目，在项目寿命期的各个时刻可能都有现金流出和现金流入，各个时刻的净现金流量可能为正，也可能为负。即非常规项目的高次方程可能有多个正实数根，这些根是否是真正的内部收益率呢？这需要按照内部收益率的经济含义进行验证。即以这些根作为盈利率，代入计算项目寿命期内各个时刻的资金，看是否存在未"偿付"的资金。

可以得出以下结论：对于非常规项目，只要 IRR 方程存在多个正实数根，则所有的根都不是项目真正的内部收益率。但若非常规项目的 IRR 方程只有一个正实数根，则这个根就是项目的内部收益率。

【例 4-14】某项目的净现金流量见表 4.8，试判断此项目是否存在内部收益率。

表 4.8 某项目现金流量表 单位：万元

年份	0	1	2	3	4	5
净现金流量	-100	60	50	-200	150	100

解：这是一个非常规项目。NPV 的表达式为：

$NPV = -100 + 60(P/F,i,1) + 50(P/F,i,2) - 200(P/F,i,3) + 150(P/F,i,4) + 100(P/F,i,5) = 0$

用试算法，算出方程有一个唯一的根 i = 12.97%。

验算根 i = 12.97% 是否是项目的内部收益率。用 i = 12.97% 计算项目各年的资金。

第 1 年末未收回的资金为：$-100(1+12.97\%)+60=-52.97$（元）

第 2 年末未收回的资金为：$-100(1+12.97\%)^2+60(1+12.97\%)+50=-9.84$（元）

第 3 年末未收回的资金为：

$-100(1+12.97\%)^3+60(1+12.97\%)^2+50(1+12.97\%)-200=-211.12$（元）

第 4 年末未收回的资金为：

$-100(1+12.97\%)^4+60(1+12.97\%)^3+50(1+12.97\%)^2-200(1+12.97\%)+150=-88.52$（元）

第 5 年末未收回的资金为：

$-100(1+12.97\%)^5+60(1+12.97\%)^4+50(1+12.97\%)^3-200(1+12.97\%)^2+150(1+12.97\%)+100=0$

用 i = 12.97% 计算项目各年末未被"偿付"的资金，在 1~4 年资金都没有全部被收回，只有在寿命期结束的第 5 年末资金才全部被收回。因此，此例验证了前面的结论。

（3）内部收益率不存在的情况

不存在内部收益率的几种情况如下：

①总有 NPV>0。图 4.5（a）中，净现金流量始终为正。因为有

$NPV=800+500(P/F,i,1)+400(P/F,i,2)+200(P/F,i,3)$

当 $i=0$，NPV = 1 900（元）；$i\to+\infty$，NPV = 800（元）。可见，在项目的各个时期总有 NPV>0，图形与横轴没有交点，不存在根，也就不可能存在内部收益率。

②总有 NPV<0。图 4.5（b）中，净现金流量始终为负。因为有

$NPV=-1\,000-500(P/F,i,1)-200(P/F,i,2)-300(P/F,i,3)$

当 $i=0$，NPV = −2 000（元）；$i\to+\infty$，NPV = −1 000（元）。可见，在项目的各个时期总有 NPV<0，图形与横轴没有交点，不存在根，也就不可能存在内部收益率。

③现金流量的收入代数和小于支出代数和。图 4.5（c）中，现金流量虽然开始是支出，以后都是收入，但由于现金流量的收入代数和 500+500+500 = 1 500（元）小于现金流量的支出代数和 1 000+800 = 1 800（元），使得项目在各个时期总有 NPV<0，图形与横轴没有交点，所以不存在内部收益率。这是因为

$NPV=-1\,000-800(P/F,i,1)+500(P/A,i,3)(P/F,i,1)$，

当 $i=0$ 时，NPV = -300（元）；当 $i \to +\infty$ 时，NPV = -10 000（元），即始终有 NPV<0，所以不存在内部收益率。

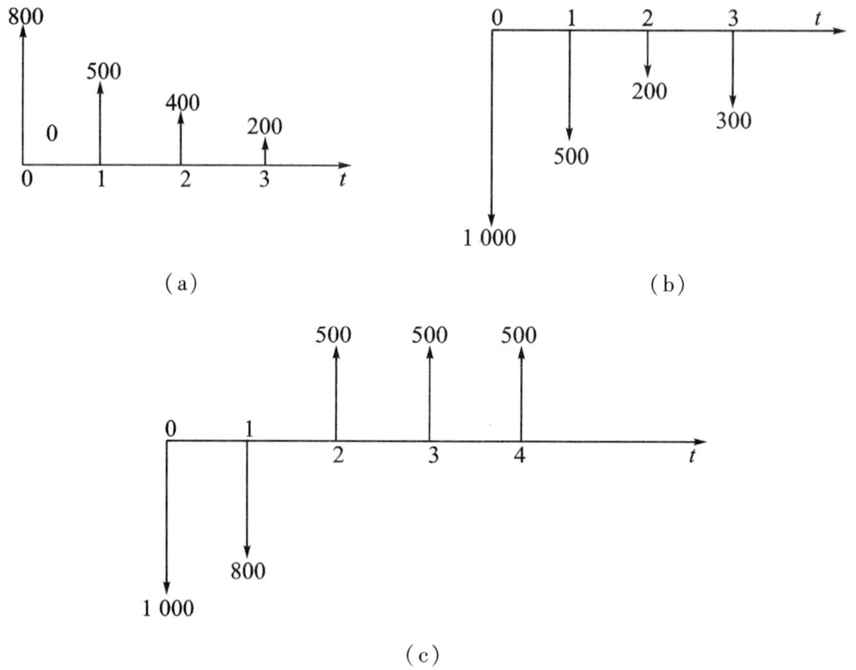

图 4.5　不存在内部收益率的情况（单位：元）

（4）非投资情况

这是一种特殊的情况，即先从项目取得资金，然后偿付项目的有关费用。如现有项目转让就属于这种情况。

图 4.6 是一种非投资情况。投资者先从项目取得资金，然后再向方案投资。注意，在此种情况下，只要现金流量的收入代数和大于支出代数和，一般就存在内部收益率。这是因为，图 4.6 中的 NPV = -1 000 - 800（P/F，i，1）+800（P/A，i，3）（P/F，i，1）。当 $i=0$ 时，NPV = -600（元）；$i \to +\infty$，NPV = 1 000（元）。可见，图形与横轴有交点，存在根，也就是说存在内部收益率。

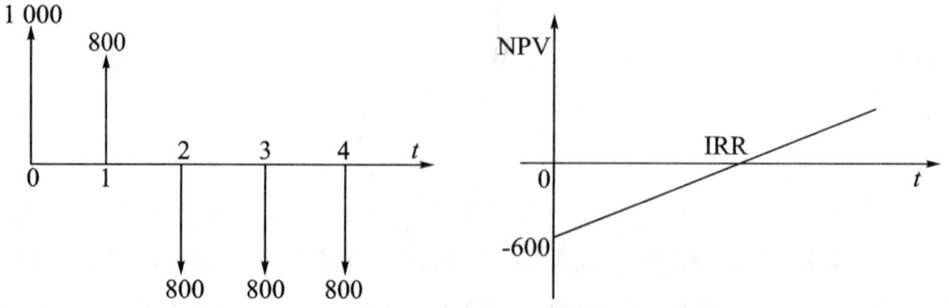

图 4.6　非投资情况（单位：元）

只不过，NPV 的图形与常规项目正好相反，随着折现率的逐渐增大，NPV 的值也逐渐增大，并由负变正。判断时，当内部收益率小于折现率时，项目才可行。

对 NPV = -1 000-800 $(P/F,i,1)$ +800 $(P/A,i,3)$ $(P/F,i,1)$ = 0 求根。

取 i = 10%，NPV = -81.38（元）；取 i = 15%，NPV = 107.34（元）。则图 4.6 的内部收益率为：

$$IRR = 10\% + (15\% - 10\%)\frac{|-81.38|}{|-81.38| + 107.34} = 12.16\%$$

可见，非投资情况也存在内部收益率。

三、外部收益率法

计算投资项目或方案的内部收益率时，隐含了一个基本假定，即项目寿命周期内所获得的净收益全部用于再投资，且再投资的收益率等于项目的内部收益率。这种隐含假定是由于现金流计算中采取复利计算方法导致的。

根据内部收益率的经济含义，可以把 IRR 的方程写成下式：

$$\sum_{t=0}^{n}(\mathrm{NB}_t - K_t)(1 + \mathrm{IRR})^{-t} = 0 \tag{4-19}$$

式中，K_t——第 t 年的净投资；

NB_t——第 t 年的净收益。

上式两端同乘以 $(1+\mathrm{IRR})^n$ 后得：

$$\sum_{t=0}^{n}(\mathrm{NB}_t - K_t)(1 + \mathrm{IRR})^{n-t} = 0$$

也就是说，通过等值计算，将式（4-19）的左端的现值折算成了期末的终值。再对上式进行变换，可得：

$$\sum_{t=0}^{n} NB_t(1 + \mathrm{IRR})^{n-t} = \sum_{t=0}^{n} K_t(1 + \mathrm{IRR})^{n-t}$$

这个等式意味着：每年的净收益以 IRR 为收益率进行再投资，到寿命期末历年净收益的终值和与历年投资按 IRR 折算到寿命期末的终值相等。

内部收益率中的假定，往往受到投资机会的限制，难以与实际情况相符。这种假定也是造成非常规项目 IRR 的方程出现多个解而可能不存在内部收益率的原因。出现这种情况，一般最好用修正后的内部收益率——外部收益率来判断方案。

外部收益率（External Rate of Return，ERR）是假设项目寿命期内所获得的净收益全部用于再投资，且再投资的收益率等于基准折现率。通过这种假设求出的解，即为外部收益率。计算外部收益率的公式如下：

$$\sum_{t=0}^{n}\mathrm{NB}_t(1 + i_0)^{n-t} = \sum_{t=0}^{n} K_t(1 + \mathrm{ERR})^{n-t} \tag{4-20}$$

式中，ERR——外部收益率；

K_t——第 t 年的净投资；

NB_t——第 t 年的净收益；

i_0——基准折现率。

式（4-20）一般不会出现多个正实数解的情况，而且通常可以用代数方法直接求解。ERR 指标用于判断投资方案的经济效果时，需要与基准折现率 i_0 进行比较。其判断准则是：

若 $ERR \geqslant i_0$，项目可行，可以接受；

若 $ERR < i_0$，项目不可行，不能接受，应予以拒绝。

【例 4-15】某项目的净现金流量见表 4.9，基准折现率为 10%。试判断此项目是否存在内部收益率，并判断项目的可行性。

表 4.9　　某项目的现金流量表　　单位：万元

年份	0	1	2	3	4	5
净现金流量	1 900	1 000	-5 000	-5 000	2 000	6 000

解：该项目是一个非常规项目，其 IRR 方程为：

$$NPV = 1\,900 + \frac{1\,000}{1+i} - \frac{5\,000}{(1+i)^2} - \frac{5\,000}{(1+i)^3} + \frac{2\,000}{(1+i)^4} + \frac{6\,000}{(1+i)^5} = 0$$

方程系数符号变化两次，有两个解 $i_1 = 10.2\%$，$i_2 = 47.3\%$。并且经过验证，这两个解均不是项目的内部收益率，所以不能用内部收益率来判断项目的可行性，只能用外部收益率来判断了。本项目外部收益率的方程式为：

$$1\,900(1+10\%)^5+1\,000(1+10\%)^4+2\,000(1+10\%)+6\,000=5\,000(1+ERR)^3+5\,000(1+ERR)^2$$

解得：ERR＝10.1%。由于 ERR>0，所以项目可行。

第七节　多方案比选

一、方案选择概述

1. 概念

前面介绍的经济效益评价指标用于评价独立项目或方案本身是否达到了标准要求，是否可行，效果显著。但在实际项目的经济评价中，往往需要在多个备选方案中进行比较和选择。对于多方案的比选，除了可以应用前面介绍的独立方案的经济效益评价指标外，还可以运用多方案的评价指标，如相对投资回收期、计算费用、差额净现值、差额内部收益率等。事实上，多方案的评价指标是独立方案的经济效益评价指标的进一步应用。此外，多方案比选的方法与备选方案之间关系的类型有关。不同类型的备选方案，其使用的评价方法不同。

2. 主要类型

根据备选方案之间的相互关系，可将备选方案分成三种类型。

（1）独立型

独立型是指各个评价方案的现金流量是独立的，不具有相关性，且任一方案的采用与否都不影响其他方案的采纳。比如个人投资，可以存款、购买股票、购买债券，也可以购买房产等，这些方案中的任何一个方案的采纳都不受其他方案的影响，它们的现金流量相互独立，并且可以选择其中的一个方案，也可以选择其中的两个或三个方案。独立方案的特点是具有“可加性”，即选择的各方案的投资、收益、支出均可以相加。如果决策对象是单一方案，则可以认为是独立方案的特例。独立方案的采用与否，只取决于方案自身的经济性，即只需检验它们是否能够通过净现值、净年值、净将来值、内部收益率或费用现值等指标的评价标准。因此，多个独立方案的评价与单一方案的评价方法是相同的。

（2）互斥型

互斥型是指方案间存在互不相容、互相排斥的关系，且在多个比选方案中只能选择一个方案。比如为了连接两地之间的交通，要么建铁路，要么建公路，这两个方案就是互斥型。还有厂址的选择，一个地点就是一个方案，不同地点的方案选择就是互斥型。不同的建设规模的选择也是互斥型。由于互斥型方案只能从中选择一个方案，因此，选择互斥型方案时，它们的现金流量之间不存在相关关系。

（3）相关型

相关型是指在多个方案之间，如果接受（或拒绝）某一方案，会显著改变其他方案的现金流量，或者接受（或拒绝）某一方案会影响对其他方案的接受（或拒绝）。相关型方案主要又有以下几种：

①相互依存型和完全互补型。如果两个或多个方案之间，某一方案的实施要求以另一方案（或另几个方案）的实施为条件，则这两个（或若干个）方案具有相互依存性，或者说具有完全互补性。两个方案就属于相互依存型和完全互补类型的相关方案。一般情况下，对这种类型的方案在评价时放在一起进行。

②现金流相关型。如果若干方案中，任一方案的取舍会导致其他方案的现金流量的变化，这些方案之间就具有相关性，属于现金流相关型。如为了改善两地之间的交通状况，在两地之间既可以建铁路，也可以建公路，还可以同时建铁路和公路。即使这两个方案不存在互不相容的关系，但任何一个方案的实施或放弃都会影响另一方案的收入，从而影响方案经济效果评价的结论。

③资金约束型。在对投资方案进行评价时，如果没有资金总额的约束，各方案具有独立性。但在资金有限的情况下，接受某些方案则意味着不得不放弃另外一些方案，这也是方案相关的一种类型，即资金约束型。

④混合相关型。方案之间存在多种类型就称为混合相关型。比如，在有限的资金约束条件下，有几个现金流量相关型方案，在这些方案中，又包括一些互斥型

方案。

二、多方案比选的常用指标

多方案的比选除了用本章前面介绍的指标外，还常用以下指标：相对投资回收期、计算费用、差额净现值、差额内部收益率等。

1. 相对投资回收期

当相互比较的方案都能满足相同需要，并满足可比要求时，则只需比较它们的投资额大小和经营成本多少，就可以进行比选了。也就是说，可以用相对投资回收期来比选方案。相对投资回收期（Supplemental Pay Back Period）亦“追加投资回收期”“差额投资回收期”，它有两种形态：静态的相对投资回收期和动态的相对投资回收期。

（1）静态的相对投资回收期

静态的相对投资回收期（Static Supplemental Pay Back Period）是指在不考虑资金时间价值的情况下，用投资额大的方案比投资额小的方案所节约的经营成本来回收其差额投资所需要的时间。一般情况下，投资额大的方案，其经营成本低；投资额小的方案，其经营成本高。

计算公式如下：

$$T_a = \frac{K_2 - K_1}{C_1 - C_2} \tag{4-21}$$

式中：T_a——静态的相对投资回收期；

K_2——投资额大的方案的全部投资；

K_1——投资额小的方案的全部投资；

C_2——投资额大的方案的年经营成本；

C_1——投资额小的方案的年经营成本。

与独立方案的投资回收期一样，用静态的相对投资回收期来选择方案时，也必须先选定一个基准投资回收期 T_0 与之比较，才能比选方案。判断时，当两个比选的方案产出相同时，其判断准则是：

当 $T_a < T_0$ 时，投资额大的方案优于投资额小的方案，应选择投资额大的方案；

当 $T_a > T_0$ 时，投资额小的方案优于投资额大的方案，应选择投资额小的方案。

【例 4-16】已知两个建厂方案 A 和 B，方案 A 投资 1 500 万元，年经营成本为 300 万元；方案 B 投资 1 000 万元，年经营成本为 400 万元。若基准投资回收期为 6 年，试选择方案。

解：直接将已知条件代入静态相对投资回收期的公式得：

$$T_a = \frac{1\ 500 - 1\ 000}{400 - 300} = 5(\text{年})$$

由于计算出的静态相对投资回收期小于基准投资回收期，所以投资额大的方案

A 优于投资额小的方案 B，应选择方案 A。

但是，若两个比选方案的产出不同时，就不能直接用上式来进行判断。必须将比选方案的不同产出换算成单位费用进行比较。设方案的产出为 Q，则计算公式为：

$$T_a = \frac{K_2/Q_2 - K_1/Q_1}{C_1/Q_1 - C_2/Q_2} \tag{4-22}$$

式中，Q_1、Q_2分别是两个比较投资方案的产出，其他符号与式（4-21）一致。

对应有相对投资收益率（或差额投资收益率）。若比较的两个方案的产出相同，则其计算公式为：

$$R_a = \frac{C_1 - C_2}{K_2 - K_1} \times 100\% \tag{4-23}$$

式中，R_a是相对投资收益率，其他符号与前面相同。比较时把它与基准投资收益率 R_0比较，当 $Ra> R_0$时，投资额大的方案优；当 $R_a< R_0$时，投资额小的方案优。

若比较的两个方案的产出不相同，则其计算公式为：

$$R_a = \frac{C_1/Q_1 - C_2/Q_2}{K_2/Q_2 - K_1/Q_1} \times 100\% \tag{4-24}$$

判断准则与式（4-23）相同。

（2）动态的相对投资回收期

所谓动态的相对投资回收期（Dynamic Supplemental Pay Back Period）是指在考虑资金时间价值的情况下，用投资额大的方案比投资额小的方案素所节约的经营成本来回收其差额投资所需要的时间。

设有两个比较方案 A 和 B，A 的投资额大于 B 的投资额，其经营成本之差 $\Delta C = C_B - C_A$，投资额之差 $\Delta K = K_A - K_B$。则，两个比较方案各年的经营成本差为 ΔC_1、ΔC_2、ΔC_3、…、ΔC_n，比较方案的投资额之差为 ΔK。则满足下式成立的 T_a即为动态的相对投资回收期：

$$\Delta K = \sum_{t=1}^{T_a{}^*} \frac{\Delta C_t}{(1 + i_0)^t} \tag{4-25}$$

式中：$T_a{}^*$ ——动态的相对投资回收期；

　　I_0——基准折现率。

若每年的经营成本差相等，则式（4-25）将变成：

$$\Delta K = \Delta C \times \frac{(1 + i_0)^{T_a{}^*} - 1}{i_0(1 + i_0)^{T_a{}^*}}$$

对该式两边取对数，移项得：

$$T_a{}^* = -\frac{\log\left(1 - \frac{\Delta K \times i_0}{\Delta C}\right)}{\log(1 + i_0)} \tag{4-26}$$

动态相对投资回收期的计算方法与前面介绍的独立方案的投资回收期计算方法

相同。当每年的经营成本差相等时，用公式计算，当每年的经营成本差不相等时，用列表法计算。

2. 计算费用

用相对投资回收期法可以对多方案进行两两相互比较，逐步淘汰，直至选出最优方案。但是，当比较的方案很多时，用相对投资回收期法进行两两相互比较，工作量太大，太繁琐，就可采用计算费用法（Cost of Calculation）。计算费用又分静态计算费用和动态计算费用两种。

（1）静态计算费用

一个技术方案是否经济合理，既取决于一次性投资的大小，又取决于经营成本的高低，但这二者是不能直接相加的，采用“计算费用”就可以将二者合二为一。计算费用就是用一种合乎逻辑的方法，将一次性投资和经常发生的经营成本统一成为一种性质相似的费用，称为“计算费用”或“折算费用”。

将计算费用用字母 Z 表示，用项目或方案的寿命周期代替基准投资回收期，则方案的总计算费用公式为：

$$Z_{j(总)} = K_j + T \cdot C_j \tag{4-27}$$

式中：$Z_{j(总)}$ ——第 j 方案的期初静态总计算费用；

K_j——第 j 方案的期初总投资；

C_j——第 j 方案的年经营成本；

T——项目或方案的寿命周期。

多方案比较时，方案的期初静态总费用 $Z_{j(总)}$ 最低的方案最优。

由此可见，将方案的经营成本按寿命折算到期初与期初投资额之和称为期初静态总计算费用。我们也可以年计算费用，其公式为：

$$Z_{j(年)} = \frac{K_j}{T} + C_j \tag{4-28}$$

多方案比较时，也是方案的年静态计算费用 $Z_{j(年)}$ 最低的方案最优。以上两种计算费用均没有考虑资金的时间价值。

【例 4-17】现有 A、B、C、D 4 个产出相同的方案，方案 A 的期初投资为 1 000 万元，年经营成本为 100 万元；方案 B 的期初投资为 800 万元，年经营成本为 120 万元；方案 C 的期初投资为 1 500 万元，年经营成本为 80 万元；方案 D 的期初投资为 1 000 万元，年经营成本为 90 万元。4 个方案的寿命期均为 10 年。试比较 4 个方案的优劣。

解：用计算费用法比较省事。各方案的总计算费用分别为：

$Z_{A(总)}$ = 1 000+10×100 = 2 000（万元）；$Z_{B(总)}$ = 800+10×120 = 2 000（万元）

$Z_{C(总)}$ = 1 500+10×80 = 2 300（万元）；$Z_{D(总)}$ = 1 000+10×90 = 1 900（万元）

各方案的年计算费用分别为：

$Z_{A(年)}$ = 1 000/10+100 = 200（万元）；$Z_{B(年)}$ = 800/10+120 = 200（万元）

$Z_{C(年)}=1\,500/10+80=230$（万元）；$Z_{D(年)}=1\,000/10+90=190$（万元）

从计算可知，D 方案的总计算费用和年计算费用都是最小的，所以 D 方案最优，应选 D 方案。

（2）动态计算费用

静态计算费用法没有考虑资金的时间价值。如果考虑资金的时间价值，则项目或方案的总计算费用和年计算费用公式分别为：

$$Z^*_{j(总)}=K_j+C_j\cdot(\frac{P}{A},\ i_0,\ T) \tag{4-29}$$

$$Z^*_{j(年)}=C_j+K_j\cdot(\frac{A}{P},\ i_0,\ T) \tag{4-30}$$

式中：$Z^*_{j(总)}$——动态总计算费用；

$Z^*_{j(年)}$——动态年计算费用；

$(P/A,\ i_0,\ T)$——等额支付现值系数；

$(A/P,\ i_0,\ T)$——等额支付资本回收系数；其他符号与前面相同。

此外，如果各比较方案的产出不同时，应该换算成单位费用进行比较。设各比较方案的产出为 Q_j，那么用总计算费用和年计算费用指标公式应分别修改为：

$$Z'_{j(总)}=\frac{K_j}{Q_j}+T\cdot\frac{C_j}{Q_j} \tag{4-31}$$

$$Z'_{j(年)}=\frac{\frac{K_j}{Q_j}}{T}+\frac{C_j}{Q_j} \tag{4-32}$$

计算费用法虽然将一次性投资和经常发生的经营成本统一成为一种性质相似的费用，使得项目能够可比。但是，我们不难看出，计算费用是假设项目或方案每年的经营成本相等，各比较的方案收益也相等或不考虑收益的情况，且投资全部发生在期初，但实际工程中，这种情况不是很多。所以，其使用也存在局限性。

3. 差额净现值

所谓差额净现值（Difference of Net Present Value）就是把不同时间点上两个比较方案的净收益之差用一个给定的折现率，统一折算成期初的现值之和。

计算公式为：

$$\Delta NPV=\sum_{t=0}^{N}(NB_A-NB_B)(1+i_0)^{-t} \tag{4-33}$$

式中：NB_A、NB_B——方案 A、B 的净收益，$NB_A=CI_A-CO_A$，$NB_B=CI_B-CO_B$；

N——两个比较方案的寿命周期；

I_0——基准折现率。

用上式比较方案时，一般用投资额大的方案减投资额小的方案。因此，差额净现值判断准则是：当 $\Delta NPV\geqslant 0$ 时，投资额大的方案优于投资额小的方案；当 $\Delta NPV<0$ 时，投资额小的方案优于投资额大的方案。

【例 4-18】某工程项目有 A_1、A_2和 A_3三个投资方案，各方案每年的投资和净收益见表 4.10。若年折现率为 15%，试比较方案的优劣。

表 4.10　　投资方案数据表　　单位：万元

方案 / 年份	A_1	A_2	A_3
第 0 年	-5 000	-10 000	-8 000
第 1-10 年	1 400	2 500	1 900

解：先计算 A_1、A_2的差额净现值：

$$\Delta NPV_{(A_2-A_1)} = (2\,500-1\,400)(P/A,\ 15\%,\ 10) - (10\,000-5\,000) = 520.68\ (万元)$$

由于 $\Delta NPV_{(A_2-A_1)}>0$，所以投资额大的方案 A_2优。

A_2、A_3的差额净现值为：

$$\Delta NPV_{(A_2-A_3)} = (2\,500-1\,900)(P/A,\ 15\%,\ 10) - (10\,000-8\,000) = 1\,011.28\ (万元)$$

由于 $\Delta NPV_{(A_2-A_3)}>0$，所以，投资额大的方案 A_2优。

A_1、A_3的差额净现值为：

$$\Delta NPV_{(A_3-A_1)} = (1\,900-1\,400)(P/A,\ 15\%,\ 10) - (8\,000-5\,000) = -490.60\ (万元)$$

由于 $\Delta NPV_{(A_3-A_1)}<0$，所以，投资额小的方案 A_1优。

由此可见，三个方案的优劣顺序为：$A_2>A_1>A_3$

因此，应首先选择方案 A_2。

同理，也可以用差额将来值、差额年值等来比选。判断准则也相同。但是，必须注意，用差额净现值比较方案时，两个比较方案的寿命期必须相等。

4. 差额内部收益率

与差额净现值相对应的是差额内部收益率（Difference in Internal Rate of Return）。所谓差额内部收益率就是指差额净现值为零时对应的折现率。即满足下式的折现率：

$$\Delta NPV = \sum_{t=0}^{N}(NB_A - NB_B)(1+\Delta IRR)^{-t} = 0 \qquad (4-34)$$

式中：ΔIRR——差额内部收益率；其他符号与前面相同。

用 ΔIRR 判断方案和用 NPV 判断方案是一致的。由此可见，净现值最大准则（包括净年值和净将来值最大、费用现值和费用年值最小准则）是正确的。但是，内部收益率最大准则却不能保证比选结论的正确性。

净现值最大准则的正确性是由基准折现率——最低希望收益率的经济含义决定

的。一般来说，最低希望收益率应该等于被拒绝的投资机会中最佳投资机会的盈利率。因此，净现值就是拟采纳方案较之被拒绝的最佳投资机会多得的盈利，其值越大越好，这符合盈利最大化的决策目标要求。

内部收益率最大准则只是在基准折现率大于比较的两个方案的差额内部收益率的前提下成立。也就是说，如果将投资额大的方案相对于投资额小的方案的增量投资用于其他投资机会，会获得高于差额内部收益率的盈利率，用内部收益率最大准则进行方案比选的结论就是正确的。由于基准折现率是独立确定的，不依赖于具体待比选方案的差额内部收益率，故用内部收益率最大准则比选方案是不可靠的。因此，差额内部收益率只能用于方案间的比选（相对效果检验），不能反映各方案自身的经济效益（绝对经济效果）。

用差额内部收益率比较互斥方案的相对优劣具有经济概念明确，易于理解的优点。但若比选的方案很多时，计算工作相对繁琐。所以，当比较的方案很多时可以用其他方法（如前面介绍的指标）比选。

用差额内部收益率比较互斥方案时，也会出现无法比较的情况。这些情况有以下两种：

（1）不存在差额内部收益率的情况。当两个比较方案的净现值平行，永远没有交点，此时就不存在差额内部收益率。

（2）两个比较方案的投资额相等的情况。当两个比较方案的投资额相等时，用差额内部收益率比较互斥方案会出现无法利用前面所述的判别准则进行判别的情况。此时可先计算方案的“年均净现金流”或“年均费用现金流”，然后再利用后面的判断准则比选方案。

设方案 j 的寿命期为 N_j，则方案 j 的“年均净现金流”（用 PA 表示）为：

$$PA = \sum_{t=0}^{N_j} (CI_j - CO_j)_t / N_j \tag{4-35}$$

对于只有费用现金流的方案，则方案 j 的“年均费用现金流”（用 CA 表示）为：

$$CA = \sum_{t=0}^{N_j} CO_{jt} / N_j \tag{4-36}$$

判断准则是：在两个互斥方案的差额内部收益率 ΔIRR 存在的情况下，若 $\Delta IRR > i_0$ 或 $-1 < \Delta IRR < 0$，则方案寿命期内大的方案优于“年均净现金流”小的方案；若 $0 < \Delta IRR < i_0$，则方案寿命期内“年均净现金流”小的方案优于“年均净现金流”大的方案。对于仅有费用现金流的互斥方案比选，若 $\Delta IRR > i_0$ 或 $-1 < \Delta IRR < 0$，则方案寿命期内“年均费用现金流”小的方案优于“年均净现金流”大的方案；若 $0 < \Delta IRR < i_0$，则方案寿命期内“年均净现金流”大的方案优于“年均净现金流”小的方案。

三、不同类型方案的评价和选择

1. 独立方案的评价与选择

独立方案的采用与否，只需要检验各独立方案自身的经济性即“绝对经济效果检验”即可。凡是通过绝对经济效果检验的方案，就认为在经济效果上是可以接受的，否则就应予以拒绝。

对于独立方案的经济效果评价，常采用净现值、净年值、净将来值、内部收益率或费用现值等指标。

【例 4-19】两个独立方案 A 和 B，方案 A 的期初投资额为 200 万元，方案 B 的期初投资额为 180 万元，寿命均为 10 年。方案 A 每年的净收益为 45 万元，方案 B 每年的净收益为 30 万元。若基准折现率为 10%，试判断两个方案的经济可行性。

解：本例为独立方案型，可用净现值指标判断。

$NPV_A=45(P/A, 10\%, 10)-200=76.51$（万元）

$NPV_B=30(P/A, 10\%, 10)-180=4.34$（万元）

由于 A、B 两个方案的 NPV 均大于零，因此，两个方案都可行。但如果将两个方案进行比较，则因为 $NPV_A>NPV_B$，故方案 A 优于方案 B。

此题还可以采用净年值、净将来值、内部收益率等指标来判断，其结果是一致的。

2. 互斥方案的评价与选择

对于互斥方案的评价与选择包括两个内容，一是要考察各个方案自身的经济效果，即进行绝对（经济）效果检验，检验方案自身是否可行；二是要考察哪个方案相对最优，即进行相对经济效果检验，并最后从中选择一个或几个最优方案。两种检验的目的和作用不同，通常缺一不可。只有在众多的互斥方案中必须选择其中之一时才可以只进行相对效果检验。但需注意：参加比选的互斥方案应具有可比性。这些可比性包括考察时间段及计算期的可比性；收益和费用的性质及计算范围的可比性；方案风险水平的可比性和评价所用的假设条件的合理性。

前面介绍的多方案的评价指标均可以用作互斥方案的比选。

【例 4-20】A、B 是两个互斥方案，其寿命均为 10 年。方案 A 期初投资为 200 万元，第 1 年到第 10 年每年的净收益为 39 万元。方案 B 期初投资为 100 万元，第 1 年到第 10 年每年的净收益为 19 万元。若基准折现率为 10%，试选择方案。

解：(1) 先用差额净现值指标判断方案的优劣

第一步，先检验方案自身的绝对经济效果。

两方案的净现值为，

$NPV_A=39(P/A,10\%,10)-200=39.639$（万元）

$NPV_B=19(P/A,10\%,10)-100=16.747$（万元）

由于两个方案的净现值 $NPV_A>0$，$NPV_B>0$，所以，两个方案自身均可行。

第二步，再判断方案的优劣。

计算两个方案的差额净现值，用投资额大的方案 A 减投资额小的方案 B 得：

$\Delta NPV_A = (39-19)(P/A,10\%,10)-(200-100) = 22.892$（万元）

由于两方案的差额净现值 $\Delta NPV_A>0$，所以，投资额大的方案 A 优于方案 B，应选择方案 A。

（2）再用差额内部收益率判断方案的优劣

第一步，先检验方案自身的绝对经济效果。

经过计算，两个方案自身的内部收益率为：$IRR_A = 14.4\%$，$IRR_B = 13.91\%$

由于 $i_0< IRR_A$，$i_0< IRR_B$，两个方案自身均可行。

第二步，再判断方案的优劣。

两个方案的差额内部收益率方程式为

$\Delta NPV_A = (39-19)(P/A,IRR,10)-(200-100)=0$

取 $i_1=15\%$，$\Delta NPV_A = 0.376$（万元）；取 $i_2=17\%$，$\Delta NPV_A = -6.828$（万元）

$\Delta IRR=15.11\%$

由于两个方案自身可行，且 $i_0<\Delta IRR$，所以方案 A 优于方案 B，应选择方案 A。

3. 相关方案的评价和选择

（1）现金流量具有相关性的方案的选择

当各方案的现金流量之间具有相关性，但方案之间并不完全互斥时，我们不能简单地按照独立方案或互斥方案的评价方法进行，而应该先用一种“互斥组合法”，将方案组合成互斥方案，计算各互斥方案的现金流量，再计算互斥方案的评价指标进行评价。

【例 4-21】为了解决两地之间的交通运输问题，政府提出三个方案：一是在两地之间建一条铁路，二是在两地之间建一条公路，三是在两地之间既建公路又建铁路。只上一个方案时的投资、年净收益见表 4.11；同时上两个项目时，由于货运分流的影响，两项目的净收益都将减少，此时总投资和年净收益见表 4.12。问：当基准折现率为 10%时，如何决策？

表 4.11　　只上一个方案的现金流量表　　单位：百万元

方案＼年份	0 年	1 年	2 年	3~12 年
建铁路（方案 A）	-200	-200	-200	100
建公路（方案 B）	-100	-100	-100	60

表 4.12　　两个方案都上的现金流量表　　单位：百万元

方案＼年份	0 年	1 年	2 年	3~12 年
建铁路（方案 A）	-200	-200	-200	80
建公路（方案 B）	-100	-100	-100	35
方案 A+B	-300	-300	-300	115

解：这是一个典型的现金流量相关型。先组合成 3 个互斥方案，然后通过计算它们的净现值进行比较。

$NPV_A = 100(P/A,10\%,30)(P/F,10\%,2) - 200(P/A,10\%,2) - 200$

$= 231.939\,0$（百万元）

$NPV_B = 60(P/A,10\%,30)(P/F,10\%,2) - 100(P/A,10\%,2) - 100$

$= 193.873\,4$（百万元）

$NPV_{A+B} = 115(P/A,10\%,30)(P/F,10\%,2) - 300(P/A,10\%,2) - 300$

$= 75.244\,9$（百万元）

从以上计算可见，$NPV_A > NPV_B > NPV_{A+B}$，因此，方案 A 最优，即应选择只建铁路这一方案。

（2）资金约束条件下方案的比选

在大多数的情况下资金总是有限的，因此不可能实施所有可行方案，如何对这类方案进行经济评价，以保证在有限的资金供给前提下取得最大的经济效益，这就是资金约束型方案的选择问题。资金约束型方案的选择主要有两种方法，即“互斥方案组合法”和“净现值指数排序法”。

①互斥方案组合法

互斥方案组合法也叫“枚列举法”，指在资金限制的条件下，将相互独立的方案组合成总投资额不超过投资限额的组合方案，每一个组合都代表一个相互排斥的方案，然后利用互斥方案的比选方法，如净现值法对方案进行比选，选择出最佳方案。

【例 4-22】有 A、B、C 三个独立方案，其净现金流量情况见表 4.13。已知总投资限额为 900 万元，基准投资收益率为 10%。试作出最佳投资决策。

表 4.13　　方案的净现金流量表　　单位：万元

项目＼年份	1 年	2~10 年	11 年
A	-350	62	90
B	-200	39	51
C	-420	76	97

解：首先计算3个方案的净现值

$NPV_A=-350(P/F,10\%,1)+62(P/A,10\%,9)(P/F,10\%,1)+90(P/F,10\%,11)$

$=37.96$（万元）

$NPV_B=-200(P/F,10\%,1)+39(P/A,10\%,9)(P/F,10\%,1)+51(P/F,10\%,11)$

$=40.24$（万元）

$NPV_C=-420(P/F,10\%,1)+76(P/A,10\%,9)(P/F,10\%,1)+97(P/F,10\%,11)$

$=50.08$（万元）

由于A、B、C三个方案的净现值均大于零，因此三个方案均可行，但总投资限额为900万元，而这三方案加在一起的总投资额为970万元，超过了投资限额，因而不能同时实施。

采用独立方案互斥化法来进行投资决策：

首先，列出不超过总投资限额的所有组合投资方案，则这些方案间具有互斥关系。

其次，将各组合方案按投资额大小顺序排列，分别计算各组合方案之间的净现值，以净现值最大的组合方案为最佳。详细计算过程见表4.14。

表4.14　用净现值法比选最佳组合方案　单位：万元

序号	组合方案	总投资额	净现值	结论
1	B	200	40.24	
2	A	350	37.96	
3	C	420	50.08	
4	A+B	550	78.20	
5	B+C	620	90.32	最佳方案
6	A+C	770	88.04	

计算结果表明B方案与C方案的组合为最佳投资组合方案。

②净现值指数排序法

净现值指数排序法就是在计算各方案的净现值指数的基础上，将各方案按净现值指数从大到小排列，然后依次序选取方案，直至所选取的方案的投资总额最大限度地接近或等于投资限额，同时各方案的净现值之和最大为止。此法的目的是：在一定的投资限额约束下，如何使得所选取的项目或方案的净现值和最大。

【例4-23】某地区投资预算总额为800万元，有A-J共10个方案可供选择。各方案的净现值和投资额见表4.15。若基准折现率为12%，那么请选择方案。

表 4.15　　各备选方案的投资和净现值　　单位：万元

方案	A	B	C	D	E	F	G	H	I	J
投资额	100	150	100	120	140	80	120	80	120	110
NPV	13	8.2	1.7	15.6	1.25	27.35	21.25	16.05	4.3	14.3
NPVI	0.130	0.055	0.017	0.130	0.009	0.342	0.177	0.200	0.036	0.130

解：先计算个方案的净现值指数。净现值指数为：

NPVI=NPV/投资的现值和

本例只有期初有投资发生，因此，净现值指数直接等于净现值除投资额。净现值指数的计算结果见表 4-15 最后一行。

现在对各方案的净现值指数进行排序，并按排序计算累加的投资额和累加的净现值，见表 4.16。

表 4.16　　各备选方案的投资和净现值　　单位：万元

方案	F	H	G	A	D	J	B	I	C	E
NPVI	0.342	0.200	0.177	0.130	0.130	0.130	0.055	0.036	0.017	0.009
投资额	80	80	120	100	120	110	150	120	100	140
NPV	27.35	16.05	21.25	13	15.6	14.3	8.2	4.3	1.7	1.25
∑投资额	80	160	280	380	500	610	760	880	980	1 120
∑NPV	27.35	43.4	64.65	77.65	93.25	107.55	115.75	120.05	121.75	123

由于资金限额是 800 万元，因此，可以从表 4.16 看出，应选 F、H、G、A、D、J、B 这 7 个方案，这些选择的方案的累加投资额为 760 万元，小于限额投资 800 万元。它们的净现值之和为 115.75 万元。

在对具有资金限制的独立方案进行比选时，独立方案互斥化法和净现值指数排序法各有其优劣。净现值指数排序法的优点是计算简洁，缺点是由于投资方案的不可分性，经常会出现资金没有被充分利用的情况，因而不一定能保证获得最佳的组合方案；独立方案互斥化法的优点是在各种情况下均能保证获得最佳方案，但缺点是在方案数目较多时，其计算较为繁琐。因此在实际应用中，应综合考虑各种因素，选择适当的方法进行方案的比较，从而选出最优方案。

（3）混合相关型方案的比选

混合相关型的方案在实际工作中是经常碰到的一类。比如，某企业采用多种经营方式，既生产汽车，又生产摩托车，还从事投资服务。每一种经营方式就是一种投资方向，而每个投资方向是相互独立的，每个投资方向内又有几个可供选择的互斥投资方案。这类问题的选择比较复杂，以下例进行讲解。

【例 4-24】某企业有 3 个下属部门分别是 A、B、C，各部门提出了若干投资方向，见表 4.17。各部门之间是独立的，但各部门内部的投资方案之间是互斥的。3 个方案的寿命均为 10 年。若基准折现率为 10%，试问：

①资金没有限制时如何选择方案？

②资金限制在 500 万元以下时如何选择方案？

③当资金限制在 500 万元以下时，假如资金供应渠道不同，其资金成本有差别，现在有 3 种资金来源的成本：甲供应方式的资金成本为 10%，最多可以供应 300 万元资金；乙方式的资金成本为 12%，最多也可以供应 300 万元资金；丙方式的资金成本为 15%，最多也可以供应 300 万元资金。这时如何选择方案？

④当资金供应与③相同时，如果 B 部门的投资方案是与安全有关的设备更新，不管效益如何，B 部门都必须优先投资，此时如何选择方案？

表 4.17　　混合方案的投资和年净收益　　单位：万元

部门	方案＼年份	0 年	1~10 年	NPV	NPVI	IRR
A	A_1	-100	30	84.32	0.843 2	27.48%
	A_2	-200	50	107.2	0.536	21.55%
	A_3	-300	70	130.08	0.433 6	19.43%
B	B_1	-100	15	-7.84	-0.078 4	8.34%
	B_2	-200	30	-15.68	-0.078 4	8.34%
	B_3	-300	40	-54.24	-0.180 8	5.70%
C	C_1	-100	31	90.464	0.904 6	28.60%
	C_2	-200	45	76.48	0.382 4	18.47%
	C_3	-300	65	99.36	0.331 2	17.44%

解：为简便起见，采用净现值指标来分析。

先计算各方案的净现值，各方案的净现值见表 4.17。

①资金没有限制时，A、B、C 三部门之间是相互独立的。此时，实际上是各部门内部的各互斥方案的比选。根据计算的各方案的净现值可以决定，A 部门内方案 A_3的净现值最大，因此应选方案 A_3。B 部门内部每个方案自身的净现值都小于零，因此，B 部门内三个方案都不可行，B 部门一个方案也不能选。C 部门内方案 C_3的净现值最大，应选择方案 C_3。因此，在整个企业里，如果资金没有限制时，应选择方案 A_3+C_3，总投资为 600 万元，净现值和为 229.44 万元。

②若资金限制在 500 万元以下。这时要综合考虑净现值和净现值指数来选择方案。将每个方案的净现值指数计算见表 4.17。由于每个部门内各方案是互斥的，因此，在每个部门内每次只能选择一个方案。既然只能选择一个方案，就应该尽量选择净现值和净现值指数都大，且各部门的投资总额又不能超过 500 万元的方案组合。

按照这种思想，A 部门内应选择方案 A_3，C 部门内应选择方案 C_2，即选组合方案 A3+C2，这时总投资为 500 万元，净现值和为 206. 56 万元。

③由于不同的资金供应渠道，其资金成本不同。因此，在考虑资金成本时，应把资金成本低的资金优先投资于效率高的方案。这里投资效率用内部收益率表示。对独立方案，当内部收益率大于资金成本时方案才可以接受；对互斥方案，当差额内部收益率大于资金成本时方案才可以接受。

对于个别独立方案而言，除 B_1、B_2、B_3三个方案的内部收益率小于于资金成本以外，其余所有方案的内部收益率都大于资金成本。因此，对于个独立方案而言，除 B_1、B_2、B_3三个方案不可行以外，其余方案全部可行。

现在考察互斥方案。经计算各差额内部收益率为：

$IRR_{(A_2-A_1)}=15.15\%$　$IRR_{(A_3-A_1)}=15.15\%$　$IRR_{(A_3-A_2)}=15.15\%$

$IRR_{(C_2-C_1)}=6.84\%$　$IRR_{(C_3-C_1)}=32.00\%$　$IRR_{(C_3-C_2)}=15.15\%$

从以上的计算可见，C 部门应优先选择 C_3。由于资金有限制，A 部门的三个差额内部收益率相等，所以 A 部门只能选 A_2，即方案组合为 A_2+C_3。此时，总投资为 500 万元，净现值和为 206. 56 万元。

④由于 B 部门的投资方案是与安全有关的设备更新，不管效益如何，B 部门都必须优先投资。那么，B 部门只能投资损失最小的方案 B_2（净现值的负数最小）。方案 B_2的投资额为 200 万元。在资金限额 500 万元时，只能用余下的 300 万元来投资 A 部门和 C 部门的方案，且只能在余下的 A_1、A_2、C_1、C_2方案中选择。而方案 C_1的净现值指数和内部收益率都最大，因此，C 部门应优先选择方案 C_1。于是，A 部门就只能选择方案 A_2了。这时，方案组合为 $A_2+B_2+C_1$，总投资为 500 万元，净现值和为 181. 984 万元。

四、寿命期不同的方案的评价与选择

前面介绍的所有的方案的评价，都是基于寿命期相同的方案的评价。但是，在实际工程项目中，无论是上述哪种类型的方案的评价与选择，都会碰到各评价方案的寿命期不同的情况。如果各评价方案的寿命期不同，又怎样评价和选择呢？

对于寿命期不同的方案，为了使各评价方案满足时间上的可比，常用以下方法：

1. 年值法

对于寿命期不同的方案的评价与选择，年值法是最为简便的方法。当参与比选的方案数目很多时，年值法的优点就更为突出。年值法使用的指标有净年值和费用年值。设 m 个方案的寿命期分别为 N_1，N_2，N_3，…，N_m，方案 j 在其寿命期内的净年值为：

$$NAV_j = NPV_j(\frac{A}{P}.\ i_0,\ N_j) \tag{4-37}$$

净年值最大且为非负的方案为最优方案。

【例 4-25】两个互斥方案 A 和 B 的投资和净现金流量见表 4.18，A 方案的寿命为 9 年，B 方案的寿命为 6 年。若基准折现率为 5%，试用年值法比选方案。

表 4.18　　方案 A、B 的投资和净现金流量　　单位：万元

方案＼年份	0 年	1~3 年	4~6 年	7~9 年
A	-300	70	80	90
B	-100	30	40	

解：两个方案的净年值为：

$$NAV_A = [70(P/A,5\%,3)+80(P/A,5\%,3)(P/F,5\%,3)+90(P/A,5\%,3)(P/F,5\%,6)-300](A/P,5\%,9)$$
$$= 36.8117 \text{（万元）}$$

$$NAV_B = [30(P/A,5\%,3)+40(P/A,5\%,3)(P/F,5\%,3)-100](A/P,5\%,6)$$
$$= 14.9292 \text{（万元）}$$

由于方案 A 的净年值大于方案 B 的净年值，所以，方案 A 优于方案 B，应选择方案 A。

净年值实际上是方案每年的净收益的“平均值”，只不过这个“平均值”不是简单的平均值，是按照一定的折现率计算出来的。因此，它可以对方案进行比较。此外，我们可以看到，用年值法进行寿命期不等的互斥方案的比选，还隐含了一个假设，即各备选方案在其结束时均可按原方案重复实施或以原方案经济效果水平相同的方案继续。因为一个方案无论重复实施多少次，其年值是不变的，所以年值法实际上假定了各方案可以无限多次重复实施。在这一假定条件下，年值法以“年”为时间单位比较各方案的经济效果，从而使寿命不等的互斥方案间具有可比性。

2. 寿命期最小公倍数法

此法假定备选择方案中的一个或若干个在其寿命期结束后按原方案重复实施若干次，取各备选方案寿命期的最小公倍数作为共同的分析期。例如，有 A、B 两个备选方案，其寿命期分别为 5 年和 10 年，那么两方案寿命期的最小公倍数就是 10 年，计算时方案 B 需要在 10 年内重复实施一次。如果两个备选方案的寿命期分别为 6 年和 9 年，则它们的最小公倍数是 18 年。在共同的计算期 18 年内，方案 A 需要重复实施 3 次，方案 B 需要重复实施 2 次。

【例 4-26】有 C、D 两个互斥方案，方案 C 的初期投资为 15 000 元，寿命期为 5 年，每年的净收益为 5 000 元；方案 D 的初期投资为 20 000 元，寿命期为 3 年，每年的净收益为 10 000 元。若年折现率为 8%，问：应选择哪个方案?

解：两个方案寿命期的最小公倍数为 3×5 = 15 年。为了计算方便，画出两个方案在最小公倍数内重复实施的现金流量图，如图 4.7 所示。

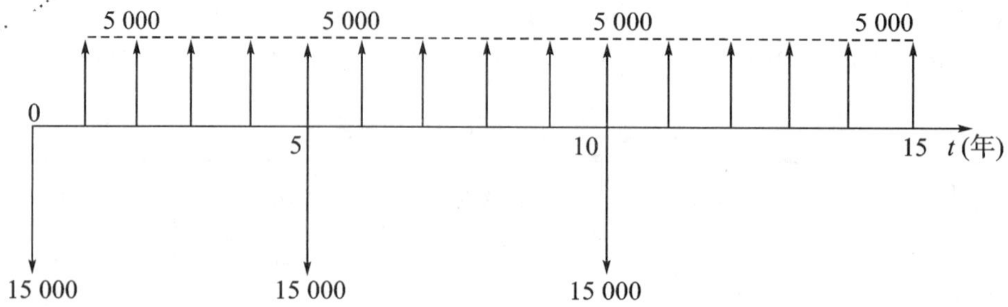

图 4.7　方案 C 重复实施的现金流量图

同理，可作出方案 D 的现金流量图。

现在计算两个方案在最小公倍数内的净现值。

NPV_C = 5 000 (P/A, 8%, 15) − 15 000 (P/F, 8%, 10) − 15 000 (P/F, 8%, 5) − 15 000

= 10 640.85（万元）

NPV_D = 10 000 (P/A, 8%, 15) − 20 000 (P/F, 8%, 12) − 20 000 (P/F, 8%, 9) − 20 000 (P/F, 8%, 6) − 20 000 (P/F, 8%, 3) − 20 000

= 19 167.71（万元）

由于 $NPV_D > NPV_C$，所以方案 D 优于方案 C，应选择方案 D。

3. 合理分析期法

此法是根据对未来市场状况和技术发展前景的预测直接选取一个合理的分析期，然后计算各方案在合理分析期内的净现值，用净现值来比较方案的优劣。同时假定寿命期短于此分析期的方案重复实施，并对各方案在分析期末的资产余值进行估算，到分析期结束时回收资产余值。在备选方案的寿命期比较接近的情况下，一般取最短的方案寿命期作为分析期。

【例 4-27】有两个道路建设方案 A 和 B，方案 A 的初期投资为 2 000 万元，寿命期为 70 年，每年净收益为 500 万元，估计期末残值为 100 万元；方案 B 的初期投资为 1 000 万元，寿命期为 30 年，每年净收益为 200 万元，估计期末残值也为 100 万元。若基准折现率为 5%，试选择方案。

解：假设根据市场预测，分析期为 60 年。现在对 60 年末各方案的资产余值进行预测。

方案 A 本身的寿命期为 70 年，在 70 年末时残值为 100 万元，若以 5%为折旧率计算，方案 A 每年的平均折旧额为：

$A_{t(A)}$ = 2 000 (A/P, 5%, 70) − 100 (A/F, 5%, 70) = 103.228 4（万元）

则，60 年末方案 A 的资产余值为：

2 000 (F/P, 5%, 60) − 103.228 4 (F/A, 5%, 60) = 858.491 8（万元）

由于方案 B 的寿命期为 30 年，因此在分析期 60 年内需要重复实施一次，重复实施的残值不变。

现在计算两方案的净现值，

$NPV_A = 500\ (P/A, 5\%, 60) + 858.4918\ (P/F, 5\%, 60) - 2\ 000$

$= 7\ 510.6046$（万元）

$NPV_B = 200\ (P/A, 5\%, 60) + 100\ (P/F, 5\%, 30) + 100\ (P/F, 5\%, 60) - 1\ 000$

$= 2\ 814.3513$（万元）

由于 $NPV_A > NPV_B$，所以方案 A 优于方案 B，应选方案 A。

4. 年值折现法

年值折现法就是按照某一共同的分析期将各备选方案的年值折现得到用于方案比选的现值，再用现值进行比较。具体步骤是：先选定一个共同的分析期，计算方案在寿命期内的年初净现值，再将净现值折算成年值，最后按共同的分析期将年值折算成现值。

这种方法实际上是年值法的一种变形，隐含着与年值法相同的接续方案假定。设 N 是共同的分析期，n_j是方案 j 的寿命期。在共同的分析期 N 年内，方案 j 的净现值计算公式为：

$$NPV_j = \sum_{t=0}^{n_j} (CI_j - CO_j)(\frac{P}{F}, i_0, t)(\frac{A}{P}, i_0, n_j)(\frac{P}{A}, i_0, N) \qquad (4-38)$$

当 $N = n_j$ 时，按上述方法算出的现值就是各方案的净现值。

利用年值折现法比选方案的判断准则是：$NPV_j>0$ 且 NPV_j最大的方案为最优方案。用年值折现法计算净现值时，共同的分析期 N 的取值大小不会影响方案比选结论，但通常 N 取值不大于最长的方案寿命期，不小于最短的方案的寿命期。

【4-28】设两个互斥方案 A、B 的寿命期分别为 5 年和 3 年，各自寿命期内的净现金流量见表 4.19。若基准折现率为 12%，试用年值折现法比较方案的优劣。

表 4.19　　方案 A、B 的净现金流量　　单位：万元

方案＼年份	0 年	1 年	2 年	3 年	4 年	5 年
A	-300	96	96	96	96	96
B	-100	42	42			

解：取共同的分析为 4 年，用年值折现法计算两个方案在分析内的净现值为，

$NPV_A = [96\ (P/A, 12\%, 5) - 300]\ (A/P, 12\%, 5)\ (P/A, 12\%, 4)$

$= 38.8221$（万元）

$NPV_B = [42\ (P/A, 12\%, 3) - 100]\ (A/P, 12\%, 3)\ (P/A, 12\%, 4)$

$= 1.1178$（万元）

由于 $NPV_A > NPV_B$，所以方案 A 优于方案 B，应选择方案 A。

对于只有费用的方案也可以用年值折现法比选方案，这时只需比照上述方法计算方案的费用现值进行比较，判断准则是：费用现值最小的方案为最优方案。

此外，对于某些不可再生资源开发型项目（如石油、矿物的开采），在进行寿命不等的互斥方案比选时，方案可重复实施的假定不再成立。在这种情况下，不能用含有方案重复实施假定的年值法和前面介绍的现值法。对这类方案，可以直接按方案各自的寿命期计算的净现值进行比选。这种处理方案隐含的假定是：用最长的方案的寿命期作为共同的分析期，寿命短的方案在其寿命期结束后，其再投资按基准折现率取得收益。

第八节　收益-费用分析法——B/C 法

一、效益费用比

收益-费用分析法即效益费用比（Benefit-Cost Ratio，简称 BCR），是指项目在经济分析期内的效益现值与费用现值之比，也可以是折算效益年值与折算费用年值之比。其公式为

$$BCR = \frac{\sum_{t=0}^{n} CI_t(\frac{P}{F}, i, t)}{\sum_{t=0}^{n} CO_t(\frac{P}{F}, i, t)} \tag{4-39}$$

或者

$$BCR = \frac{B_P}{K_P + C_P} \tag{4-40}$$

式中：BCR——效益费用比；其余符号意义同前。

显然，BCR≥1 时，方案产出大于等于投入，经济性较好，可以考虑接受方案；BCR<1 时，产出小于投入，经济性较差，方案应予以拒绝。

效益费用比反映了单位费用所取得的效益，只要产出大于或等于投入，该方案就是可行的。但是投入产出比最高，净现值未必最大。所以，费用效益比不能直接用于方案比较，应用效益费用比进行互斥方案的比较时，需要进行增量分析才能优选出净现值最大的方案。

【例 4-29】某项目有下列三个方案，经济分析期均为 20 年，且各方案均可当年建成并受益，各方案经济数据见表 4.20，试用效益费用比评价各方案。

表 4.20　各方案经济数据表　单位：万元

方案	A	B	C
投资现值	1 075	1 329	1 641
运行费现值	111	134	169
效益现值	2 243	2 592	2 822

解：由公式4-19得：

$BCR_A=2\ 243\div(1\ 075+111)=1.89$

$BCR_B=2\ 592\div(1\ 329+134)=1.77$

$BCR_C=2\ 822\div(1\ 641+169)=1.56$

由以上计算结果可以看出，三个方案的效益费用比均大于1，都是可以考虑接受，进一步计算各方案的净现值。

$NPV_A=2\ 243-1\ 075-111=1\ 057$（万元）

同理：$NPV_B=1\ 129$（万元）；$NPV_C=1\ 012$（万元）

可见，在三个方案中，虽然A方案效益费用比最大，但净现值并不是最大，如果要根据效益费用比确定出净现值最大的方案，需要进行下面介绍的增量分析。

二、差额效益费用比法

差额效益费用比法实际上是效益费用比的增量分析，其步骤是：首先把比选方案按费用现值由小到大排列；然后计算相邻方案的投资现值增量ΔK、经营费用现值增量ΔC、效益现值增量ΔB；最后计算增值效益费用比，表达式为：

$$\Delta BCR=\frac{\Delta B}{\Delta K+\Delta C} \tag{4-40}$$

如果$\Delta BCR>1$，则表示费用大的方案较优；如果$\Delta BCR<1$，则表示费用小的方案较优。如果$\Delta BCR=1$，则表明$\Delta B-(\Delta K+\Delta C)=0$，此时的净现值达到最大。

【例4-30】某项目有6个方案可供选择，各方案经济数据见表4.21，计算期均相同，试用差额效益费用比法选择方案。

表4.21　各方案经济数据表　单位：万元

方案	A	B	C	D	E	F
费用现值	4 000	2 000	6 000	1 000	9 000	10 000
效益现值	7 330	4 700	8 730	1 340	9 000	9 500

解：首先，各方案效益费用比为

$BCR_A=1.83$；$BCR_B=2.35$；$BCR_C=1.46$；$BCR_D=1.34$；$BCR_E=1.00$；$BCR_F=0.95$

由于方案F的费用效益比小于1，故应当拒绝该方案。其余5个为可行方案，可以考虑接受。

其次，对可接受方案进行增量分析，计算结果见表4.22。

表 4.22　　　　方案间增量分析表　　　　单位：万元

方案	D	B	A	C	E
费用现值	1 000	2 000	4 000	6 000	9 000
效益现值	1 340	4 700	7 330	8 730	9 000

费用现值增量	1 000	2 000	2 000	5 000
效益现值增量	3 360	2 630	1 400	1 670
增值效益费用比	3.36	1.32	0.70	0.33
方案对比	D 与 B 比较	B 与 A 比较	A 与 C 比较	A 与 E 比较
结果	B 优于 D	A 优于 B	A 优于 C	A 优与 E

从上表可知：五个方案中方案 A 为最优方案。

为了与差额效益费用比法对比，计算出各方案净现值：

$NPV_A = 3\ 330$ 万元；$NPV_B = 2\ 700$ 万元；$NPV_C = 2\ 730$ 万元；$NPV_D = 340$；$NPV_E = 0$；$NPV_F = -500$ 万元。

可知方案 A 的净现值最大，两种方法的选择结果完全一致。

思考与练习

一、基本概念

1. 什么是投资回收期？它有什么特点？为什么说投资回收期只能作为辅助评价指标？
2. 动态投资回收期与静态投资回收期有何不同？它们有什么关系？
3. 什么是净现值和净现值指数？它们在评价方案时有什么异同？
4. 简述现值法和年值法的关系。
5. 什么是净年值和净终值？如何用于方案的评价？
6. 什么是费用现值和费用年值？用于方案评价时的应用范围是什么？
7. 什么是内部收益率？如何计算内部收益率？
8. 什么是外部收益率？如何利用它进行方案评价？
9. 常见的方案类型有哪些？每种类型的方案有何特点？
10. 什么是相对投资回收期？如何应用它进行多方案的比选？
11. 什么是计算费用？其适用范围是什么？
12. 什么是差额净现值和差额内部收益率？
13. 在多方案的比选中，资金有约束时怎样比选？

14. 同一方案采用不同的评价指标分析时，评价结果总是一致的吗？

15. 效益费用比最大的方案为什么净现值不一定最大？

二、单选题

1. 静态评价指标有（　　）。

A. 净现值　　B. 投资回收期　　C. 投资收益率　　D. 净年值

2. 某建设项目估计总投资 50 万元，项目建成后各年收益为 8 万元，各年支出为 2 万元，则该项目的静态投资回收期为（　　）。

A. 6.3 年　　B. 25 年　　C. 8.3 年　　D. 5 年

3. 某项目的现金流量为第一年年末投资 400 万元，第二年年末至第十年年末收入 120 万元，基准收益率为 8%，则该项目的净现值及是否可行的结论为（　　）。

A. −351 万元，不可行　　B. −323.7 万元，不可行

C. 323.7 万元，可行　　D. 379.3 万元，可行

4. 某建设项目投资 5 000 万元。在计算内部收益率时，当 $i=12\%$ 时，净现值为 600 万元；当 $i=15\%$ 时，净现值为−150 万元。则该项目的内部收益率为（　　）。

A. 12.4%　　B. 13.2%　　C. 14.0%　　D. 14.4%

5. 一般说来，对于同一净现金流量系列，当折现率 i 增大时，（　　）。

A. 其净现值不变　　B. 其净现值增大

C. 其净现值减少　　D. 其净现值在一定范围有规律波动

三、计算题

1. 某项目初期投资 200 万元，每年的净收益为 30 万元，问该项目的投资回收期和投资收益率为多少？若年折现率为 10%，那么此时投资回收期又为多少？如果第一年的净收益为 25 万元，以后每年逐渐递增 2 万元，分别求静态和动态的投资回收期。

2. 某项目初始投资 10 000 元，第 1 年末现金流入 2 000 元，第 2 年末现金流入 3 000 元，第 3 年以后每年的现金流入为 4 000 元，寿命期为 8 年。若基准投资回收期为 5 年，问：该项目是否可行？如果考虑基准折现率为 10%，那么该项目是否可行？

3. 有两个投资方案 A 和 B。方案 A 年初的投资为 1 000 万元，一年后建成投入生产，第 2 年年末开始收益，每年的净收入为 200 万元。方案 B 年初的投资为 1 500 万元，也是一年建成，第 2 年年末开始收益，每年的净收入为 250 万。两个方案的寿命期均为 10（含建设期）年，基准折现率为 5%，试计算两方案的净现值、净年值、将来值，并计算各种指标的比例，看看它们有什么关系。

4. 现有两个可选择的方案 A、B，其有关资料见表 4.23，其寿命期均为 5 年，基准折现率为 8%，试用现值法选择最优方案。

表 4.23　　投资方案数据表　　单位：万元

项目 / 方案	投资	年效益	年运行费用	资产余值
A	10 000	5 000	2 200	2 000
B	12 500	7 000	4 300	3 000

5. 现有可供选择的两种方案 A、B，均能满足相同的工作要求。其中方案 A，投资 3 000 元，寿命期为 6 年，资产余值为 500 元，年运行费用 2 000 元。而方案 B 投资为 4 000 元，寿命期为 9 年，年运行费用 1 600 元，无资产余值。假定基准折现率为 15%，试比较两方案的经济可行性。

6. 某工程初始投资为 1 000 万元，第一年年末投资 2 000 万元，第二年年末再投资 1 500 万元，从第三年起连续 8 年每年年末可获得净效益 1 450 万元。若资产余值忽略不计，当基准折现率为 12%时，计算其净现值，并判断该项目经济上是否可行。

7. 互斥方案 C、D 具有相同的产出，相同的寿命，但两方案的费用不同，投资和经营费用见表 4.24。当折现率为 10%时，方案的费用现值和费用年值是多少？试比较哪个方案最优。

表 4.24　　C、D 方案的投资和经营费用表　　单位：万元

年份 / 方案	0 年	1 年	2~6 年	7~9 年
C	100	120	60	40
D	150	180	40	30

8. 某项目拟建一容器厂，初建投资为 5 000 万元，预计寿命 10 年中每年可得净收益 800 万元，第 10 年末可得残值 2 000 万元。若基准折现率为 15%，试用内部收益率来判断该项目是否可行。

9. 为了增加现有工艺的产量，公司打算购买一台新机器。有下列 3 种类型的机器可供选择。其现金流量见表 4.25。每种机器的寿命都是 8 年，试计算：①各机器的年度费用和计算总费用，并选择最优的机器。②若基准投资回收期为 6 年，用相对投资回收期选择机器。

表 4.25　　三种类型机器的投资和费用　　单位：万元

机器	1	2	3
初始投资	50 000	60 000	75 000
年运行费用	22 500	20 540	17 082

10. 某公司欲充分利用自有资金，现正在研究表 4.26 所示的各投资方案选择问题。A、B、C 为投资对象，彼此间相互独立。各投资对象分别有 3 个，4 个，2 个互斥的方案，计算其均为 8 年，基准折现率为 10%。当投资限额分别为 500 万元，700 万元时，该如何选择方案？

表 4.26　　各方案经济数据表　　单位：万元

投资对象＼项目	方案	投资额	年收益
A	A_1	300	90
	A_2	400	95
	A_3	500	112
B	B_1	100	10
	B_2	200	44
	B_3	300	60
	B_4	400	68
C	C_1	200	48
	C_2	300	61

11. 拟建一座用于出租的房屋，获得土地的费用为 30 万元。房屋有四种备选高度，不同建筑高度的建造费用和房屋建成后的租金收入及经营费用（含税金）见表 4.27。房屋寿命为 40 年，在寿命期结束时土地价值不变，但房屋将被拆除，残值为零。若最低希望收益率为 15%，用差额净现值分析确定房屋应建多少层。

表 4.27　　不同层高房屋的建造费用及收入　　单位：万元

层数	2	3	4	5
初始建造费用	200	250	310	385
年运行费用	15	25	30	42
年收入	40	60	90	106

10. 某工程有 4 个方案可供选择，个方案均可当年建成并受益，计算期均为 20 年，若基准折现率为 10%，试用效益费用比法选择最优方案，并用净现值法予以验

证。基本数据见表 4.28。

表 4.28　　基本数据表　　单位：万元

方案	A	B	C	D
投资	1 200	1 800	2 000	3 000
年运行费用	5	18	15	20
年效益	190	220	350	440
残余价值	0	15	0	0

第五章　不确定性分析

第一节　不确定性分析的概念

不确定性是指可能出现一种以上的状态，但并不知道出现这种状态的概率或可能性。工程项目中，各方案技术经济变量（如投资、成本、产量、价格等），受政治、文化、社会因素，经济环境，资源与市场条件，技术发展情况等因素的影响，而这些因素是随着时间、地点、条件改变而不断变化的，这些不确定性因素在未来的变化就构成了项目决策过程的不确定性。影响工程项目将来经济效果的不确定因素很多，归纳起来主要有以下几个方面：

1. 不确定性产生的主观原因

（1）信息的不完全性与不充分性。信息在准确与完整两个方面不能完全或充分地满足预测未来的需要，而想要获取更多的信息会耗费大量金钱与时间，不利于及时做出决策。

（2）人的有限理性。人是有限理性的，人的主观因素的限制加上预测工具以及工作条件的限制，会导致预测结果与实际情况出现或大或小的偏差。

2. 不确定产生的客观原因

（1）市场供求变化的影响。在市场经济条件下，人们需求的结构、数量发生变化；产品供求的结构、数量也频繁变化且难以预测，很难对其进行准确的预测、分析，因此市场供求关系引起的项目投入与产出价格的变化是影响项目经济分析最重要的不确定性。

（2）技术变化的影响。在项目可行性研究和项目评估时，很难对新技术的出现及其影响进行准确的预测，这就造成了项目出现不确定性。

(3) 经济环境变化的影响。在市场经济条件下，国家经济宏观调控政策、各种改革措施以及经济发展本身对投资项目都有着重要影响，使投资项目具有不确定性。

(4) 社会、政策、法律、文化等方面的影响。

(5) 自然条件和资源方面的影响等。

不确定性分析指通过分析方案的各个技术经济变量（不确定性因素）的变化对投资方案经济效益的影响（还应进一步研究外部条件变化如何影响这些变量），分析投资方案对各种不确定性因素变化的承受能力，进一步确认项目在财务和经济上的可靠性，有助于提前采取措施以避免项目投产后不能获得预期的利润和收益，以致投资不能如期收回或给企业造成亏损。

工程经济分析人员应善于根据各项目的特点及客观情况变化的特点，抓住关键因素，正确判断，提高分析水平。不确定性分析包括盈亏平衡分析、敏感性分析和概率分析。盈亏平衡分析一般只用于财务评价，敏感性分析和概率分析可同时用于财务评价和国民经济评价。三者的选择使用，要看项目的性质、决策者的需要、相应的财力人力等。

第二节　盈亏平衡分析

一、盈亏平衡分析的概念

盈亏平衡是指当年的销售收入扣除销售税金及附加后等于其总成本费用，在这种情况下，项目的经营结果既无盈利又无亏损。盈亏平衡分析也称收支平衡分析或损益平衡分析。盈亏平衡分析是通过计算盈亏平衡点 BEP（Break-Even Point）处的产量或生产能力利用率，分析拟建项目成本与收益的平衡关系，判断拟建项目适应市场变化的能力和风险大小的一种分析方法。所以，盈亏平衡分析关键就是要找出项目方案的盈亏平衡点。盈亏平衡点是项目盈利与亏损的分界点，它标志着项目不盈不亏的生产经营临界水平，反映在一定的生产经营水平时工程项目的收益与成本的平衡关系。一般来说，对工程项目的生产能力而言，盈亏平衡点越低，项目盈利的可能性就越大，对不确定因素变化所带来的风险承受能力就越强。

按成本、销售收入和产量之间是否呈线性关系，盈亏平衡分析可分为线性盈亏平衡分析和非线性盈亏平衡分析。

二、盈亏平衡分析方法

1. 线性盈亏平衡分析

线性盈亏平衡分析一般基于以下四个假设条件：

(1) 产量等于销售量。

（2）产量变化，单位可变成本为常数，从而总可变成本随产量的变动呈线性函数。

（3）产量变化，产品售价不变，从而销售收入与销售量呈线性函数。

（4）项目只生产单一产品，或生产多种产品时，生产结构不变。可换算为单一产品计算，不同产品的生产负荷率的变化应保持一致。

此时，产品产量、固定成本、可变成本、销售收入、利润之间的关系可以构成线性盈亏平衡分析图，如图 5.1 所示。

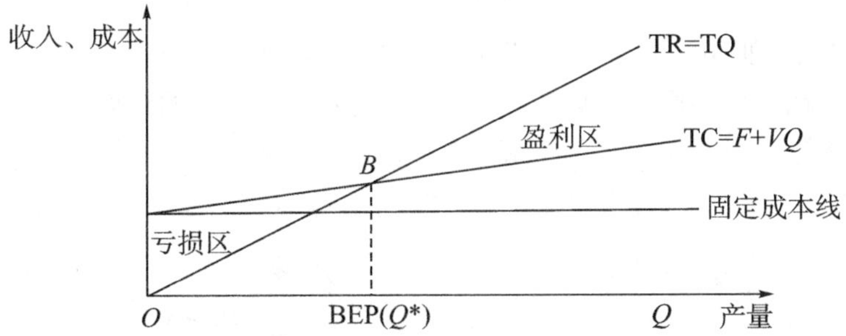

图 5.1　线性盈亏平衡分析图

由上图所示，销售收入线与总成本线的交点为盈亏平衡点，也就是项目盈利与亏损的分界点。

这时，总销售收入与销售量呈线性关系，即

$$\mathrm{TR} = PQ \tag{5-1}$$

式中：TR——总销售收入；

P——单位成品价格（不含税）；

Q——产品销售量。

总成本费用是固定成本与变动成本之和，它与产品产量的关系也可以近似地认为是线性关系，即

$$\mathrm{TC} = F + VQ \tag{5-2}$$

式中：TC——总成本费用；

F——固定成本；

V——单位产品变动成本。

根据盈亏平衡点的定义，当项目达到盈亏平衡状态时，其总销售收入与总成本费用恰好相等，即

$$\mathrm{TR} = \mathrm{TC} \tag{5-3}$$

【例 5-1】某企业拟新建一个工厂，拟定了 A、B、C 三个不同方案。经过对各方案进行的分析预测，三个方案的成本结构数据见表 5.1。若预料市场未来需求量在 15 000 件左右，试选择最优方案。

表 5.1　　方案 A、B、C 的成本结构数据表

成本＼方案	A	B	C
C_F（万元/年）	30	50	70
C_V（元/件）	40	20	10

解：$C_A = 300\ 000+40Q$　$C_B = 500\ 000+20Q$　$C_C = 700\ 000+30Q$

令 $C_A = C_B$，即 $300\ 000+40Q = 500\ 000+20Q$，$Q_A = 10\ 000$ 件

令 $C_B = C_C$，即 $500\ 000+20Q = 700\ 000+10Q$，$Q_B = 20\ 000$ 件

而预测产量为 15 000 件，则应选 AB 线段之间，即 CB 的线段。

故应选方案 B 为最优方案，如图 5. 2 所示。

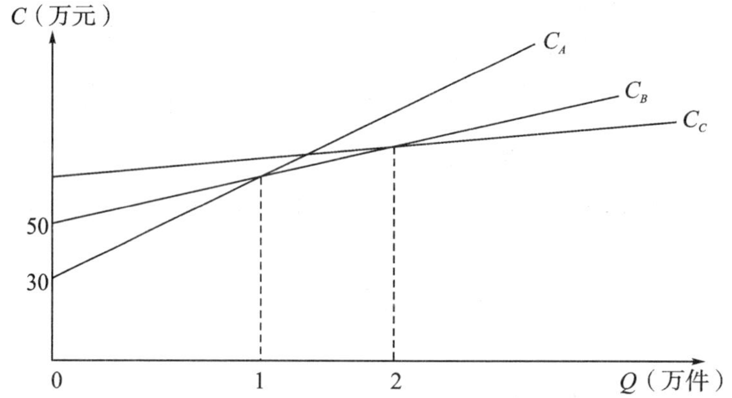

图 5. 2　盈亏平衡分析图

2. 非线性盈亏平衡分析

在实际生产经营过程中，产品的销售收入与销售量之间，成本费用与产量之间，并不一定呈现出线性关系，在这种情况下进行盈亏平衡分析称为非线性盈亏平衡分析。当产量达到一定数额时，市场趋于饱和，产品可能会滞销或降价，这时呈非线性变化；而当产量增加到超出已有的正常生产能力时，可能会增加设备，要加班时还需要加班费和照明费，此时可变费用呈上弯趋势，产生两个平衡点 BEP_1 和 BEP_2，如图 5. 3 所示。

非线性盈亏分析的基本过程如下：

产量 $Q < Q_1$ 或 $Q > Q_2$ 时，项目都处于亏损状态。

$Q_1 < Q < Q_2$ 时，项目处于盈利状态。

因此 Q_1、Q_2 是项目的两个盈亏平衡点的产量。

又根据利润表达式：

$$利润 = 收益 - 成本 = B - C \tag{5-4}$$

通过求上式对产量的一阶导数并令其等于零，即：

$$d[(S-C)]/dQ=0$$

可以求出利润为最大的产量 Q_{max}。

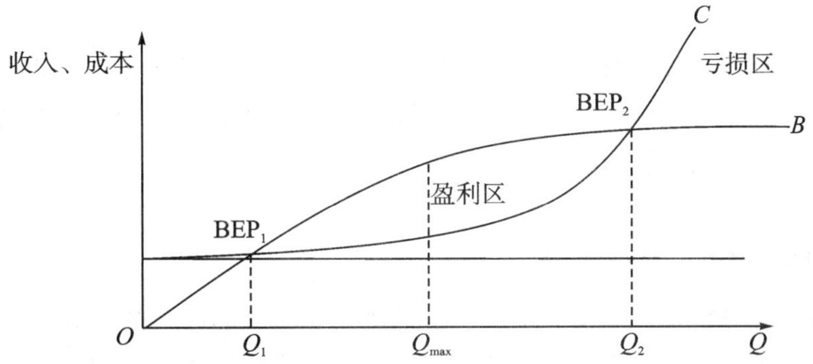

图 5.3　非线性盈亏平衡分析

【例 5-2】已知固定成本为 60 000 元，单位变动成本为 35 元，产品单价为 60 元。由于成批采购材料，单位产品变动成本可减少 1‰，由于成批销售产品，单价可降低 3.5‰，求利润最大时的产量。

解：总成本：$C(q)=60\ 000+(35-0.001q)q$

总收入：$F(q)=(60-0.003\ 5q)q$

令 $C(q)=F(q)$ 则：$0.002\ 5q2-25q+60\ 000=0$

解得：$q_1=4\ 000$ 单位 $q_2=6\ 000$ 单位

又因为：$E(q)=F(q)-C(q)=-0.002\ 5q2+30q-60\ 000$

令 $d[E(q)]/dq=0$ 则 $q=6\ 000$ 单位，

因 $d2[E(q)]/dq2=-0.005<0$

所以 6 000 单位是利润最大时的产量。

盈亏平衡分析的主要目的在于通过盈亏平衡计算找出和确定一个盈亏平衡点，以及进一步突破此点后增加销售数量、增加利润、提高盈利的可能性。盈亏平衡分析还能够有助于发现和确定企业增加盈利的潜在能力以及各个有关因素变动对利润的影响程度。通过盈亏平衡分析，可以看到产量、成本、销售收入三者的关系，预测经济形势变化带来的影响，分析工程项目抗风险的能力，从而为投资方案的优劣分析与决策提供重要的科学依据。但是由于盈亏平衡分析仅仅是讨论价格、产量、成本等不确定因素的变化对工程项目盈利水平的影响，却不能从分析中判断项目本身盈利能力的大小。另外，盈亏平衡分析是一种静态分析，没有考虑货币的时间价值因素和项目计算期的现金流量的变化，因此，其计算结果和结论是比较粗略的，还需要采用能分析判断出因时间价值因素和计算期的现金流量变化而引起项目本身盈利水平变化幅度的动态的方法进行不确定性分析。

第三节 敏感性分析

敏感性分析法是指从众多不确定性因素中找出对投资项目经济效益指标有重要影响的敏感性因素，并分析、测算其对项目经济效益指标的影响程度和敏感性程度，进而判断项目承受风险能力的一种不确定性分析方法。

一、敏感性分析的含义

所谓敏感性分析，从广义上来讲，就是研究单一影响因素的不确定性给经济效果所带来的不确定。具体说来，就是研究某一拟建项目的各个影响因素（售价、产量、成本、投资等），在所指定的范围内变化，而引起其经济效果指标（如投资的内部收益率、利润、回收期等）的变化。敏感性就是指经济效果指标对其影响因素的敏感程度的大小。对经济效果指标的敏感性影响大的那些因素，在实际工程中，我们要严加控制和掌握，而对于敏感性较小的那些影响因素，稍加控制即可。

敏感性分析的目的在于：

（1）找出影响项目经济效益变动的敏感性因素，分析敏感性因素变动的原因，并为进一步进行不确定性分析（如概率分析）提供依据；

（2）研究不确定性因素变动如引起项目经济效益值变动的范围或极限值，分析判断项目承担风险的能力；

（3）比较多方案的敏感性大小，以便在经济效益值相似的情况下，从中选出不敏感的投资方案；

（4）根据不确定性因素每次变动数目的多少，敏感性分析可以分为单因素敏感性分析和多因素敏感性分析。

通过敏感性分析，要在诸多的不确定因素中，找出对经济效益指标反应敏感的因素，并确定其影响程度，计算出这些因素在一定范围内变化时，有关效益指标变动的数量，从而建立主要变量因素与经济效益指标之间的对应定量关系（变化率），从而可绘制敏感性分析图（图 5.4）。同时，可求出各因素变化的允许幅度（极限值），计算出临界点，考察其是否在可接受的范围之内。敏感性分析是侧重于对最敏感的关键因素（即不利因素）及其敏感程度进行分析。

通常是分析单个因素变化，必要时也可分析两个或多个不确定因素的变化，对项目经济效益指标的影响程度。因此，除了采用单因素变化的敏感性分析以外，还可采用多因素变化的分析等。项目对某种因素的敏感程度，可表示为该因素按一定比例变化时引起项目指标的变动幅度（列表表示）；也可表示为评价指标达到临界点（如财务内部收益率等于财务基准收益率，或是经济内部收益率等于社会折现率）时，某个因素允许变化的最大幅度，即极限值。敏感性分析可以使决策者了解

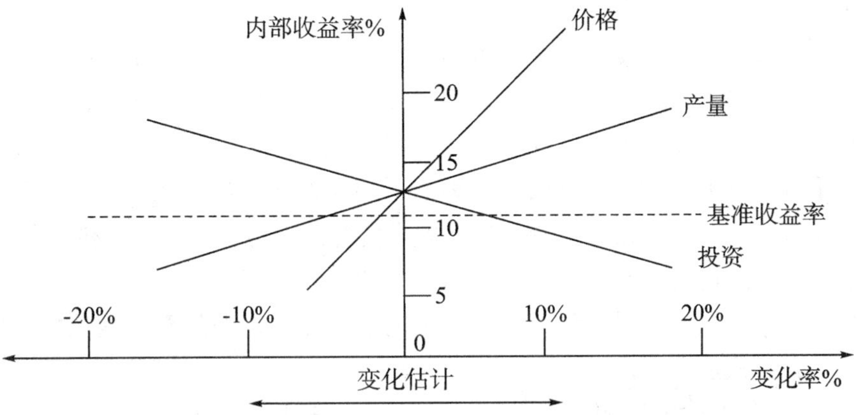

图 5.4　敏感性分析示意图

不确定因素对项目经济效益指标的影响，从而提高决策的准确性，还可以启发工程经济分析人员对那些较为敏感的因素重新进行分析研究，以提高预测的可靠性。通过对项目的敏感性进行分析，可以研究各种不确定因素变动对方案经济效果的影响范围和程度，了解工程项目方案的风险根源和风险大小，还可筛选出若干最为敏感的因素，有利于对它们集中力量研究，重点调查和收集资料，尽量降低因素的不确定性，进而减少方案风险。另外，通过敏感性分析，可以确定不确定因素在什么范围内变化能使项目的经济效益情况最好，在什么范围内变化时则项目的经济效益情况最差等这类最乐观和最悲观的边界条件或边界数值。

二、敏感性分析的步骤

1. 确定敏感性分析指标

敏感性分析的对象是具体的技术方案及其反映的经济效益。因此，技术方案的某些经济效益评价指标，例如息税前利润、投资回收期、投资收益率、净现值、内部收益率等，都可以作为敏感性分析指标。

2. 选取不确定因素

在进行敏感性分析时，并不需要对所有的不确定因素都考虑和计算，而应视方案的具体情况选取几个变化可能性较大，并对经效益目标值影响作用较大的因素。例如：产品售价变动、产量规模变动、投资额变化等；或是建设期缩短，达产期延长等，这些都会对方案的经济效益大小产生影响。

3. 计算不确定因素变动时对分析指标的影响程度

若进行单因素敏感性分析时，则要在固定其它因素的条件下，变动其中一个不确定因素；然后，再变动另一个因素（仍然保持其它因素不变），以此求出某个不确定因素本身对方案效益指标目标值的影响程度。

4. 确定敏感因素

敏感因素是指能引起分析指标产生相应较大变化的因素。测定某特定因素敏感与否，可采用两种方式进行。第一种是相对测定法，即设定要分析的因素均从确定性经济分析中所采用的数值开始变动，且各因素每次变动的幅度相同，比较在同一变动幅度下各因素的变动对经济效果指标的影响，据此判断方案经济效果对各因素变动的敏感程度。第二种是绝对测定法，即设定各因素均向对方案不利的方向变动，并取其有可能出现的对方案最不利的数值，据此计算方案的经济效果指标，看其是否可达到使方案无法被接受的程度。如果某因素可能出现的最不利数值能使方案变得不可接受，则表明该因素是方案的敏感因素。

5. 结合确定性分析进行综合评价，选择可行的比选方案。

根据敏感因素对技术项目方案评价指标的影响程度，结合确定性分析的结果做进一步的综合评价，寻求对主要不确定因素变化不敏感的可选方案。

三、敏感性分析的方法

根据不确定性因素每次变动数目的多少，敏感性分析法可以分为单因素敏感性分析法和多因素敏感性分析法。

1. 单因素敏感性分析

单因素敏感性分析法，是指就单个不确定因素的变动对方案经济效果的影响所作的分析。即在计算某个因素的变动对经济效果指标的影响时，假定其它因素均不发生变化。

下面通过例题来说明单因素敏感性分析的具体操作步骤。

【例 5-3】某企业拟建一预制构件厂，其产品是大板结构住宅的预制板，该厂需投资 20 万元，每天可生产标准预制板 $100m^2$，单价为 140 元/m^3，每年生产 350 天，生产能力利用程度可达到 80%，寿命期为 20 年，基准收益率为 12%，则：

年度收入：$100\times350\times140\times0.8=392$（万元）

年度支出：

①折旧费$=20\times(A/P, 12\%, 20)=2.6776$（万元）

②人工费$=54$（万元）

③经常费$=4+4=8$（万元）

④材料费$=0.8\times100\times350\times115=322$（万元）

在经常费中，固定费用和可变费用各占一半，为简单起见，试分析各因素的变化对静态投资收益率的影响。以下以生产能力利用程度、产品售价、使用寿命三个因素为例进行敏感性分析。

①当生产能力利用程度为 80%时：

年度总收入$=392$万元

年度总支出＝386.677 8 万元

利润＝5.322 4 万元

投资收益率＝5.322 24÷20＝26.6%

②当生产能力利用程度为 70%时：

年度总收入＝100×350×140×0.7＝343（万元）

年度总支出＝345.927 6 万元 利润＝−2.927 6 万元

投资收益率＝−2.927 6÷20＝−14.64%

其中材料费＝100×350×11×0.7＝281.75（万元）

经常费＝4+3.5＝7.5（万元）

表 5.2 为几种生产能力利用程度的具体计算结果。由此得出结论；生产能力利用程度对收益率的影响很敏感，工厂投产后要严加控制。或者改变某些因素，重新确定其各项费用，使之变成不敏感因素。

表 5.2　　生产能力敏感分析

项目	生产能力利用程度			
	70%	75%	80%	85%
年度收入	343	367.5	392	416.5
年度支出 ①折旧费	2.677 6	2.677 6	2.677 6	2.677 6
②人工费	54	54	54	54
③经常费	7.5	7.75	8	8.25
④材料费	281.5	301.875	322	342.125
支出总额	345.927 76	366.302 6	386.677 6	407.052 6
年度利润	−2.927 6	1.197 4	5.322 4	9.447 4
投资收益率	−14.64%	6%	26.6%	47.24%

敏感性分析侧重于对不利因素及其影响程度的分析。单因素的敏感分析适用于分析最敏感的因素，但它忽略了各因素之间的相互作用。因为多因素的估计误差所造成的风险一般比单个因素大，因此在对项目进行风险分析时，除了要进行单因素的敏感性分析外，还应进行多因素的敏感性分析。

2. 多因素敏感分析

多因素敏感分析要考虑可能发生的各种因素不同变动幅度的多种组合，本节着重分析两种不确定因素同时发生变动，对项目经济效益值的影响程度，确定敏感性因素及其极限值，依旧以例题说明其具体操作步骤。

【例 5−4】某企业为了研究一项投资方案，提出了下面的因素指标估计（基本方案），见表 5.3。假定最关键的敏感因素是投资和年销售收入，试同时进行这两个参数的敏感性分析。

表 5.3　　因素指标估计表

项目	投资	寿命 n	残值	年收入	年支出 D	折现率 i
参数值	10 000	5	2 000	5 000	2 200	8%

解：以净年金 A^* 为研究目标，设 X 为初始投资变化的百分数，设 Y 为初始年收入变化的百分数，则净年金 A^* 为：

$$A^* = -10\ 000(1+X)(A/P,i,n)+5\ 000(1+Y)(A/P,i,n)-2\ 200+2\ 000(A/F,i,n)$$

将 $i=8\%$，$n=5$ 代入可得：

$$A^* = 636.32+5\ 000Y-2\ 504.6X$$

临界曲线为 $A^*=0$，则 $Y=0.500\ 92X-0.127\ 264$，作图 5.5。

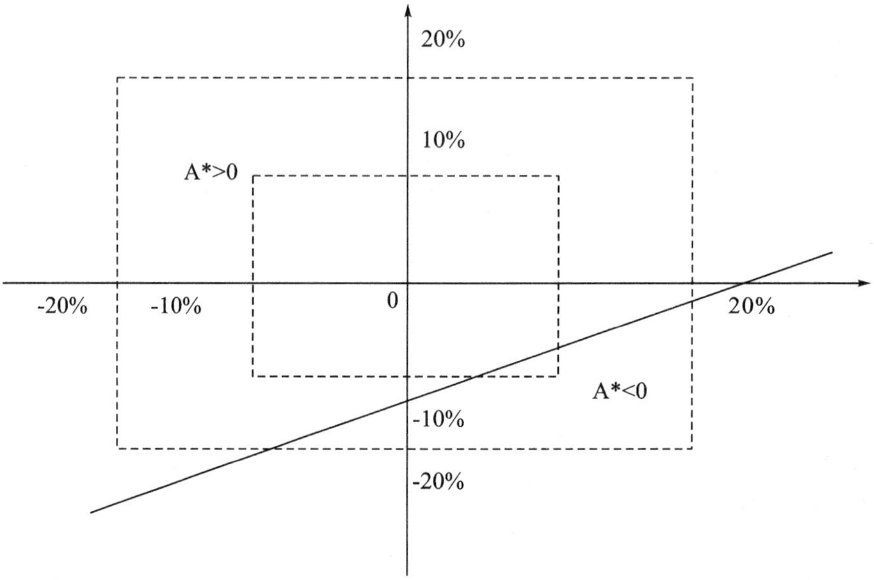

图 5.5　两个参数的敏感性分析

如上图所示，其中所希望的区域（$A^*>0$）占优势。如果预计造成 776±20%的估计误差，则净年金对增加投资额比较敏感。例如，若投资增加 5%，年销售收入减小 12%，则 $A^*<0$。

四、敏感性分析的优缺点

敏感性分析具有分析指标具体，能与项目方案的经济评价指标紧密结合，分析方法内容易掌握，便于分析、便于决策等优点，有助于找出影响项目方案经济效益的敏感因素及其影响程度，对于提高项目方案经济评价的可靠性具有重大意义。但是，敏感性分析在使用中也存在着一定的局限性，就是它不能说明不确定因素发生变动的情况的可能性是大还是小，也就是没有考虑不确定因素在未来发生变动的概率，而这种概率是与项目的风险大小密切相关的，必须借助于概率分析方法。

第四节　概率分析

一、概率分析的含义

1. 概念

概率是指事件的发生所产生某种后果的可能性的大小。概率分析是通过研究各种不确定性因素发生不同变动幅度的概率分布及其对项目经济效益指标的影响，对项目可行性和风险性以及方案优劣作出判断的一种不确定性分析法。概率分析常用于对大中型重要若干项目的评估和决策之中。

概率分析，通过计算项目目标值（如净现值）的期望值及目标值大于或等于零的累积概率来测定项目风险大小，为投资者决策提供依据。

2. 步骤

（1）列出各种欲考虑的不确定因素。例如销售价格、销售量、投资和经营成本等，均可作为不确定因素。需要注意的是，所选取的几个不确定因素应是互相独立的。

（2）设想各个不确定因素可能发生的情况，即数值发生变化的几种情况。

（3）分别确定各种可能发生情况产生的可能性，即概率。各不确定因素的各种可能发生情况出现的概率之和必须等于1。

（4）计算目标值的期望值。

可根据方案的具体情况选择适当的方法。假若采用净现值为目标值，则一种方法是，将各年净现金流量所包含的各不确定因素在各可能情况下的数值与其概率分别相乘后再相加，得到各年净现金流量的期望值，然后求得净现值的期望值。另一种方法是直接计算净现值的期望值。

（5）求出目标值大于或等于零的累计概率。

对于单个方案的概率分析应求出净现值大于或等于零的概率，由该概率值的大小可以估计方案承受风险的程度，该概率值越接近1，说明技术方案的风险越小，反之，方案的风险越大。可以列表求得净现值大于或等于零的概率。

二、概率分析方法

影响方案经济效果的大多数都是随机变量。我们可以预测其未来可能的取值范围，估计各种取值发生的概率，但不能肯定地预知它们取什么值。由于各个周期的净现金流量都是随机变量，因此要完整地描述一个随机变量，需要确定其概率分布的类型和参数。

1. 期望值

投资方案的经济效果的期望值是指参数在一定概率分布下投资效果所能达到的概率平均值。其一般表达式为

$$E(X)=\sum_{i=1}^{n}x_i P_i \tag{5-5}$$

式中：$E(X)$——随机变量的期望值；

i——随机变量的序数；

x_i——随机变量值；

P_i——随机变量发生的概率。

【例 5-5】设某一投资项目在市场需求变化的情况下的资料如表 5.4 所示。

表 5.4 方案盈利及其概率

市场需求	大	中	小
概率	0.3	0.5	0.2
盈利	360	200	100

解：由公式 5-5 得

$E(X)=0.3\times360+0.5\times200+0.2\times100=228$

2. 标准差

标准差反映了一个随机变量实际值与其期望值偏离的程度，指标越小，说明实际发生的可能情况与期望值接近，项目风险就越小。其计算公式为

$$\sigma=\sqrt{[X_i-E(X)]^2 P_i} \tag{5-6}$$

式中：σ—— 标准差；

P_i—— 第 i 次事件发生的概率；

X_i—— 第 i 次事件发生的变量值。

【例 5-6】利用例 5-5 的数据，计算投资方案的标准差。

解：由公式 5-6 得

$\sigma=94.32$

3. 净现值期望值

计算净现值期望值 E（NPV）表达式为

$$E(\mathrm{NPV})=\sum_{t=0}^{N}\frac{E(N_t)}{(1+i_c)^t} \tag{5-7}$$

【例 5-6】某企业评价的某项目可能的各年净现金流量和该公司约定的 CV-d 换算表如表 5.5 所示。若 Ic=8%，试求 E（NPV）并判断其可行性。

表 5.5　　净现金流量和 CV-d 换算表

i	N_{ij}（元）	概率 P_{ij}
0	-10 000	1.0
1	4 500 5 000 6 500	0.3 0.4 0.3
2	4 000 6 000 7 000	0.3 0.2 0.4
3	3 000 5 000 8 000	0.25 0.50 0.20

解：先求出各 d，为此计算各年的 $E(N_t)$。

$E(N_0)=-10\ 000\times1.0=-10\ 000$

$E(N_1)=4\ 500\times0.3+5\ 000\times0.4+6\ 500\times0.3=5\ 300$

$E(N_2)=4\ 000\times0.3+6\ 000\times0.2+7\ 000\times0.4=5\ 200$

$E(N_3)=3\ 000\times0.25+5\ 000\times0.5+8\ 000\times0.2=4\ 850$

再求各年净现金流量的 σ_i：

$\sigma_0=0$

$\sigma_1=866.0$，$\sigma_2=1\ 264.9$，$\sigma_3=1\ 673.3$

$E(\text{NPV})=3\ 215.7$（元）

三、决策树方法

决策树（decision tree）一般都是自上而下生成的。每个决策或事件（即自然状态）都可能引出两个或多个事件，导致不同的结果，把这种决策分支画成图形很像一棵树的枝干，故称决策树。

决策树法作为一种决策技术，已被广泛地应用于企业的投资决策之中，它是随机决策模型中最常见、最普及的一种方法，此方法有效地控制了决策带来的风险。

1. 决策树的结构

决策树的构成有四个要素：①决策结点；②方案枝；③状态结点；④概率枝。

绘图步骤，从左到右；计算步骤，从右到左，如图 5.6 所示。

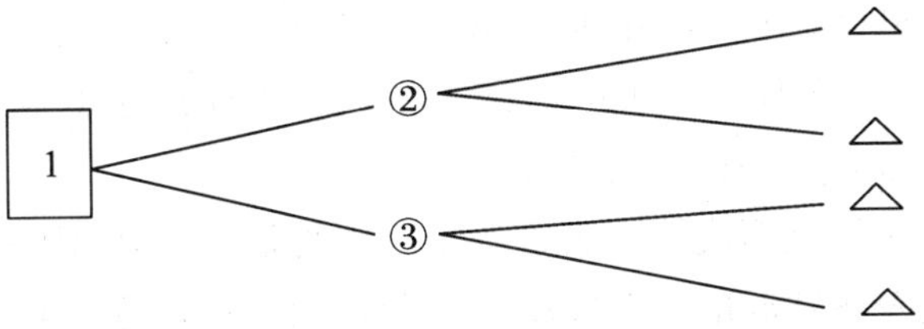

图 5.6　决策树

2. 决策树的决策程序

（1）绘制树状图，根据已知条件排列出各个方案和每一方案的各种自然状态。

（2）将各状态概率及损益值标于概率枝上。

（3）计算各个方案期望值并将其标于该方案对应的状态结点上。

（4）进行剪枝，比较各个方案的期望值，并标于方案枝上，将期望值小的（即劣等方案剪掉）所剩的最后方案为最佳方案。

【例 5-7】某公司拟建设一个预制构件厂，一个方案是大厂，需要 359 万元；另一个方案是小厂，需要 160 万元，使用期均为 10 年。两方案在不同自然状态下的损益值及自然状态概率见表 5.6，试利用决策树法决策。

表 5.6　损益值及自然状态概率

自然状态	概 率	每年损益值（万元）	
		大厂	小厂
市场需求大	0.7	100	40
市场需求小	0.3	-20	10

如图 5.7 所示，各方案期望值如下：

方案 1：$0.7\times100\times10+0.3\times(-20)\times10-359=281$（万元）

方案 2：$0.7\times40\times10+0.3\times10\times10-160=150$（万元）

两者比较，建大厂较优，10 年期望值为 281 万元。

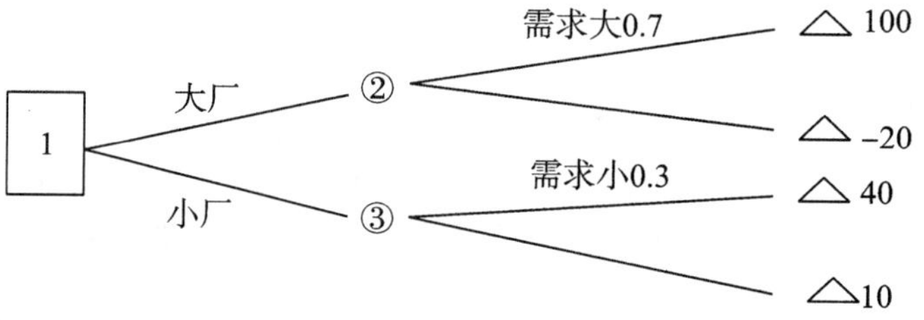

图 5.7　决策树

四、贝叶斯概率方法

1. 贝叶斯概率方法的基本特点

自从 20 世纪 50~60 年代贝叶斯（Bayes）学派形成后，关于贝叶斯分析的研究久盛不衰。20 世纪 80 年代后，贝叶斯网络就成功地应用于专家系统，成为表示不确定性专家知识和推理的一种重要的方法。

贝叶斯决策属于风险型决策，决策者虽不能控制客观因素的变化，但却可掌握其变化的可能状况及各状况的分布概率，并利用期望值即未来可能出现的平均状况作为决策准则。由于决策者对客观因素变化状况的描述不确定，所以在决策时会给决策者带来风险。但是完全确定的情况在现实中几乎不存在，贝叶斯决策不是使决策问题完全无风险，而是通过其他途径增加信息量使决策中的风险减小。由此可以看出，贝叶斯决策是一种比较实际可行的方法。

利用贝叶斯所提出的概率理论，我们可以考察决策的敏感性。贝叶斯提出了先验概率和后验概率的概念：可以根据新的信息对先验概率加以修改从而得出后验概率。因此，贝叶斯理论被用于将新信息结合到分析当中。

根据贝叶斯方法，已知：

（1）状态先验概率 $P(w_i)$ $i=1, 2, c$。

（2）类条件概率密度 $P(x \mid w_i)$ $i=1, 2, c$。

利用贝叶斯公式：

$$P(w_i \mid x)=\frac{P(x \mid w_1)\,P(w_i)}{\sum P(x \mid w_j)\,P(w_j)} \tag{5-8}$$

得到状态的后验概率 $P(w_i \mid x)$。

2. 贝叶斯决策规则的选择

应用贝叶斯分析方法，决策者可根据具体情况和决策意愿选择不同的决策规则。

（1）基于最小错误率的贝叶斯决策规则

在决策问题中，人们往往希望尽量减小错误，从这样的要求出发，利用贝叶斯公式，就能得出使错误为最小的分类规则，称之为基于最小错误率的贝叶斯决策。

（2）基于最小风险的贝叶斯决策规则

在基于最小错误率的贝叶斯分类决策中，使错误率 $P(e)$ 达到最小是重要的。但实际上有时需要考虑一个比错误率更为重要的广泛的概念——风险。风险和损失是紧密联系的。最小风险贝叶斯决策正是考虑各种错误造成损失不同而提出的一种决策规则。在此决策中利用了决策论的观点进行考虑。在已知先验概率 $P(w_1)$ 及类条件概率密度 $P(x \mid w_i)$ $i=1, 2, \cdots, c$ 的条件下，在考虑错判所造成的损失时，由于引入“损失”的概念，而必须考虑所采取的决策是否使损失最小。

（3）最小最大的贝叶斯决策规则

从最小错误率和最小风险贝叶斯决策中可以看出其决策都是与先验概率 $P(w_1)$ 有关的。如果给定的 x，其 $P(w_1)$ 不变，按照贝叶斯决策规则，可以使错误率和风险最小。但是，如果 $P(w_1)$ 是可变的，或事先对先验概率毫不知道的情况下，若再按某个固定的 $P(w_1)$ 条件下的决策进行就往往得不到最小错误率或最小风险。而最小最大决策就是考虑在 $P(w_1)$ 变化的情况下，如何使最大可能的风险为最小，也就是在最差的条件下争取到最好的结果。

贝叶斯决策属于风险型决策，决策者虽不能控制客观因素的变化，但却可掌握其变化的可能状况及各状况的分布概率，将贝叶斯概率分析与决策树方法相结合，并利用期望值作为决策准则的依据。这为贝叶斯方法在投资风险决策的应用提出了一种可行方法。在此基础上可根据需要选择相关决策规则实现风险决策目标。

五、蒙特卡罗模拟方法

模拟是风险分析的一种深层次的方法，其本质是一种统计试验方法。蒙特卡罗分析（Mont Carlo Method）是随机模拟的一种形式，称它为蒙特卡罗法是因为该方法利用随机数来对各种可能结果进行选择，正如在轮盘赌博中是通过小球所停的位置来确定赢家，其理论上也是一种随机现象。在建筑业中，可以模拟不同的天气类型以确定它们对施工进度的影响。同样，模拟技术也可以用于对工程项目费用的评价工作。

蒙特卡罗模拟要求生成多组随机数来对各种方案进行考察。可以用多种方法来确定随机数，如从帽子中抓阄或掷骰子。在实际工作中，利用计算机程序来生成多组随机数是最有效的方法。

模拟的前提是可以用概率分布来对受不确定性影响的参数加以描述。在蒙特卡罗模拟中，生成了大量的项目假想情况来反映实际项目的特征。每一个模拟（或重复）是通过用从一个风险变量的概率分布中抽取的一个随机数来代表该变量而实现的。通常须进行至少 100 次重复以建立整体项目的频率分布。然后利用统计方法来计算其置信区间等。部分结果通常也用累计频率曲线来表示。通过这些曲线，可以较容易地得出一个特定工作按时完成的可能性，如图 5.8 所示。

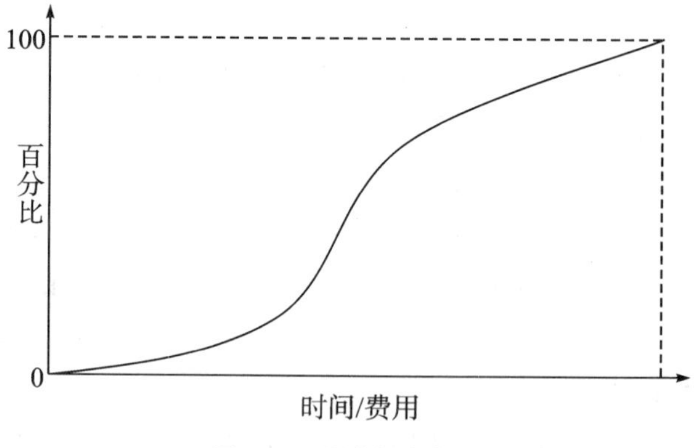

图 5.8　累计频率曲线

【例 5-8】某建设公司投标竞争一项建设项目，据预测该建设项目可能建设期为 5 年、8 年、10 年的概率分别为 0.2，0.5，0.3，为承建此建设项目需购置一部专用设备，有两个厂家提供了如表 5.7 的资料，试用仿真模拟试验来选购设备（假设年折算利率为 8%）。

表 5.7　　设备费用资料

甲设备（购置费 450 万元）		乙设备（购置费 120 万元）	
年运行费用	概率	年运行费用	概率
35	0.2	60	0.15
45	0.6	80	0.35
60	0.2	100	0.35
		120	0.15

解：先对工程工期、设备年费用列出其概率与二位随机数范围表，见表 5.8。

表 5.8　　工程工期、设备年费用概率和二位随机数范围表

仿真对象	可能结果	概率	二位随机数范围
可能工期（年）	5	0.2	0~19
	8	0.5	20~69
	10	0.3	70~99
甲设备年运行费用（万元/年）	35	0.2	0~19
	45	0.6	20~79
	60	0.2	80~99
乙设备年运行费用（万元/年）	60	0.15	0~14
	80	0.35	15~49
	100	0.35	50~84
	120	0.15	85~99

进一步对工程工期进行仿真试验，假设做 10 次。即任意指定第一个随机数，然后连续取 9 个随机数（从二值随机数表上按行或列均可）。如 70，14，18，48，82，58，48，78，51，28。然后计算两设备购买费费用年金（即投资分摊），现将计算结果列在表 5.9 之中。

表 5.9　　甲、乙两设备购买费费用年金（即投资分摊）　　单位：万元

实验次数	随机数	工期	甲设备 $(A/P,i\%,n)$	乙设备 $(A/P,i\%,n)$
1	70	10	$450(A/P,8\%,10)=67$	$120(A/P,8\%,10)=17.6$
2	14	5	$450(A/P,8\%,5)=112.7$	$120(A/P,8\%,5)=30$
3	18	5	$450(A/P,8\%,5)=112.7$	$120(A/P,8\%,5)=30$
4	48	8	$450(A/P,8\%,8)=78.3$	$120(A/P,8\%,8)=20.9$
5	82	10	$450(A/P,8\%,10)=67$	$120(A/P,8\%,10)=17.6$

表5.9（续）

实验次数	随机数	工期	甲设备（$A/P,i\%,n$）	乙设备（$A/P,i\%,n$）
6	58	8	$450(A/P,8\%,8)=78.3$	$120(A/P,8\%,8)=20.9$
7	48	8	$450(A/P,8\%,8)=78.3$	$120(A/P,8\%,8)=20.9$
8	78	10	$450(A/P,8\%,10)=67$	$120(A/P,8\%,10)=17.6$
9	51	8	$450(A/P,8\%,8)=78.3$	$120(A/P,8\%,8)=20.9$
10	28	8	$450(A/P,8\%,8)=78.3$	$120(A/P,8\%,8)=20.9$

在上述基础上，对设备甲进行仿真试验10次。从随机数表中任意抽取一组（10个）随机数，再从表5.9中查出对应的年设备费用，将结果列在表5.10之中。同时对设备乙也可进行类似的仿真试验，将结果也列在表5.10之中。

表5.10　设备仿真实验年设备费用表

试验次数	随机数（甲）	年设备费用（甲）	随机数（乙）	年设备费用（乙）
1	29	45	69	100
2	3	35	30	80
3	62	45	66	100
4	17	35	55	100
5	92	60	80	100
6	30	45	10	60
7	38	45	72	100
8	12	35	74	100
9	38	45	76	100
10	7	35	82	100

将表5.9中两设备费用年金（即投资分摊）分别和表5.10中两设备各自仿真试验年费用相加，即可得到甲、乙两设备仿真试验总费用年金。现将结果列在表5.11之中。

表5.11　费用计算表

试验次数	总年设备费用（甲）	总年设备费用（乙）
1	$67+45=112$	$17.6+100=117.6$
2	$112.7+35=147.7$	$30+80=110$
3	$112.7+45=157.7$	$30+100=130$
4	$78.3+35=113.3$	$20.9+100=120.9$

表5.11(续)

试验次数	总年设备费用（甲）	总年设备费用（乙）
5	67+60=127	17.6+100=117.6
6	78.3+45=123.3	20.9+60=80.9
7	78.3+45=123.3	20.9+100=120.9
8	67+35=102	17.6+100=117.6
9	78.3+45=123.3	20.9+100=120.9
10	78.3+35=113.3	20.9+100=120.9

甲设备费用年金 10 年平均值为 124.29 万元，乙设备费用年金 10 年平均值为 115.73 万元，按经济评价准则应选用费用年金小的乙设备。

在应用蒙持卡罗法进行经济分析时，要注意随机事件的概率描述应当是古典概率型。在仿真试验时，从随机数表上抽取随机数时应当是任意的，不可心存任何偏见，试验次数应该尽可能多，这样试验所得结果才较为可靠。

第五节　案例分析

某公司经营情况如下：房租为 300 元/月，假设经营产品 A、B、C 的利润各占总利润的 1/3，现通过对 A 的销售来对方案进行可行性分析；假设 A 的平均进价为 1.50 元/斤，售价为 1.70 元/斤，平均每月销售 A 约 3 000 斤，每月进货 2 次，运费 150 元/次，水电费 60 元/月，免税收。

1. 盈亏平衡分析

固定成本：A 的固定成本占总固定成本的 1/3。

$$F=\frac{1}{3}(300+2\times150+60)=220(\text{元})$$

盈利：$\text{TR}=(p-t)\ Q=(1.7-0)\ Q=1.7Q$

成本：$\text{TC}=F+vQ=220+1.5Q$

$\text{TC}=\text{TR}$

盈亏平衡销售量 $Q=\dfrac{F}{p-t-v}=\dfrac{220}{1.7-0-1.5}=1\ 100(\text{斤}/\text{月})$

如图 5.9 所示。

最低销售率 $=\dfrac{1\ 100}{3\ 000}\times100\%=36.7\%$

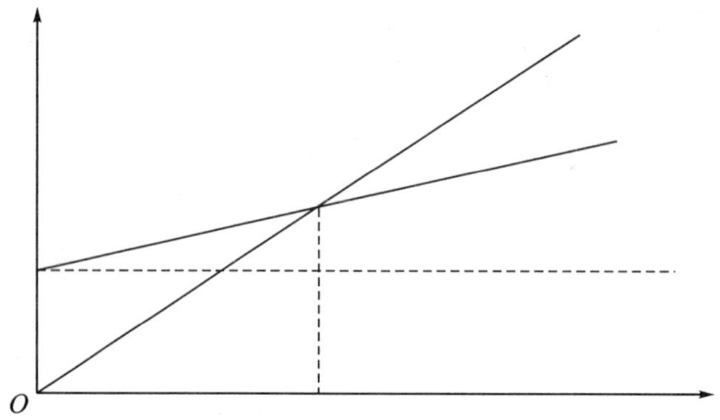

图 5.9 盈亏平衡分析图

2. 敏感度分析

销售量的敏感度（±10%，±20%）

月收入：1.7×3 000 = 5 100（元）

月使用费：$\frac{300}{3}+\frac{150\times2}{3}+\frac{60}{3}=220$(元)

月材料费：1.5×3 000 = 4 500（元）

总 额：380 元

销售量的敏感度分析如表 5.12 所示。

表 5.12 销售量的敏感度分析表

估计项目	2 400	2 700	3 000	3 300	3 600
月收入	4 080	4 590	5 100	5 610	6 120
月使用费	220	220	220	220	220
月材料费	3 600	4 050	4 500	4 950	5 400
总额	260	320	380	440	500

售价的敏感度如表 5.13 所示。

表 5.13 售价的敏感度分析表

估计项目	1.60	1.65	1.70	1.75	1.80
月收入	4 800	4 950	5 100	5 250	5 400
月使用费	220	220	220	220	220
月材料费	4 500	4 500	4 500	4 500	4 500
总额	80	230	380	530	680

进价的敏感度如表 5. 14 所示。

表 5. 14　　进价的敏感度分析表

估计项目	1. 40	1. 45	1. 50	1. 55	1. 60
月收入	5 100	5 100	5 100	5 100	5 100
月使用费	220	220	220	220	220
月材料费	4 200	4 350	4 500	4 650	4 800
总额	680	530	3 851 000	230	80

运费的敏感度如表 5. 15 所示。

表 5. 15　　运费的敏感度分析表

估计项目	150	135	150	165	180
月收入	5 100	5 100	5 100	5 100	5 100
月使用费	200	210	220	230	240
月材料费	4 500	4 500	4 500	4 500	4 500
总额	400	390	380	370	360

以上四方面因素分析如图 5. 10 所示。

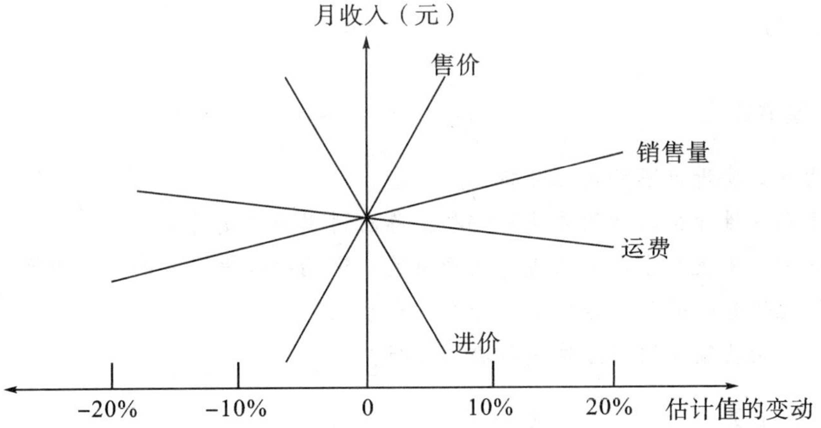

图 5. 10　销售量、售价、进价、运费的敏感度分析图

根据以上分析，决策者就可以对方案做出比较全面合理的判断，由图 5. 10 可以清楚地看出月收入对于进价和售价的变化都很敏感，而对于月销售量和运费则不敏感。

3. 概率分析

计算其联合概率，见表 5. 16。

表5.16 联合概率

序号	联合概率	收入	概率X收入
1	0.04	270	10.8
2	0.06	300	18
3	0.10	330	33
4	0.10	540	54
5	0.25	600	150
6	0.15	660	99
7	0.15	810	121.5
8	0.09	900	81
9	0.06	900	59.4
合计	1.00		626.7

由表5.16可以看出：除去月使用费和月材料费220元，每月A的销售利润为406.7元。根据计算结果，该方案虽然利润不多，但风险很小，决策者可以选择投资。

思考与练习

一、基本概念

1. 为什么要进行不确定性分析？
2. 不确定性分析的常用方法有哪些？各自适用条件是什么？
3. 如何利用盈亏平衡分析进行生产决策？影响盈亏平衡点的主要因素有哪些？
4. 敏感性分析的目的是什么？分哪几个步骤？
5. 怎样用决策树法对方案进行决策分析？

二、单选题

1. 进行单因素敏感性分析，要假设各个不确定因素之间相互独立。当考察一个因素时，令其余因素（　　）。

A. 由大到小变化　　B. 由小到大变化

C. 依次变化　　D. 保持不变

2. 某建设项目由于未来市场的不确定性，建设项目效益有几种可能情况，每种情况的净现值为NPV_i，P_i为概率，则下面论述正确的是（　　）。

A. E（NPV）≥ 0，则该项目一定可行

B. E（NPV）<0，但 P（NPV≥0）= 50%，则该项目一定可行

C. P（NPV）>0，则该项目一定可行

D. E（NPV）>0，但 P（NPV≥0）= 100%，则该项目一定可行

3. 单因素敏感性分析中，设甲、乙、丙、丁四个因素均发生10%的变化，使评价指标分别相应地产生10%，15%，25%，30%的变化，则敏感因素是（　　）。

A. 丁　　B. 丙　　C. 乙　　D. 甲

4. 某建设项目生产单一产品，已知建成后年固定成本为800万元，单位产品的销售价格为1 300元，单位产品的材料费用为320元，单位产品的变动加工费和税金分别为115元和65元，则该建设项目产量的盈亏平衡点为（　　）件。

A. 7 143　　B. 8 163　　C. 6 154　　D. 10 000

5. 在可比性原则中，满足需要上的可比不包括（　　）。

A. 产量的可比　　B. 价格的可比

C. 质量的可比　　D. 品种的可比

三、计算题

1. 某企业年固定成本为300万元，产品单价150元/台，单位产品可变成本240元，求盈亏平衡产量。

2. 某企业年固定成本6.5万元，每件产品变动成本25元，原材料批量购买可降低单位材料费用为购买量的0.1%，每件售价为55元，随销售量的增加市场单位产品价格下降0.25%。试计算盈亏平衡点、利润最大时产量和成本最低时的产量。

3. 某项目年总成本 $C=2X^2-8X+16$，产品单价 $P=5-Q/8$，Q为产量，求盈亏平衡产量。

4. 某沿河岸台地铺设地下管道工程施工期内（1年）有可能遭到洪水的袭击。据气象预测，施工期内不出现洪水或出现洪水不超过警戒水位的可能性为60%，出现超过警戒水位的洪水的可能性为40%。施工部门采取的相应措施：不超过警戒水位时只需进行洪水期间边坡维护，工地可正常施工，工程费约10 000元。出现超警戒水位时为维护正常施工，普遍加高堤岸，工程费约70 000万元。工地面临两个选择：①仅做边坡维护，但若出现超警戒水位的洪水工地要损失10万元。②普遍加高堤岸，即使出现警戒水位也万无一失。试问应如何决策？

第六章　建设项目可行性研究及企业技术改造经济分析

第一节　可行性研究概述

一、可行性研究概念

随着科学技术的高速发展，人们从各种不同的需要出发，都在努力开发新的自然资源，探讨对已开发资源的合理分配与有效利用的最佳途径。这是一个全球性的课题。在制定规划、开始兴办企业、建设（新建、改建、扩建）工程项目、拟定技术引进方案或制定科研课题时，如何避免投资决策的失误，提高投资时效，是人们普遍遇到的问题。经济预测学、运筹学、系统工程等科学理论和方法的发展，为科学地解决这一问题提供了可能和方便。可行性研究就是为决定某一特定项目是否合理可行，而在实施前对该项目进行调查研究及全面的技术经济分析论证。它是通过对项目的主要内容和配套条件，如市场需求、资源供应、建设规模、工艺路线、设备选型、环境影响、资金筹措、盈利能力等，从技术 、经济、工程等方面进行调查研究和分析比较，并对项目建成以后可能取得的财务、经济效益及社会影响进行预测，从而提出该项目是否值得投资和如何进行建设的咨询意见，为项目决策提供依据的一种综合性的分析方法，是一项在确定建设项目之前的具有决定性意义的工作。

1. 可行性研究一般要求回答下列问题：

（1）本项目在技术上是否可行？

（2）经济上是否有生命力？

（3）财务上是否有利可图？

（4）需要多少投资？如何筹集？

（5）需要多长时间能建立起来？

（6）需要多少人力物力资源（包括建设时期的设备、建筑材料和施工力量；生产时期的原料、燃料、生产消耗和设备备件以及生产人员）？

2. 可行性研究的主要作用

对于发展中国家来说，发展本国经济的成败，在具备必要条件的情况下，很大程度上取决于他们对发展目标和投资项目进行选择和决策的能力，即如何在既定范围内，进行有效的合理选择，以最充分地利用宝贵的人力、物力和财力，来促进社会和经济的迅速发展。因此各国在经济开发中，都十分重视应用可行性研究这一科学方法。这是因为：

（1）可行性研究是项目成功的关键。投资项目实施后将面临十分复杂的社会经济环境，面临着来自各方面的竞争。只有那些适应社会发展需要，生存能力强的项目才能在竞争中获胜，并取得预期的效益。而可行性研究采用专门的科学方法，对拟建项目的产品市场需求、建设费用、资金条件、建设条件、原辅材料和水电等供应情况以及费用与收益等进行预测、分析和测算，可以避免决策的盲目性，为项目成功创造条件。

（2）可行性研究是促进整个社会经济进入良性循环的有效途径。如果所有项目上马之前先进行可行性研究，对项目原材料能源等投入物供应和交通运输等外部建设条件事先进行调查分析，就可以避免国民经济中“瓶颈”环节的出现；同时，由于可行性研究可以避免决策的盲目性，提高项目投资效果，就可以避免项目上马投产后因效益不好而导致三角债的出现。由此可见，项目可行性可以促进社会经济进入良性循环。

（3）可行性研究为项目建设等提供依据。①可行性研究是建设项目投资决策和编制设计任务书的依据；②可行性研究是项目建设单位筹集资金的重要依据；③可行性研究是建设单位与各有关部门签订各种协议和合同的依据；④可行性研究是建设项目进行工程设计、施工、设备购置的重要依据；⑤可行性研究是向当地政府、规划部门和环境保护部门申请有关建设许可文件的依据；⑥可行性研究是国家各级计划综合部门对固定资产投资实行调控管理、编制发展计划、固定资产投资、技术改造投资的重要依据；⑦可行性研究是项目考核和后评价评估的重要依据。

3. 可行性研究的意义

（1）避免错误的项目投资；

（2）减小项目的风险性；

（3）避免项目方案的多变；

（4）保证项目不超支、不延误；

（5）对项目因素的变化心中有数；

（6）达到投资的最佳经济效果。

概括起来，可行性研究的内容包括三个方面：一是工艺技术；二是市场需要；三是财务经济。其中市场是前提，技术是手段，核心问题是经济效益问题。其他一切问题，包括复杂的技术工作、市场需求预测等，都要围绕经济效益这个核心并为此核心问题提供各种方案。

二、可行性研究特点

可行性研究具有以下五个特点：

（1）先行性。可行性研究是为编制和审批设计任务书提供可靠的依据，是为拟建项目而作的调查研究。它是在项目投资决策之前进行，因此它研究的不是在建项目的经济技术效果，也不是当项目方案确定之后为找论据而进行的工作。先作项目决策，后搞论证的做法就失去了可行性研究的本来意义。

（2）不定性。可行性研究顾名思义就是要研究项目的可行与否及可行性的大小，其结果有可行和不可行两种可能。通过研究为拟建项目提供上马的充分的科学依据，当然是一种成功之举；通过研究否定了不可行的方案，制止了不合理项目上马，避免了巨大的浪费，同样也是成功的可行性研究，这对于重大项目决策尤为重要。

（3）多科性。任何一个重大建设项目的可行性研究，都是综合运用多种学科技术知识才能完成的。一个大型项目的理想的可行性研究小组，应该具有经济学、财政学、会计学、商品学、市场学、计划统计学、建筑学、工程技术学、运筹学、计算机科学、社会科学、预测学、管理学和技术经济学等方面知识的专家组成，通过协助配合，才能切实有效地进行工作。

（4）法定性。在许多工业发达国家中，为了提高竞争力，避免投资决策的失误，重大项目一般都要进行可行性研究。在我国，国家明确规定了可行性研究“是建设前期工作的重要内容，是基本建设程序中的组成部分”，是“编制和审批设计任务书的可靠依据”。同时规定：“所有建设项目必须严格按照基本建设程序办事，事前没有进行可行性研究和技术经济论证，没有做好勘察设计等建设前期工作的，一律不得列入年度建设计划，更不准仓促开工。违反这个规定的，必须追究责任。”很明确，可行性研究报告在我国具有鲜明的法定性。这个法定性的另一方面含义是，负责可行性研究的单位，要经过资质审查，要对工作成果的可靠性、准确性承担责任，包括法律责任。

（5）预测性。在可行性研究阶段由于项目尚未付诸实施，因此在可行性研究报告中，对项目投资费用以及项目未来的收益与费用都是根据目前的情况进行预测而得的，所以可行性研究报告中的数据具有预测性特点。

如果一个建设项目不进行项目可行性的研究或者只是进行浅表性的形式上的研究，而不去深入广泛地开展研究，那么对于建设项目的整个后续工作，包括项目的实施阶段和运营阶段都将产生不可预知的风险，带来一系列的不良后果。

大中型投资项目通常需要报请地区或者国家发改委立项备案。受投资项目所在细分行业、资金规模、建设地区、投资方式等不同影响，项目可行性研究报告均有不同侧重。为了保证项目顺利通过发改委批准完成立项备案，可行性研究报告的编制应当请有经验的专业咨询机构协助完成，或者委托有资质的设计单位完成。

第二节　可行性研究的阶段划分和工作内容

一、国外可行性研究的阶段

根据联合国工业发展组织（UNIDO）编写的《工业可行性研究手册》的规定，工程项目投资前期的可行性研究工作分为机会研究、初步可行性研究、可行性研究、评估与决策四个阶段。

1. 机会研究

机会研究的主要任务是捕捉投资机会，为拟建工程项目的投资方向提出轮廓性建议。

（1）国际上的机会研究一般是通过分析下列各点，来鉴别投资机会或项目设想（以制造业项目为例）

①在加工或制造方面所需的丰富自然资源；

②为加工工业提供农业资料的现有农业布局情况；

③对某些由于人口或购买力增长而具有增长潜力的消费品以及对新研制产品的今后需求；

④在经济方面具有同样水平的其他国家中成功的同类制造业部门；

⑤与本国或国际其他工业之间可能的相互关系；

⑥现有制造业通过前后工序配套，可能达到的扩展程度，如炼油厂的后道工序石油化学工业或轧钢厂的前道工序炼钢厂；

⑦多种经营的可能性，例如石油化工联合企业的制约工业；

⑧现有工业生产能力的扩大，可能实现的经济性；

⑨一般投资倾向；

⑩工业政策、进出口情况、生产要素的成本和可得性等。

（2）投资机会研究又可分为一般机会研究和工程项目机会研究。根据当时的条件，决定进行哪种机会研究，或者两种机会研究都进行。

①一般投资机会研究。这种研究在一些发展中国家是通过国家机关或公共机构进行的，目的是通过研究指明具体的投资建议。有以下三种情况：

一是地区研究，查明某一些特定地区或某一个港口的内地贸易区内的各种机会。

二是分部门研究，谋求在某一划定的分部门内的各种投资机会。

三是以资源为基础的研究，以综合利用某一自然资源或工农业产品为出发点，谋求识别其各种投资机会。

②具体投资机会研究，一般投资机会做出最初鉴别之后，即应进行这种研究，实际上做这项工作的往往是未来的投资者。

具体机会研究是要将项目设想变为概略的投资建议。以一般的投资机会为起点，选择所鉴别的产品，并收编与每种产品有关的数据，以便投资者考虑。具体项目机会研究的主要意图，是突出项目的主要投资方面。如果投资者做出肯定反应就可考虑进行初步可行性研究。

这一阶段的工作内容相对比较粗略、简单，一般可根据同类或类似工程项目的投资额及运营成本，初步分析投资效果。如果投资者对该项目设想或机会感兴趣，则可转入下一步的可行性研究工作，否则就停止研究工作。

2. 初步可行性研究

一般的，对要求较高或比较复杂的工程项目，仅靠机会研究尚不能决定项目的取舍，还需要进行初步可行性研究，以进一步判断工程项目的生命力。初步可行性研究是介于机会研究和可行性研究的中间阶段，是在机会研究的基础上进一步弄清拟建项目的规模选址、工艺设备、资源、组织机构和建设进度等情况，以判断其是否有可能和有必要进行下一步的可行性研究工作。其研究内容与详细可行性研究的内容基本相同，只是深度和广度略低。

许多投资项目在投资机会研究后，往往根据需要作初步可行性研究，其主要目的包括：

（1）投资机会是否有前途，值不值得进一步做详细可行性研究。

（2）确定的项目概念是否正确，有无必要通过可行性研究进一步详细分析。

（3）项目中有哪些关键性问题，是否需要通过市场调查、实验室试验、工业性试验等功能研究做深入的研究。

初步可行性研究的结构与详细可行性研究的结构基本相同，其主要内容包括：①市场和工厂生产能力；②原材料；③原材料；④工艺技术和设备选择；⑤土建工程；⑥企业管理费；⑦人力；⑧项目实施及财务分析。

初步可行性研阶段对工程项目投资的估算一般可采用生产能力指数法、因素法和比例法等估算方法，估算精度一般控制在±2%以内，所需时间约4~6个月，所需费用约占投资额的0.25%。

3. 可行性研究

这阶段的可行性研究亦称详细可行性研究，它是对工程项目进行详细、深入的技术经济论证阶段，是工程项目决策研究的关键环节。其研究内容主要有以下几个方面：

（1）实施要点，即简单地说明研究的结论的和建议；

（2）工程项目的背景和历史；

（3）工程项目的市场研究及项目的生产能力，列举市场预测的数据、估算的成本、价格、收入及利润等；

（4）工程项目所需投入的资源情况；

（5）工程项目拟建的地点；

（6）工程项目设计，旨在说明工程项目设计最优方案的选择、工程项目的总体设计、建筑物的布置、材料及劳动力的需要量、建筑物和工程设施的投资估算等；

（7）工程项目的管理费用；

（8）人员编制，根据工程项目生产能力的大小及难易程度，得出所需劳动力的构成、数量及工资支出等；

（9）工程项目实施设计，说明工程项目建设的期限和建设进度；

（10）工程项目的财务评价和经济评价。

4. 评估与决策

工程项目评估是在可行性研究报告的基础上进行的，其主要任务是综合评价工程项目建设的必要性、可行性和合理性，并对拟建工程项目的可行性研究报告提出评价意见，最终判断工程项目投资是否可行并选择最方案。

由于基础资料的占有程度、研究深度及可靠程度等要求不同，可行性研究各阶段的工作性质、工作内容、投资成本估算精度、工作时间与费用也各不相同。

二、我国建设项目可行性研究的阶段

我国建设项目可行性研究阶段是吸收国外的经验，结合我国计划编制和基建程序的规定，经过各行业部门的研究、实践逐渐形成的。我国现阶段可行性研究的阶段划分为以下三个阶段：

1. 项目建议书阶段

我国项目建议书主要是根据长期计划要求、资源条件和市场需求，鉴别项目的投资方向，初步确定上什么项目。着重分析项目建设的必要性，初步分析项目的可行性，因此大体上相当于国外的机会研究和初步可行性研究阶段。

2. 可行性研究阶段

这一阶段要求对项目在技术上的可行性、经济上的合理性进行全面调查研究和经济分析论证，经过多方案比选，推荐编制设计任务书的最佳方案。

3. 项目评估决策阶段

我国规定大中型建设项目由国家计委委托中国国际工程咨询公司评估。评估是在可行性研究报告的基础上，落实可行性研究的各项建设条件，进行再分析、评价。评估一经通过，即可作为批准设计任务书的依据，项目可列入五年计划。

三、可行性研究内容

建设项目的可行性研究范围是十分广泛而全面的。但是其中市场需求预测是可行性研究的前提，生产建设条件与技术条件分析师可行性研究的基础，而经济评价是可行性研究的核心和目的。这些是可行性研究与可行性研究报告的主要内容。下面就这几个方面做进一步的分析。

1. 筹划准备

项目建议书被批准后，建设单位即可组织或委托有资质的工程咨询公司对拟建项目进行可行性研究。双方应当签订合同协议协议中应明确规定可行性研究的工作范围、目标、前提条件、进度安排、费用支付方法和协作方式等内容。建设单位应当提供项目建议书和项目有关的背景材料、基本参数等资料，协调、检查监督可行性研究工作。可行性研究的承担单位在接受委托时，应了解委托者的目标、意见和具体要求，收集与项目有关的基础资料、基本参数。技术标准等基础依据。

2. 市场需求预测

市场需求预测的主要内容有：产品需求量预测；市场占有率预测；产品寿命周期预测；新产品开发预测；市场竞争预测；产品社会拥有量预测。

3. 生产和建设条件分析

（1）资源分析。资源分析是项目建设和生产及其重要的物质基础和保证条件。一般可分为矿产资源分析和农业资源分析。资源分析需要着重研究以下几个问题：建设和生产所需资源的种类、特性和数量：可供资源的数量、质量和供应年限、开采条件及供应方式；资源的合理利用及综合利用，特别是稀有资源和有限资源的有效利用以及可替代资源的开发前景等。

（2）原材料供应条件分析。原材料包括原料材料和辅助材料，是项目建设和生产正常进行的物质基础和保障。原材料供应条件分析，主要包括原材料供应品种、数量、质量、价格、供应来源和地点、运输距离、储备量以及仓储设施等方面的条件和状况分析，特别是要着重分析和研究原材料供应数量能否满足项目生产能力的需要；质量能否满足生产工艺要求和设计产品功能和质量的要求；大宗原材料能否就地就近供应，以减少运输量和运输距离，节省运输费用，降低产品成品费用；连续生产项目，原材料能否保证连续不断地供应或保证合理的储备量及仓储设施条件等。

（3）燃料和动力条件分析。燃料和动力是项目建设和正常生产的极其重要的物质条件和保证。燃料，主要包括煤、石油和天然气等；动力主要包括电、水、压缩空气、蒸汽等。燃料供应条件分析，要着重研究合理选择燃料供应来源和供应品种、数量、质量以及运输、储备和仓储等条件；电力供应条件分析，要着重研究最大耗电量、高负荷、稳定性、供应量和备用量以及电力网、变电站等设施和条件；工业用水供应条件分析，要着重研究原料用水、工艺用水、锅炉用水等的用水量、水质的要求以及水源地及其供应条件分析，要着重研究供应数量、质量、生产方式、供应方式或协作配合要求等。

（4）交通运输条件分析。交通运输是项目建设和生产正常进行的关键环节，大量的物资供应和产品销售都靠交通运输来完成。项目的交通运输，分厂内运输和场外运输两类，是工厂总图布置的重要组成部分。场内运输方式及其设备选择主要取决于生产工艺流程特点、车间组成、厂区地形地貌以及总图布置的要求等条件。场外运输的影响因素很多，运输方式和设备选择主要取决于运输物资的数量、类型和特征以及外部具备的运输条件。交通运输条件的分析，要着重研究各种不同运输方式和运输设施选择的经济合理性和运输效益，实现运输灵活、及时，运距短，运输成本低，装、运、卸、储备环节密切联系和协调配合的目标。

（5）工程地质和水文地质的分析。工程地质和水文地质是场址选择、大型工程项目施工以及建成后长期生产的重要影响条件。工程地质和水文地质的分析，要着重研究项目建设地质的自然地理、地形地貌、地质构造等是否满足建筑场建造的要求，要严防场址选择在地震、熔岩、流沙等不良地质构造上或选择在有用矿床、矿坑及易塌陷地带。要研究项目建设地址的地下水位，尽量避免或减少地下水渗漏等防水设施的建造。

（6）场址选择的分析。场址选择也称场址布局，是在地区布局已确定的基础上具体选择确定的建设项目场址的坐落位置。场址选择的分析，要着重研究场址的选定是否符合城市或工矿区建设规划及功能分区的原则；厂区工程地质、水文地质和气象条件等是否符合建厂和工程项目施工的要求；是否符合工厂建设规模和总图布置对厂区形状、占地面积、发展余地以及地形地貌的要求；是否符合水源、电力、动力以及文化教育、商业网点、公共交通等公用设施衔接和配合的要求；是否符合环境保护、生态平衡等要求。选择场址必须在多种方案比较的基础上做出最佳场址方案选择。

4. 技术条件分析

（1）工厂布置分析。工厂布置就是合理布置厂区内的车间、建筑物、堆场、仓库、动力及运输设施等，妥善处理地上与地下、厂内与厂外设施配置，寻求相互协调、有机结合的建筑群体的规划工作。工厂布置通常是在总平面布置的基础上进行的。工厂布置的分析，要着重研究工厂总体布置是否符合城市发展和工矿区建设规划的要求；是否体现了合理利用地形地貌与地质条件、因地制宜布置的要求；车间、设备及气体设施的布置，是否符合生产工艺特点，使物料运输距离为最短，并避免交叉与往返运输，以缩短生产周期，节约生产费用的要求；是否充分利用城市现有运输条件，以保证物料输入和产品输出方便的要求；工厂总体布置是否既紧凑、减少占地面积，又留有工厂改建、扩建和长远发展余地的要求，等等。

（2）项目建设规模的分析。项目规模一般可分为建设规模（又称企业规模）和生产规模（又称经济规模），二者既有联系，又有区别。可行性研究中的项目规模是指项目的建设规模，即企业规模。企业规模通常是指劳动力、劳动资料、劳动对象等生产要素和产品在企业里集中的程度。划分企业规模的标志，是以产品年产量表示的反映企业综合生产能力的产量规模。目前我国各行业规模一般划分为特大型、大型、中型和小型四种。项目建设规模受多种因素的制约和影响，如社会需求量、技术经济可能条件、企业技术经济特点、专业化协作与生产联合化水平及综合经济效益。故项目建设规模的分析，应着重分析和研究各项制约因素。

总之，确定项目建设规模时，必须对上述制约因素和影响条件进行综合分析和研究，按照既满足社会需求又具备必要的技术经济可能条件，以及符合企业技术经济特点的客观要求和提高综合经济效益的原则，选择和确定合理的项目建设规模。

（3）生产工艺分析。生产工艺是项目经济设计的重要组成部分。生产工艺流程是指原材料投入生产到生产出成品的全部生产加工过程。先进的生产工艺，就是采用先进的生产技术流程、加工设备和制造方法，生产出性能好、质量优、消耗少、成本低的产品或零部件。生产工艺的选择，除了遵循技术的先进性、适用性、经济性、合理性、可靠性、安全性等基本原则外，还要符合以下几个方面的要求：要符合原材料特别是主要原材料的特性；要符合工序间的协调与配合，满足前后工序相衔接的要求；要符合节约资源、节约能源、节约劳动力和提高综合利用效率的要求，特别要注意选择和采用节约能源消耗或稀缺资源消耗的工艺技术；要符合环境保护、生态平衡的要求。

（4）设备选型的分析。设备是项目生产产品、实现生产目的的基本手段和工具。设备选型与生产工艺、加工方法有密切的联系，也与产品种类、生产规模等相关。因此，项目的设备选型要依据产品方案、加工方法、工艺流程和生产规模等因素确定。设备选择要综合考虑技术先进性、适用性、经济合理性、可靠性和安全性等原则，力求统筹兼顾。设备的先进性常常与大小、精密、高速及自动化联系。一般地讲，大型自动化设备都具有高效率、质量优、低消耗及成本低的特点。但是先进的大型、精密、高速及自动化设备，也存在着价格昂贵、投资多、技术复杂、制造困难、操作不易掌握等问题。因此，设备选型时要与国情和国力相适应，先进性与适用性和可靠性结合，做到先进技术、中间技术和一般技术相结合与协调发展。

5. 经济评价

建设项目的经济评价是项目可行性研究的重要组成部分和核心内容，是建设项目决策科学化的重要手段和有效工具。经济评价的目的是根据国民经济和社会发展战略以及行业和地区发展规划的要求，在完成市场预测、生产与建设条件分析、建设项目规模确定、场址选择、工艺技术方案选择、工厂布置等工程技术研究的基础上，计算项目的效益和费用，通过多方案的比较，对拟建项目的财务可行性和经济合理性进行分析论证，做出全面的经济评价，并比较、选择和推荐最佳方案，为建设项目的决策提供科学可靠的依据。

建设项目的经济评价，从评价的角度和范围不同可分为财务评价和国民经济评价。一般地讲，财务评价与国民经济评价的结论均可行的项目，应予以通过；反之，应予以否定。某些国计民生急需的项目，如果国民经济评价可行，而财务评价不可行，应重新设计方案，必要时也可向主管部门提出采用相应经济优惠措施的建议，使项目得以具有财务上的生存能力。

6. 可行性研究报告

可行性研究报告的具体内容虽因行业而异，但基本内容都是相同的。就一般新建工业项目而言，报告格式及包含内容如下：

（1）总论

①项目概况、历史背景、投资的必要性和经济意义，以及项目发展规划；

②研究的主要结论概要和存在的问题与建议，研究工作的依据和范围。

（2）产品的市场需求和拟建规模

①调查国内外近期需求情况；

②国内现有工厂生产能力估计；

③销售预测、价格分析、产品竞争能力、进入国际市场的前景；

④产品方案、拟建项目规模和发展方向的技术经济比较和分析。

（3）资源、原料等主要协作条件

①经储量委员会正式批准的资源储量、品味、成本以及开采、利用条件的评述；

②原料、辅助材料、燃料的种类、数量、来源和供应的可能性；

③所需动力等公用设施的供应方式、数量、供应条件及外部协作条件，协议合同的签订情况。

（4）建厂条件和场址方案

①厂址的地理位置、气象、水文、地质条件和社会经济现状；

②交通、运输和水、电、气的现状和发展趋势；离原料产地和市场的距离及地区环境情况；

③厂址面积、占地范围、布置方案、建设条件、移民搬迁情况和规划的选择方案论述；地价、移动、拆迁及其他工程费用情况。

（5）项目工程设计方案

①项目主要单项工程的构成范围、技术来源和生产方法、主要技术工艺和设备选型方案的比较，引进技术、设备的来源及国别比较，与外商合作制造的设想及附工艺流程图；

②全厂总图布置的初步选择和土建工程量的估算；

③公用辅助设施和厂内外交通运输方式的比较与选择；

④生活福利设施、地震设防措施等。

（6）环境保护与劳动安全

①环境保护的可行性研究。调查环境现状，确定拟建项目“三废”（废气、废

渣、废水）种类、数量及其对环境的影响范围和程度；综合治理方案的选择和回收利用情况；对环境影响的预评价。

②劳动保护、安全卫生和消防。

（7）生产组织、劳动定员和人员培训

①全厂生产管理体制、机构的设置；

②劳动定员的配备方案；

③人员培训的规划和费用估算。

（8）项目实施计划和进度要求

①勘察设计、设备制造、工程施工、安装、试生产所需时间和进度要求；

②项目建设的总安排和基本要求。

（9）投资估算与资金筹措

①项目固定资产总投资和流动资金估算；

②项目资金来源、筹措方式与贷款计划。

（10）项目的经济效益与社会效益评价

①生产成本与销售收入估算；

②项目财务评价和国民经济评价；

③不确定性分析，包括盈亏平衡分析、敏感性分析和概率分析等；

④社会效益、生态效益评价；

⑤评价总结。

（11）结论与建议

运用各项数据，从技术、经济、社会、财务等各方面论述建设项目的可行性，推荐可行方案，提供决策参考，指出项目存在的问题，提出结论性意见和改进建议。

（12）可行性研究报告附件

①研究工作依据文件：项目建议书；初步可行性研究报告；各类批文与协议；调查报告和资料汇编；实验报告等。

②厂址选择报告书；资源勘查报告书；环境影响报告书；贷款意向书。

③需单独进行可行性研究的单项或配套工程的可行性研究报告。

④几个生产技术方案，总平面布置方案及比较说明。

⑤对国民经济有重要影响的产品市场调查报告。

⑥引进项目的考察报告、设备分交协议。

⑦利用外资项目的各类协议文件。

⑧其他。

⑨附图：厂址地形或位置图（注有等高线）；总平面布置方案图（注有标高）；工艺流程图；主要车间布置方案简图；其他。

第三节　投资估算与成本估算

一、投资的基本概念

投资是指人们的一种有目的的经济行为，即以一定的资源投入某项计划，以获取所期望的报酬。投资活动按其对象分类，可分为产业投资和证券投资两大类。投资是指为获得未来期望收益而进行的资本的投放活动。对于具体的工程经济分析对象——建设项目（或技术方案）而言，投资是维持其存在的基础。通过投资活动使得项目（或方案）具备和维持基本的运营条件，以支撑其作为投资者获益方式的存在。在项目（或方案）的存续期间，投资活动维系着投资者的这种获益方式，并使其效果不致劣化。所以，从经济效益的意义上讲，投资是反映劳动占用的耗费类指标。

产业投资是指经营某项事业或使真实资产存量增加的投资；证券投资是指投资者用积累起来的货币购买股票、债券等有价证券，借以获得效益的行为。建设投资属于产业投资。产业投资投入的可以是资金，也可以是人力、技术或其他资源。具体来说，投资是指人们在社会生产活动中为实现某种预定的生产经营目标而预先垫支的资金。对于一个运输建设项目来说，总投资由建设投资（固定资产投资方向调节税和建设期贷款利息）和流动资产投资两部分构成。

二、投资分类

根据投资者与投资项目等的关系，可以分为直接投资和间接投资；根据投资者收回时间的长短，可以分为长期投资和短期投资；根据投资使用于项目内外部情况，投资可分为对内投资和对外投资；根据投资在生产过程中的作用，投资可分为初创投资和后续投资。按投资的先后形成的资产性质的不同，投资可分为固定资产投资和流动资产投资。下面对各种投资进行详细的介绍。

1. 直接投资和间接投资

①直接投资是指投资者将资金直接投入投资项目，形成企业资产的投资。拥有经营控制权是直接投资的特点，直接投资者通过直接占有并经营企业资产而获得收益。直接投资的形式有开办合资企业、收购现有企业和开设子公司等。国际货币基金组织规定，占有企业股权25%以上的投资，即视为直接投资；而美国则规定只要拥有企业股权的10%，就可视为直接投资。

直接投资的实质是资金所有者与使用者的统一，是资产所有权与资产经营权的统一。直接投资能扩大生产能力，增加实物资产存量，最终产出社会产品，为增加社会财富和提供服务创造物质基础，它是经济增长的重要条件。

②间接投资是指投资者不直接投资办企业，而是将货币用于购买证券（包括股

票、债券）和提供信用所进行的投资。间接投资形成金融资产。间接投资的形式主要有证券投资和信用投资两种。

证券投资是投资者为了获得预期收益购买资本证券以形成金融资产的经济活动。证券投资的形式大体上分为两类，即股票和债券。股票投资是投资者将资金用于购买股份公司的股票，并凭借股票持有权从股份公司以股息、红利形式分享投资效益或获取股价差价的投资活动；债券投资是投资者将资金用于购买直接投资者发行的债券，并凭借债券持有权从直接投资主体那里以利息形式分享投资效益的投资行为。

信用投资是投资者将资金运用于提供信用给直接投资者，并从直接投资主体那里以利息形式分享投资效益的投资活动。信用投资的主要形式可分为两类：信贷和信托。信贷投资是投资者将资金运用于提供贷款给直接投资主体，并从直接投资主体那里以利息形式分享投资效益的投资活动；信托投资是投资者将资金运用于委托银行的信托部或信托公司代为投资，并以信托受益形式分享投资效益的投资行为。

间接投资的实质是资金所有者和资金使用者的分离，是资产所有权和资产经营权的分离。间接投资者不直接参与生产经营活动，仅凭有价证券或借据、信托受益权证书获取一定的收益，因而没有引起社会再生产扩大和社会总投资的增加。只有当间接投资被直接投资者运用于直接投资时，才使社会总投资增加和社会再生产规模扩大。而间接投资把社会闲散资金迅速集中起来，从而形成巨额资金流入直接投资者手中，这必然加速和扩大了直接投资的规模，促进了经济的增长。随着商品经济的充分发展，市场经济制度的完善，金融市场越来越成熟，间接投资也越来越显出其重要性。

2. 长期投资和短期投资

长期投资又称资本性投资，是指投资者投资回收期在 1 年以上的投资以及购入的在 1 年内不能变现或不准备变现的证券等的投资。这类投资属于非流动资产类，其投资的目的主要是积累资金、经营获利、为将来扩大经营规模做准备、取得对被投资企业的控制权等。用于股票和债券的长期投资，在必要时可以变现，而真正难以改变的是生产经营性的固定资产投资。所以，有时长期投资专指固定资产投资。

短期投资又称流动资产投资，是指能够在一年以内收回的投资，主要指对现金、应收账款、存货、短期有价证券等的投资，长期有价证券如能随时变现亦可用于短期投资。

3. 对内投资和对外投资

对内投资的形式是指将筹集的资金投资于企业内部生产经营活动所形成的各项经济资源的具体表现形式。对内投资是在工程项目内部形成各项流动资产、固定资产、无形资产和其他资产的投资。如果一个公司对内投资的现金流出量大幅度提高，往往意味着该公司正面临着新的发展机会或新的投资机会，公司股票的成长性一般会很好。如果一个公司对外投资的现金流出量大幅度提高，则说明该公司正常的经营活动没有能充分吸纳其现有的资金，而需要通过投资活动来寻找获利机会。股民在分析投资活动产生的现金流量时，应联系筹资活动产生的现金流量进行综合分析。如果一个公司经营活动产生的现金流量未变，公司投资活动大量的现金净流出量是通过筹集活动大量的现金流入量来解决的，说明公司正在扩张。

对外投资是指企业以购买股票、债券等有价证券方式或以现金、实物资产、无形资产等方式向企业以外的其他经济实体进行的投资。其目的是为了获取投资效益、分散经营风险、加强企业间联合、控制或影响其他企业。

4. 初创投资和后续投资

初创投资是指取得投资时实际支付的全部价款，包括税金、手续费等相关费用。但实际支付的价款中包含的已宣告但尚未领取的现金股利，或已到付息期但尚未领取的债券利息，应作为应收项目单独核算。初创投资是在建立新企业时所进行的各种投资。它的特点是投入的资金通过建设形成企业的原始资产，为企业的生产、经营创造必备的条件。后续投资是指巩固和发展企业再生产所进行的各种投资，主要包括为维持企业简单再生产所进行的更新性投资，为实现扩大再生产所进行的各种投资，为调整生产经营方向所进行的转移性投资。公司往往需要多轮投资，如果一家私募股权公司过去投资过某家公司，后来又提供了额外的资金，就是“后续投资”了。初创投资是在建立新企业时所进行的各种投资。它的特点是投入的资金通过建设形成企业的原始资产，为企业的生产、经营创造必要的条件。

后续投资则是指为巩固和发展企业再生产所进行的各种投资，主要包括为维持企业简单再生产所进行的更新性投资，为实现扩大再生产所进行的追加性投资，为调整生产经营方向所进行的转移性投资等。

5. 固定资产投资和流动资产投资

固定资产投资通常是指用于构建新的固定资产或更新改造原有的固定资产的投资。固定资产投资按固定资产再生产的方式可分为基本建设投资和更新改造投资。

基本建设投资是指能够实现扩大生产能力或工程效益的工程建设及其有关工作的投资活动。基本建设投资的结果是形成外延型的扩大再生产。其主要包括通过新建、改建、扩建、恢建、迁建等形式，以实现固定资产的扩大再生产。基本建设投资的具体内容包括：建筑安装工作，即建筑物的建造和机器设备的安装；设备、工具和器具的购置；其他基本建设工作，如勘察设计、征地拆迁、职工培训等。

更新改造投资是指对现有固定资产进行更新和技术改造的投资活动。其结果形成内涵型扩大再生产。它是通过在更新固定资产过程中采用新设备、新工艺、新技术来提高产品质量、节约能源、降低消耗，以提高固定资产技术含量，从而实现固定资产的再生产。更新改造投资的具体内容主要包括：设备更新改造；生产工艺革新；修整和改造建筑物、构筑物；综合利用原材料等。

流动资产投资是指工业项目投产前预先垫付，用于投产后购买原材料、燃料和动力、支付工资、支付其他费用以及被在产品、半成品、产成品占用，以保证生产和经营中流动资金周转的投资活动。流动资产的投资对于社会再生产过程的正常进行是必不可少的。一个企业要组织生产和经营活动，不仅要投入货币资金购买固定资产，还要投入购买劳动对象和支付工资。固定资产是生产的物质条件，而流动资产则是生产过程的对象和活劳动。在生产过程中，活劳动作为推动力，借助于劳动资料作用于劳动对象，生产出半成品、成品，经过销售重新取得货币，完成一次生产过程。在产品生产过程中，流动资金的实物形态不断改变，一个生产周期的结束，其价值全部转移到产品中去，并在产品销售后以货币形式获得补偿。所以，流动资金的周转过程就表现为：货币资金—储备资金—生产资金—成品资金—货币资金。这一周转过程循环往复。流动资金的主要内容包括：储备资金、生产资金、成品资金、货币资金。流动资金周转越快，实际发挥作用的流动资产也就越多。每一个生产周期流动资金完成一次周转，但在整个项目寿命周期内始终被占用。到项目寿命周期末，流动资金才能退出生产与流通，以货币资金形式被收回。

三、工程总投资费用概述

工程总投资一般是指工程从建设前期的准备工作到工程全部建成竣工投产为止所发生的全部投资费用。生产性工程总投资包括项目的固定资金投资（建设投资）和流动资金投资（运营投资）两部分，其总投资构成如表 6. 1 所示。

表 6. 1　　工程总投资构成

工程总投资	固定资金投资（建设投资）	设备及工器具购置费用	工程费用
		安装工程费用	
		土建工程费用	
		工程建设其他费用	土地使用费 与项目建设有关的费用 与未来生产经营有关的费用
		预备费用	
		建设期贷款利息	
		固定资产投资方向调节税	
	流动资金投资（运营投资）	铺地流动资金	
		流动资金借款	

1. 设备及工器具购置费用

设备及工器具购置费是指为工程建设购置或自制的达到固定资产标准的各种国产或进口设备、工具、器具的购置费用。

2. 安装工程费用

此费用包括各种需要安装的机电设备、专用设备、仪器仪表等设备的安装费，各专业工程的管道、管线、电缆等的材料费和安装费，以及设备和管道的保温、绝缘、防腐等的材料费和安装费等。

3. 土建工程费用

土建工程费用是指建造永久性建筑物和构筑物所需要的费用。

4. 工程建设其他费用

工程建设其他费用是指从工程筹建起到工程竣工验收交付使用为止的整个期间，除设备及工器具购置费、安装工程费用、土建工程费用外，为保证工程建设和交付使用后能够正常发挥效用而发生的各项费用的总和。

按其内容大致可分为三类：

（1）土地使用费——如土地使用权出让金、土地征用及拆迁补偿费等。

（2）与项目建设有关的费用——如建设单位管理费、勘察设计费、研究试验费、工程监理费、工程保险费、引进技术和进口设备其他费用、工程总承包管理费等。

（3）与未来企业生产和经营活动相关的费用——如联合试运转费、生产准备费、办公和生活家具购置费等。

5. 预备费用

预备费用是指在投资估算时预留的费用，以备项目实际投资额超出估算的投资额。项目实施时，预备费用可能不使用，可能被部分使用，也可能被完全使用，甚至预备费用不足。预备费用包括：

（1）基本预备费——弥补由于自然灾害等意外情况的发生以及在设计、施工阶段由于工程量增加等因素所导致的投资费用增加。

（2）涨价预备费——弥补建设期间物价上涨而引起的投资费用增加。

6. 建设期贷款利息

建设期间，由于投资借款而产生的借款利息，该利息作为资本化利息计入固定资产的价值。

7. 固定资产投资方向调节税（现已不征收）

8. 铺地流动资金

铺底流动资金是短期日常营运现金，用于人工、购货、水、电、电话、膳食等开支。根据国有商业银行的规定，新上项目或更新改造项目投资者必须拥有至少30%的自有流动资金，其余部分可申请贷款。

四、建设投资费用估算方法

建设投资费用估算方法主要有分项指标估算法和扩大指标估算法两种。

1. 分项指标估算法

该算法是根据有关标准（单位费用标准或单位费率标准）和相关公式，逐项估算建设投资当中的各分项投资，最后汇总各分项投资而得出建设投资。

(1) 设备及工器具购置费用估算

设备购置费用一般的估算公式为:

$$设备购置费用=设备原价(国产或进口)+设备运杂费(国产或进口) \quad (6-1)$$

进口设备原价构成及估算公式见表 6.2。

表 6.2　　进口设备原价构成及估算程序

序号	构成	估算公式	备注
1	货价(离岸价)		即装运港船上交货价(FOB)
2	国际运费	原币货价×运费率 运量×单位运价	
3	运输保险费	$\frac{原币货价+国际运费}{1-保险费率}$×保险费率	
4	银行财务费	离岸价格(FOB)×人民币外汇汇率×银行财务费率	银行财务费率一般取 0.4%~0.5%
5	外贸手续费	到岸价格(CIF)×人民币外汇汇率×外贸手续费率	到岸价格(CIF)包括 FOB 价、国际运费、运输保险费三项费用 外贸手续费率一般为 1%~2%
6	关税	到岸价格(CIF)×人民币外汇汇率×关税费率	进口关税税率分为优惠和普通两种
7	海关监管手续费	到岸价格(CIF)×人民币外汇汇率×海关监管手续费率	全额征收进口关税的设备,不收取海关监管手续费。费率一般为 0.3%
8	消费税	$\frac{CIF+关税}{1-消费税税率}$×消费税税率	
9	进口环节增值税	(CIF+关税+消费税)×增值税税率	
10	车辆购置税	(CIF+关税+消费税+增值税)×车辆购置税率	
Σ	抵岸价(进口设备原价)		

进口设备国内运杂费是指引进设备从合同确定的我国到岸港口或与我国接壤的陆地交货地点，到设备安装现场所发生的铁路、公路、水运及市内运输的运输费、保险费、装卸费、仓库保管费等，但不包括超限设备运输的特殊措施费。

$$进口设备国内运杂费=进口设备抵岸价×国内运杂费率 \quad (6-2)$$

工器具购置费用一般的估算公式为:

$$工器具及生产家具购置费=设备购置费用×定额费率 \quad (6-3)$$

(2) 安装工程费用估算

安装工程费用一般根据行业或专门机构发布的安装工程定额、取费标准进行估算。具体计算可按安装费费率、每吨设备安装费指标或每单位安装实物工程量费用指标进行估算。估算公式为:

安装工程费=设备原价×安装费费率　(6-4)

安装工程费=设备吨位×每吨设备安装费指标　(6-5)

安装工程费=安装实物工程量总量×每单位安装实物工程量费用指标　(6-6)

(3) 土建工程费用估算

同安装工程费用估算相类似，土建工程费用估算需要依据行业或专门机构发布的土建工程定额、取费标准进行估算。

【例 6-1】某工程的土建工程包括建筑工程 12 000m^3，道路工程 1 000m，土石方工程 15 000m^3。参照相关标准，建筑工程概算指标为 600 元/m^3，道路工程概算指标为 1 200 元/m，土石方工程概算指标为 20 元/m^3。试估算土建工程费用。

解：土建工程费用 $M=600\times12\,000+1\,200\times1\,000+20\times15\,000=870$（万元）

(4) 工程建设其他费用估算

工程建设其他费用包括很多分项费用，各分项费用应分别按有关计费标准和费率估算。以土地使用费为例，工程建设可能发生费用有：

①土地使用权出让金

国家以土地所有者的身份，将一定年限内的土地使用权有偿出让给土地使用者。土地使用者支付土地出让金的估算可参照政府前期出让类似地块的出让金数额，并根据时间、地段、用途、临街状况、建筑容积率、土地出让年限、周围环境状况及土地现状等因素修正得到，也可依据所在城市人民政府颁布的城市基准地价或平均标定地价，根据项目所在地段等级、用途、容积率、使用年限等因素修正得到。

②土地征用费

土地征用费是指征用农村土地发生的费用，主要有土地补偿费、土地投资补偿费（青苗补偿费、树木补偿费、底面附着物补偿费）、人员安置补助费、新菜地开发基金、土地管理费、耕地占用税和拆迁费等。农村土地征用费的估算可参照国家和地方的有关规定进行。

③城市建设配套费

城市建设配套费是指因政府投资进行城市基础设施（如自来水厂、污水处理厂、煤气厂、供热厂和城市道路等）的建设而由受益者分摊的费用。

④拆迁安置补偿费

实际包括两部分费用，即拆迁安置费和拆迁补偿费。拆迁安置费是指开发建设单位对被拆除房屋的使用人，依据有关规定给予安置所需费用。被拆迁房屋的使用人因拆迁而迁出时，作为拆迁人的开发建设单位应付给搬迁辅助费或临时安置补助费。拆迁补偿费是指开发建设单位对被拆除房屋的所有人，按照有关规定给予补偿所需费用。拆迁补偿的方式可以实行货币补偿，也可以实行房屋产权的调换。

【例 6-2】某工程需要征用耕地 100 亩，该耕地被征用前三年平均每亩年产值分别为 2 000 元、2 100 元和 2 200 元，土地补偿费标准为前三年平均年产值的 10 倍；被征用单位人均占有耕地 1 亩，每个需要安置的农业人口的安置补助费标准为该耕地被征用前三年平均年产值的 6 倍；地上附着物共有树木 2 400 棵，补偿标准为 50 元/棵，青苗补偿标准为 200 元/亩，试计算土地征用费。

解：

$$土地补偿费=\frac{2\ 000+2\ 100+2\ 200}{3}\times100\times10=210\ (万元)$$

$$安置补助费=\frac{2\ 000+2\ 100+2\ 200}{3}\times100\times6=126\ (万元)$$

地上附着物补偿费 = 2 400×50 = 12（万元）

青苗补偿费 = 200×100 = 2（万元）

土地征用费 = 210+126+12+2 = 350（万元）

（5）工程预备费用估算

基本预备费估算

基本预备费 =（工程费用+工程建设其他费用）×基本预备费率　　（6-7）

一般根据国家规定的投资综合价格指数按复利法计算。估算公式为：

$$PF = \sum_{t=0}^{n} I_t[(1+f)^t - 1] \tag{6-8}$$

式中，PF ——涨价预备费；

I_t ——建设期第 t 年计划投资额，包括工程费用、工程建设其他费用、基本预备费；

n ——建设期年份数；

f ——年平均物价预计上涨率。

【例 6-3】某工程建设期 3 年，各年投资计划额为：第 1 年投资 7 200 万元，第 2 年 10 800 万元，第 3 年 3 600 万元，年均价格上涨率为 6%。计算项目建设期涨价预备费。

解：

第 1 年涨价预备费为

$PF_1 = I_1[(1+f) - 1] = 7\ 200 \times 0.06 = 432$（万元）

第 2 年涨价预备费为

$PF_2 = I_2[(1+f)^2 - 1] = 10\ 800 \times (1.06^2 - 1) = 1\ 334.9$（万元）

第 3 年涨价预备费为

$PF_3 = I_3[(1+f)^3 - 1] = 3\ 600 \times (1.06^3 - 1) = 687.7$（万元）

建设期的涨价预备费

$PF = PF_1 + PF_2 + PF_3 = 2\ 454.6$（万元）

（6）建设期贷款利息

在实际估算时，当总贷款分年发放，建设期利息可按当年借款在年中支用考虑，即当年借款按半年计息，在以后年份全年均计息。在项目建设期，由于项目正在建设，不可能有效益偿还借款利息，所以在每一计息周期的利息中加入本金，下一计息周期一并计息。建设期每年利息的计算公式为：

$$I_t = (P_{t-1} + \frac{1}{2}A_t) \cdot i \tag{6-9}$$

式中，I_t——建设期第 t 年应计利息；

P_{t-1}——建设期第（t - 1）年年末借款余额，其大小为第（t - 1）年年末的借款本金累计加此时借款利息累计；

A_t——建设期第 t 年借贷款；

i——借款利率。

【例 6-4】某新建项目，建设期为 3 年，需向银行借款 1 300 万元，借款计划为：第 1 年 300 万元，第 2 年 600 万元，第 3 年 400 万元。借款年利率为 12%。计算建设期借款利息。

解：在建设期，各年利息计算如下：

$$I_1 = \frac{1}{2}A_1 \times i = \frac{1}{2} \times 300 \times 12\% = 18\text{（万元）}$$

$$I_2 = (P_1 + \frac{1}{2}A_2) \times i = (318 + \frac{1}{2} \times 600) \times 12\% = 74.16\text{（万元）}$$

$$I_3 = (P_2 + \frac{1}{2}A_3) \times i = (318 + 600 + 74.16 + \frac{1}{2} \times 400) \times 12\% = 143.06\text{（万元）}$$

建设期贷款利息共计为 235.22 万元。

（7）固定资产投资方向调节税的估算（现已不征收）

固定资产投资方向调节税=(工期费用+工程建设其他费用+预备费用）×适用的税率　（6-10）

2. 扩大指标估算法

扩大指标估算法是参照已有的同类项目的一些投资经验参数来简便而粗略地估算拟建项目固定资产投资额的一种方法。主要有以下几种方法：

（1）生产能力指数法

该法是用已建成的、性质类似的工程或生产装置的投资额和生产能力及拟建项目或生产装置的生产能力来估算拟建项目的投资额。计算公式为：

$$C_2 = C_1(\frac{A_2}{A_1})^n \cdot f \tag{6-11}$$

式中，C_1——已建类似项目的实际投资额；

C_2——拟建项目的估算投资额；

A_2——拟建项目的生产能力或主导参数；

A_1——已建类似项目生产能力或主导参数；

f——为不同时期、不同地点的定额、单价、费用变更等形成的综合调整系数；

n——生产能力指数，$0 \leqslant n \leqslant 1$。

统计表明，若 $A_2/A_1 \leqslant 50$，且拟建项目的扩大仅靠增大设备规模来达到时，则指数 n 取值约 0.6~0.7；若是靠增加相同规格设备的数量来达到时，则指数 n 取 0.8~0.9。一般工业项目的生产能力指数平均为 0.6，所以这种方法又称为“0.6 指数法”。

指数 n 的确定也可通过调查收集诸多类似项目的 C 值和 A 值，采用算术平均计算 n 值。

【例 6-5】某拟建项目的生产规模为 50 万立方米/天，通过调查，收集了类似项目的投资额 C 和生产能力 A，见表，综合调整系数为 1.0，试估算该拟建项目的投资额。

解：

根据收集的资料，计算已获得资料各自的生产能力指数 n_m，见表 6.3。

采用算数平均法计算该项目的指数 n：

$$n = \frac{1}{m}\sum_{m=1}^{7} n_m = \frac{1}{7} \times (0.926 + 0.941 + 0.909 + 0.877 + 1.000 + 0.775 + 0.204)$$
$$= 0.805$$

采用 $C_1 = 64\ 000$ 万元、$A_1 = 40$ 万立方米/天，得

$$C_2' = C_1\left(\frac{A_2}{A_1}\right)^n \cdot f = 64\ 000 \times \left(\frac{50}{40}\right)^{0.805} \times 1.0 = 76\ 594\ (\text{万元})$$

采用 $C_1 = 104\ 000$ 万元，$A_1 = 65$ 万立方米/天，得

$$C_2'' = C_1\left(\frac{A_2}{A_1}\right)^n \cdot f = 104\ 000 \times \left(\frac{50}{40}\right)^{0.805} \times 1.0 = 84\ 199\ (\text{万元})$$

拟建项目的投资额：

$$C_2 = (C_2' + C_2'')/2 = (76\ 594 + 84\ 119)/2 = 80\ 396\ (\text{万元})$$

表 6.3　**求解指数计算表**

序号	规模 A/（万立方米/天）	投资 C/万元	$Y_m = \frac{C_{m+1}}{C_m}$	$Z_m = \frac{A_{m+1}}{A_m}$	$n_m = \frac{\lg Y_m}{\lg Z_m}$
1	3	6 000	1.90	2.00	0.926
2	6	11 400	1.62	1.67	0.941
3	10	18 500	2.30	2.5	0.909
4	25	42 500	1.51	1.60	0.877
5	40	64 000	1.63	1.63	1.000
6	65	104 000	1.24	1.32	0.775

表6.3(续)

序号	规模 A/（万立方米/天）	投资 C/万元	$Y_m = \frac{C_{m+1}}{C_m}$	$Z_m = \frac{A_{m+1}}{A_m}$	$n_m = \frac{\lg Y_m}{\lg Z_m}$
7	86	129 000	1.01	1.05	0.204
8	90	130 500	—	—	—

（2）按设备费用推算法

该估算方法适用于工艺流程确定后，能够明确项目所需设备的数量和型号，且能够准确计算出项目设备费的情形。以设备费为基数，根据已建成的同类项目或装置的建筑安装工程费和其他工程费用占设备的价值百分比，估算出相应的建筑安装工程费和其他工程费用，再加上拟建项目的工程建设其他费用，总和即为项目或装置的投资额，公式为：

$$C = E(1 + f_1p_1 + f_2p_2 + f_3p_3) + I \tag{6-12}$$

式中，C ——拟建工程的投资额；

E ——拟建工程设备购置费的总额；

p_1，p_2，p_3——分别为建筑工程、安装工程、建设工程其他费用占设备费用的百分比；

I ——拟建项目的其他杂费。

【例 6-6】某设备全部进口，到岸价位 3 500 万美元，结算汇率 1 美元=8.7 元人民币，银行财务费为 15 万美元，外贸手续费率为 1.5%，平均关税税率为 20%，进口环节增值税率为 17%，国内运杂费率为 1%。根据以往资料，与设备配套建筑工程、安装工程和其他费用占设备费用的百分比分别为 43%、15%和 10%。假设各种工程费用的上涨与设备费用上涨是同步的，及 $f_1 = f_2 = f_3 = 1$，其他杂费为 200 万元。试估算全部工程费用。

解：

外贸手续费 = 3 500×8.7×1.5% = 456.75（万元）

关税 = 3 500×8.7×20% = 6 090（万元）

进口环节增值税 =（3 500×8.7+6 090）×17% = 6 211.8（万元）

设备抵岸价 = 3 500×8.7+15×8.7+456.75+6 090+6 211.8 = 43 339.05（万元）

设备国内运杂费 = 43 339.05+1.0% = 43 772.44（万元）

则全部工程的投资估算值为：

C = 43 772.44×(1+0.43+0.15+0.10)+200 = 73 737.70（万元）

五、总成本费用构成

1. 按制造成本法分类

制造成本法是 20 世纪早期资本主义公司发展的产物。按制造成本法分类，即按费用的经济用途分类，总成本费用构成如表 6.4 所示。

表 6.4　　总成本费用构成（制造成本法）

总成本费用	制造成本	直接成本	直接或分摊计入成本
		制造费用	
	期间费用	管理费用	不计入成本
		财务费用	
		销售费用	

（1）制造成本

制造成本是指生产活动的成本，即企业为生产产品而发生的成本，包括直接成本和制造费用。制造成本是生产过程中各种资源利用情况的货币表示，是衡量企业技术和管理水平的重要指标。

（2）期间费用

期间费用是与产品生产无直接关系，属于某一时期耗用的费用，包括管理费用、财务费用、销售费用三项费用。

在我国的财务管理中，管理费用、财务费用及销售费用作为期间费用不计入产品成本，而直接计入当期损益，直接从当期收入中扣除。

制造成本法特点是同一投入要素分别在不同的项目中加以记录和核算。其优点在于简化了核算过程，便于成本核算的管理；缺点是看不清各种投入要素占总成本的比例。为了解决这一问题，总成本费用可由生产要素为基础构成。

2. 按要素成本法分类

要素成本指按生产费用的经济性质划分各种费用要素，即按制造产品时所耗费的原始形态划分，不考虑这些费用产生的用途和发生的地点，只要性质相同都归为一类。此时，总成本费用包括折旧费、摊销费、财务费用、外购原材料燃料和动力费等、工资及福利费、修理费、其他费用。其中前三项属于隐形成本，后四项属于显性成本（又称经营成本）。

特别应注意的是各费用要素中均包含直接材料费中的原材料、辅助材料、备品备件、外购半成品、包装物以及其他直接材料，还包含制造费用、期间费用中的无聊消耗、低值易耗品费用等。

其他费用是组织和管理生产以及销售产品过程中所发生的不包括折旧费、摊销费、财务费用、外购原材料费、燃料费、动力费、工资及福利费、修理费之内的各项费用总和，如办公费、差旅费、劳动保护费、保险费、工会经费、土地使用费、房产税、车船使用税、广告费等。

3. 按成本与产量的关系分类

为了进行工程经济效果的不确定性分析，按照成本与产量的关系，将总成本划分为固定成本和可变成本。可变成本是指随着产品产量的增减而发生增减的各项费用，固定成本是指随着产品产量的增减而相对不变的费用。此种分类便于企业加强成本费用管理。分类如图 6.1 所示：

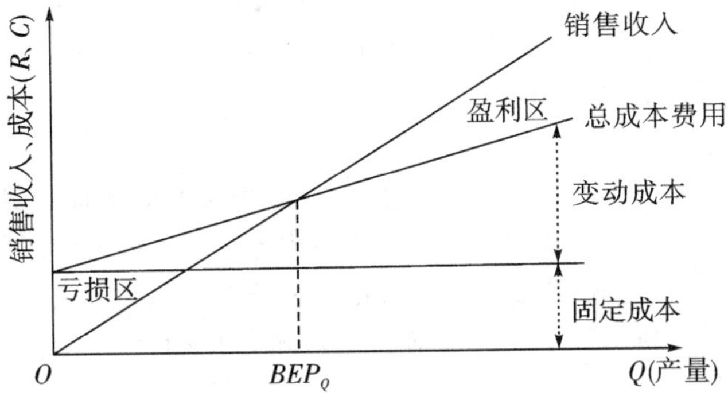

图 6.1　线性盈亏平衡图

4. 经营成本

通俗地讲，经营成本是指在一年的会计周期内，纯粹为了生产经营活动而在当年支出的费用，表示项目年度的资金流出量。年度成本费用减去年折旧费、年摊销费和年利息支出后即为经营成本。

经营成本=总成本费用-折旧费-摊销费-借款利息支出　　(6-13)

六、总成本费用估算

1. 外购原材料成本估算

$$原材料耗用额 = \sum(产品年产量 \times 单位产品原材料消耗定额 \times 原材料单价) \quad (6-14)$$

2. 外购燃料、动力成本估算

其估算方法类似于外购原材料成本估算方法。

3. 工资及福利费用估算

工资总额=职工定员数×人均年工资额　　(6-15)

式中，职工定员数是指按拟订方案提出的生产人员、分厂管理人员、总部管理人员及销售人员总人数；人均年工资额有时要考虑一定的年增长率。

职工福利制度是指企业职工在职期间应在卫生保健、房租价格补贴、生活困难补助、集体福利设施，以及不列入工资发放范围的各项物价补贴等方面享受的待遇和权益，这是根据国家规定，为满足企业职工的共同需要和特殊需要而建立的制度。

以前我们国家的财务制度规定企业按照工资总额的 14%计提职工福利费，而 2006 年 12 月 4 日财政部颁布的新《企业财务通则》(2007 年 1 月 1 日起在国有及国有控股企业（金融企业除外）执行，其它企业参照执行)。企业不再按照工资总额的14%计提职工福利费，企业实际发生的职工福利费据实列支。

但职工福利性质费用支用得越多，国家、股东分配的利益就越少。新《企业财务通则》（2006）明确规定企业不得承担下述费用：一是属于个人的娱乐、健身、旅游、招待、购物、馈赠等支出；二是购买商业保险、证券、股权、收藏品等支出；三是个人行为导致的罚款、赔偿等支出；四是购买住房、支付物业费等支出；五是应由个人承担的其他支出等。

4. 折旧费估算

固定资产在使用的工程中，将受到有形磨损和无形磨损而使其价值发生损失。损失的价值逐渐转移到产品成本或商品流通费用当中，该损失价值称为折旧。

计提折旧，是企业回收固定资产投资的一种会计手段。按照国家规定的折旧制度，企业把已发生的资本性支出转移到产品成本费用中去，然后通过产品的销售，逐步回收初始的投资费用。

（1）平均年限法

平均年限法又称直线折旧法，是企业的固定资产折旧通常采用的方法。其公式为：

$$\text{年折旧率}=\frac{1-\text{预计净残值率}}{\text{折旧年限}}\times 100\% \tag{6-16}$$

$$\text{年折旧额}=\text{固定资产原值}\times\text{年折旧率} \tag{6-17}$$

采用该法时，每年折旧率相同，每年折旧额相同。

（2）工作量法

工作量法是以固定资产的使用状况为依据计算折旧的一种方法。它适用于企业专业车队的客、货运汽车及某些大型设备的折旧。

按照行驶里程计算折旧：

$$\text{单位里程折旧额}=\text{原值}\times\frac{1-\text{预计净残值率}}{\text{总行驶里程}} \tag{6-18}$$

$$\text{年折旧额}=\text{单位里程折旧额}\times\text{年行驶里程} \tag{6-19}$$

按照工作小时计算折旧：

$$\text{每工作小时折旧额}=\text{原值}\times\frac{1-\text{预计净残值率}}{\text{总工作小时}} \tag{6-20}$$

$$\text{年折旧额}=\text{每工作小时折旧额}\times\text{年工作小时} \tag{6-21}$$

（3）双倍余额递减法

双倍余额递减法是在不考虑固定资产残值的情况下，根据每期期初固定资产账面净值和双倍的直线法折旧率计算固定资产折旧的一种方法。

$$\text{年折旧率}=\frac{2}{\text{折旧年限}}\times 100\% \tag{6-22}$$

$$\text{年折旧额}=\text{年初固定资产净值}\times\text{年折旧率} \tag{6-23}$$

$$\text{年初固定资产净值}=\text{固定资产原值}-\text{之前累计年折旧额} \tag{6-24}$$

采用该法时，年折旧率不变，但计算基数逐年递减，因此，年折旧额也逐年递减。双倍余额递减法是固定资产加速折旧的一种计算方法。该法折旧时，由于初期和中期时不考虑净残值对折旧的影响，为了防止净残值被提前一起折旧，因此现行会计制度规定，在固定资产使用的最后两年中，折旧计算方法改为平均年限法。

（4）年数总和法

年数总和法是将固定资产的原值减去预计净残值后的净额乘以一个逐年递减的分数计算每年的折旧额，这个分数的分子代表固定资产尚可使用的年数，分母代表使用年限的逐年数字总和。

$$\text{年折旧率}=\frac{\text{折旧年限}-\text{已使用年限}}{\text{折旧年限}\times（\text{折旧年限}+1）\div 2}\times 100\% \tag{6-25}$$

$$\text{年折旧额}=（\text{固定资产原值}-\text{预计净残值}）\times\text{年折旧率} \tag{6-26}$$

采用该法时，计算基数不变，但年折旧率递减，因此，年折旧额也随之递减。

正确计算和提取折旧，不但有利于计算产品成本，而且保证了固定资产再生产的资金来源。折旧是成本的组成部分，运用不同的折旧方法计算出的折旧额在量上不一致，分摊到各期生产成本中的固定资产成本也存在差异，特别是采用加速折旧的方法（双倍余额递减法和年数总和法）。因此，折旧的计算和提取必然关系到成本的大小，直接影响企业的利润水平，最终影响企业的所得税轻重。由于折旧方法上存在差异，也就为企业进行税收筹划提供了可能。

【例 6-7】上海洋山码头一吊装机械设备的资产原值为 5 000 万元，折旧年限为 10 年，预计净残值率为 4%。试按不同的折旧方法计算年折旧额。

解：计算结果见表 6.5。

表 6.5

方法	项目＼年份	1	2	3	4	5	6	7	8	9	10	合计
平均年限法	资产净值/万元	5 000	4 520	4 040	3 560	3 080	2 600	2 120	1 640	1 160	680	
	年折旧率/%	9.6	9.6	9.6	9.6	9.6	9.6	9.6	9.6	9.6	9.6	
	年折旧额/万元	480	480	480	480	480	480	480	480	480	480	4 800
	预计净残值/万元											200
双倍余额法	资产净值/万元	5 000	4 000	3 200	2 560	2 048	1 638	1 310	1 048	838	519	
	年折旧率/%	20	20	20	20	20	20	20	20	—	—	
	年折旧额/万元	1 000	800	640	512	410	328	262	210	319	319	4 800
	预计净残值/万元											200
年数总和法	资产净值/万元	5 000	4 127	3 342	2 644	2 033	1 509	1 073	724	462	287	
	年折旧率/%	10/55	9/55	8/55	7/55	6/55	5/55	4/55	3/55	2/55	1/55	
	年折旧额/万元	873	785	698	611	524	436	349	262	175	87	4 800
	预计净残值/万元											200

5. 摊销费估算

摊销费是指无形资产和递延资产在一定期限内分期摊销的费用。无形资产和递延资产的原始价值也要在规定的年限内，按年度或产量转移到产品的成本之中，这一部分被转移的无形资产和递延资产的原始价值，成为摊销费。企业通过计提摊销费，回收无形资产及递延资产的资本支出。

摊销期限一般不少于 5 年，不超过 10 年。

摊销一般采用直线法计算，不留残值。有时可采用加速摊销法。

随着知识经济时代的到来，无形资产在企业经济活动中占的地位越来越重要。无形资产的摊销方法也应比照固定资产的折旧方法，即也要反映企业消耗无形资产内含经济利益的方式。

6. 修理费用估算

修理费包括大修理费用和中、小修理费用。可行性研究阶段无法确定修理费具体发生的时间和金额，一般按照年折旧费的一定百分比计算。该百分比可参照同类项目的经验数据加以确定。即

$$修理费=固定资产年折旧额\times计提比率（\%）\tag{6-27}$$

7. 财务费用

一般情况下，财务费用主要是利息支出。包括生产经营期间所发生的由于建设投资借款而产生的利息、流动资金借款利息以及其他短期借款利息等。

8. 其他费用估算

在可行性研究阶段，其他费用一般根据总成本费用中前七项（外购原材料成本、外购燃料动力成本、工资及福利费、折旧费、摊销费及修理费）之和的一定百分比计算，其比率应按照同类企业的经验数据加以确定。

【例 6-8】某工程有关资料如下：

项目计算期 10 年，其中建设期 2 年。项目第 3 年投产，第 5 年开始达到 100% 设计生产能力。

项目固定资产投资 9 000 万元（不含建设期贷款利息和固定资产投资方向调节税），预计 8 500 万元形成固定资产，500 万元形成无形资产。固定资产年折旧费为 673 万元，固定资产余值在项目运营期末收回，固定资产投资方向调节税税率为 0%。

无形资产在运营期 8 年中，均匀摊入成本。

流动资金为 1 000 万元，在项目计算期末收回。

项目的设计生产能力为年产量 1.1 万吨，预计每吨销售价为 6 000 元，年销售税金及附加按销售收入的 5%计算，所得税率为 33%。

项目的资金投入、收入、成本等基础数据，见表 6.6。

还款方式：在项目运营期间（即从第 3 年～第 10 年）按等额本金法偿还，流动资金贷款每年付息。长期贷款利率为 6.22%（按年付息），流动资金贷款利率为 3%。

经营成本的 80%作为固定成本。

表 6.6　　工程资金投入、收益及成本表　　单位：万元

序号	项目 \ 年份		1	2	3	4	5～10
1	建设投资	自有资金部分	3 000	1 000			
		贷款（不含贷款利息）		4 500			
2	流动资金	自有资金部分			400		
		贷款			100	500	
3	年销售量/万吨				0.8	1.0	1.1
4	年经营成本				4 200	4 600	5 000

【问题】

a. 计算每年无形资产摊销费。

b. 编制借款还本付息表。

c. 编制总成本费用估算表。

解：

a. 每年无形资产摊销费 = 500÷8 = 62.5（万元）

b. 长期借款利息：

建设期贷款利息 = 0.5×4 500×6.22% = 140（万元）

每年应还本金 =（4 500+140）÷8 = 580（万元）

项目借款还本付息估算见表 6.7：

表 6.7　　项目借款还本付息表　　单位：万元

序号	项目 \ 年份	1	2	3	4	5	6	7	8	9	10
1	年初累计借款			4 640	4 060	3 480	2 900	2 320	1 740	1 160	580
2	本年新增借款		4 500								
3	本年应计利息		140	289	253	216	180	144	108	72	36
4	本年应还本金			580	580	580	580	580	580	580	580
5	本年应还利息			289	253	216	180	144	108	72	36

c. 总成本估算费用见表 6.8：

表 6.8　　总成本费用表　　单位：万元

序号	项目 \ 年份	3	4	5	6	7	8	9	10
1	经营成本	4 200	4 600	5 000	5 000	5 000	5 000	5 000	5 000
2	折旧费	673	673	673	673	673	673	673	673
3	摊销费	63	63	63	63	63	63	63	63
4	财务费	292	271	234	198	162	126	90	54
4.1	长期借款利息	289	253	216	180	144	108	72	36
4.2	流动资金借款	3	18	18	18	18	18	18	18
5	总成本费用	5 228	5 607	5 970	5 934	5 898	5 862	5 826	5 790
5.1	固定成本	3 360	3 680	4 000	4 000	4 000	4 000	4 000	4 000
5.2	可变成本	1 868	1 927	1 970	1 934	1 898	1 862	1 826	1 790

第四节　建设项目经济评价

一、项目经济评价概述

建设项目经济评价时，项目可行性研究的有机组成部分和重要内容，应根据国民经济与社会发展以及行业、地区发展规划的要求，在项目初步方案的基础上，采用科学、规范的分析方法，对拟建项目的财务可行性和经济合理性进行分析论证，做出全面评价，为项目的科学决策提供经济方面的依据。

2006 年 7 月 3 日由国家发展改革委和建设部印发了第三版的《建设项目经济评价方法与参数》，提出了一套比较完整、适用面广、切实可行的经济评价方法与参数体系。这套体系与第二版比较，更贴近我国社会主义市场经济条件下建设项目经济评价的需要；调整了经济效益分析与财务分析的侧重点；增设了财务效益与费用估算、资金来源于融资方案、费用效果分析、区域经济与宏观经济影响分析等章节内容；对财务分析、经济费用效益分析、不确定性分析与风险分析、方案经济比选等内容也进行了调整和扩充；增加了公共项目财务分析和经济费用效益分析的内容；增加了经济风险分析内容；方案经济比选增加了不确定性因素和风险因素下的方案比选方法；简化了改扩建项目经济评价方法；增加了并购项目经济评价的基本要求；补充了电信、农业、林业、水利、教育、卫生、市政和房地产等行业经济评价的特点。参数部分，建立了建设项目经济评价参数体系；明确评价参数的测算方法、测定选取的原则、动态适时调整的要求和使用条件；修改了部分财务评价参数和国民经济评价参数等。此套评价方法既总结了国内经验又与国际惯例接轨，既有继承又有创新，内容全面、方法科学、简便易行，指导性更强，能基本满足经济评价的需要。

建设项目经济评价的内容及侧重点，应根据项目性质、项目目标、项目投资者、项目财务主体以及项目对经济与社会的影响程度等具体情况选择确定。（见表6.9）建设项目经济评价的深度，应根据项目决策工作不同阶段的要求确定。建设项目可行性研究阶段的经济评价，应系统分析、计算项目的效益和费用，通过多方案经济比选推荐最佳方案，对项目建设的必要性、财务可行性、经济合理性、投资风险等进行全面的评价。项目规划、机会研究、项目建议书阶段的经济评价可适当简化。

建设项目经济评价必须保证评价的客观性、科学性、公正性，通过“有无对比”坚持定量与定性结合分析，以定量分析为主和动态分析与静态分析相结合，以动态分析为主的原则。

表6.9　　　　　　　　**建设项目经济评价内容选择参考表**

分析内容 项目类型			财务分析			经济费用效益分析	费用效果分析	不确定性分析	风险分析	区域经济与宏观经济分析
			生存能力分析	偿债能力分析	盈利能力分析					
政府投资	直接投资	经营	◇	◇	◇	◇	◇	△	△	△
		非经营	◇	△		◇	◇	◇	△	△
	资本金	经营	◇	◇	◇	◇	◇	△	△	△
		非经营	◇	△		◇	◇	◇	△	△
	转贷	经营	◇	◇	◇	◇	◇	△	△	△
		非经营	◇	◇		◇	◇	◇	△	△
	补助	经营	◇	◇	◇	◇	◇	△	△	△
		非经营	◇	◇		◇	◇	◇	△	△
	贴息	经营	◇	◇	◇	◇	◇	△	△	△
		非经营								
企业投资（核准制）		经营	◇	◇	◇	△	◇	△	△	△
企业投资（备案制）		经营	◇	◇	◇	△	◇	△	△	

注：表中◇代表要做；△代表根据项目的特点，有要求时做，无要求时可以不做。具体使用的指标见《建设项目经济评价方法与参数》中的相关分析条文。

二、项目财务评价

项目财务评价是在国家现行的财税制度和价格体系的前提下，从项目的角度出发，计算项目范围内的财务效益和费用，分析项目的盈利能力和清偿能力，评价项目在财务上的可行性。

1. 财务效益与费用估算

财务效益与费用是财务分析的重要基础，其估算的准确性与可靠程度对项目财务分析影响极大。财务效益和费用估算应遵循“有无对比”的原则，正确认识和估算“有项目”和“无项目”状态的财务效益与费用。财务效益与费用估算应反映行业特点，符合依据明确、价格合理、方法适宜和表格清晰的要求。

2. 财务分析

财务分析应在项目财务效益与费用估算的基础上进行。财务分析的内容应根据项目的性质和目标确定。对于经营性项目，财务分析通过编制财务分析报表（参见《建设项目经济评价方法与参数》附录 B），计算财务指标，分析项目的盈利能力、偿债能力和财务生存能力，判断项目的财务可接受性，明确项目对财务主体及投资者的价值贡献，为项目决策提供依据。对于非经营性项目，财务分析应主要分析项目的生存能力。

财务分析可分为融资前分析和融资后分析，一般宜先进行融资前分析，在融资前分析结论满足要求的情况下，初步设定融资方案，再进行融资后分析。融资前分析应以动态分析为主，静态分析为辅。

（1）融资前分析和融资后分析

①融资前分析

融资前动态分析应以营业收入、建设投资、经营成本和流动资金的估算为基础，考察整个计算期内现金流入和现金流出，编制项目投资先进流量表，利用资金时间价值的原理进行折现，计算项目投资内部收益率和净现值等指标。

融资前分析排除了融资方案变化的影响，从项目投资总获利能力的角度，考察项目方案设计的合理性。融资前分析计算的相关指标，应作为初步投资决策与融资方案研究的依据和基础。

根据分析角度的不同，融资前分析可选择计算所得税前指标和（或）所得税后指标。融资前分析也可计算静态投资回收期指标，用以反映收回项目投资所需要的时间。

②融资后分析

融资后分析应以融资前分析和初步的融资方案为基础，考察项目在拟定融资条件下的盈利能力、清偿能力和财务生存能力，判断项目方案在融资条件下的可行性。融资后分析用于比选融资方案，帮助投资者做出融资决策。

融资后的盈利能力分析应包括动态分析和静态分析两种。动态分析包括下列两个层次：以一个层次：项目资本金现金流量分析，考察项目资本金可获得的收益水平。第二个层次：投资各方现金流量分析，考察投资各方可能获得的收益水平。静态分析指不采取折现方式处理数据，依据利润与利润分配表计算项目资本金净利润率和总投资收益率指标。

（2）财务分析指标

①盈利能力分析指标

盈利能力分析的主要指标包括项目投资财务内部收益率和财务净现值、项目资本金财务内部收益率、投资回收期、总投资收益率、项目资本金净利润率等，可根据项目的特点及财务分析的目的、要求等选用。

- 财务内部收益率（FIRR）

财务内部收益率是指能使项目计算期内净现金流量现值累计等于零时的折现率

$$\sum_{t=1}^{n}(CI - CO)_t(1 + FIRR) \qquad (6\text{-}28)$$

式中：CI——现金流入量；

CO——先进流出量；

n——项目计算期；

$(CI - CO)_t$——第 t 年的净现金流量。

项目投资财务内部收益率、项目资本金财务内部收益率和投资各方财务内部收益率都依据上式计算，但所用的现金流入和现金流出不同。当财务内部收益率大于或等于所设定的辨别基准 ic（基准收益率）时，项目方案在财务上可考虑接受。项目投资财务内部收益率、项目资本金财务内部收益率和投资各方财务内部收益率有不同的判别基准。

- 财务净现值（FNVP）

财务净现值是指按设定的折现率（一般采用基准收益率 ic）计算的项目计算期内净现金流量的现值之和，可按下式计算：

$$FNPV = \sum_{t=1}^{n}(CI - CO)_t(1 + i_c)^{-t} \qquad (6\text{-}29)$$

式中：i_c——设定的折现率（同基准收益率）。

一般情况下，财务盈利能力分析只计算项目投资财务净现值，可根据需要选择计算所得税前净现值或所得税后净现值。按照设定的折现率计算的财务净现值大于或等于零时，项目方案在财务上可考虑接受。

- 项目投资回收期（P_t）

项目投资回收期是指以项目的净收益回收项目投资所需要的时间，一般以年为单位。项目投资回收期宜从项目建设开始年算起。若从项目投产年开始计算，应予以特别注明。项目投资回收期可采用下式计算：

$$\sum_{t=1}^{T_p}(CI - CO)_t = 0 \qquad (6\text{-}30)$$

项目投资回收期可借助项目投资现金流量表计算。项目投资现金流量表中累计净现金流量由负值变为零的时点，即为项目的投资回收期。投资回收期应按下式进行计算：

$$P_t = T - 1 + \frac{\left|\sum_{i=1}^{T-1}(CI - CO)_i\right|}{(CI - CO)_T} \tag{6-31}$$

式中：T——各年累计净现金流量首次为正值或零的年数。

投资回收期短，表明项目投资回收快，抗风险能力强。如果投资回收期与行业的基准投资回收期比较，当小于行业的基准投资回收期时，表示项目投资能在规定的时间内收回，具有财务可行性。

• 总投资收益率（ROI）

总投资收益率表示总投资的盈利水平，是指项目达到设计能力后正常年份的年息税前利润或营运内年平均息税前利润（EBIT）与项目总投资（TI）的比率；总投资收益率应按下式计算：

$$ROI = \frac{EBIT}{TI} \times 100\% \tag{6-32}$$

式中：EBIT——项目正常年份的年息税前利润或运营期内年平均息税前利润；

TI——项目总投资。

总投资收益率高于同行业的收益率参考值，表明用总投资收益率表示的盈利能力满足要求。

• 项目资本金净利润率（ROE）

项目资本金净利润率表示项目资本金的盈利水平，是指项目达到设计能力后正常年份的年净利润或运营期内年平均净利润（NP）与项目资本金（EC）的比率；项目资本金净利润率应按下式计算：

$$ROE = \frac{NP}{EC} \times 100\% \tag{6-33}$$

式中：NP——项目正常年份的年净利润或运营期内年平均净利润；

EC——项目资本金。

项目资本金净利润率高于同行业的净利润率参考值，表明用项目资本金净利润率表示的盈利能力满足要求。

②偿债能力分析指标

偿债能力分析应通过计算利息备付率（ICR）、偿债备付率（DSCR）和资产负债率（LOAR）等指标，分析判断财务主体的偿债能力。上述指标应按下列公式计算：

• 利息备付率（ICR）

利息备付率是指在借款偿还期内的息税前利润（EBIT）与应付利息（PI）的比值，它从付息资金来源的充裕性角度反映项目偿付债务利息的保证程度，应按下式计算：

$$IRC = \frac{EBIT}{PI} \tag{6-34}$$

式中：EBIT——息税前利润；

PI——计入总成本费用的应付利息。

利息备付率应分年计算。利息备付率高，表明利息偿付的保障程度高。利息备付率应当大于1，并结合债权人的要求确定。

● 偿债备付率

偿债备付率是指在借款偿还期内，用于计算还本付息的资金（EBITDA－T_{AX}）与应还本付息金额（PD）的比值，它表示可用于还本付息的资金偿还借款本息的保障程度，应按下式计算：

$$DSCR=\frac{EBITAD-T_{AX}}{FD} \tag{6-35}$$

式中：EBITDA——息税前利润加折旧和摊销；

T_{AX}——企业所得税；

PD——应还本付息金额，包括还本金额和计入总成本费用的全部利息。

融资租赁费用可视同借款偿还。运营期内的短期借款本息也应纳入计算。

如果项目在运营期内有维持运营的投资，可用于还本付息的资金应扣除维持运营的投资。偿债备付率应分年计算，偿债备付率高，表明可用于还本付息的资金保障程度高。偿债备付率应大于1，并结合债权人的要求确定。

● 资产负债率（LOAR）是指各期末负债总额（TL）同资产总额（TA）的比率，应按下式计算：

$$LOAR=\frac{TL}{TA} \tag{6-36}$$

式中：TL——期末负债总额；

TA——期末资产总额。

适度的资产负债率，表明企业经营安全、稳健，具有较强的筹资能力，也表明企业和债权人的风险较小。对该指标的分析，应结合国家宏观经济状况、行业发展趋势、企业所处竞争环境等具体条件判定。项目财务分析中，在长期财务分析中，在长期债务还清后，可不再计算资产负债率。

③财务生存能力分析指标

财务生存能力分析，应在财务分析辅助表和利润与利润分配表的基础上编制财务计划现金流量表，通过考察项目计算期内的投资、融资和经营活动所产生的各项现金流入和流出，计算净现金流量和累积盈余资金，分析项目是否有足够的净现金流量维持正常运营，以实现财务可持续性。

财务可持续性应首先体现在有足够大的经营活动净现金流量，其次各年累计盈余资金不应出现负值，应进行短期借款，同时分析该短期借款的年份长短和数额大小，进一步判断项目的财务生存能力。短期借款应体现在财务计划现金流量表中，其利息应计入财务费用。为维持项目正常运营，还应分析短期借款的可靠性。

对于非经营性项目，财务分析可按下列要求进行：

对没有营业收入的项目，不进行盈利能力分析，主要考察项目财务生存能力。此类项目通常需要政府长期补贴才能维持运营，应合理估算项目运营期各年所需的政府补贴数额，并分析财政补贴的可能性与支付能力，对有债务资金的项目，还应结合借款偿还要求进行财务生存能力分析。

对有营业收入的项目，财务分析应根据收入抵补支出的程度，区别对待。收入补偿费用的顺序应为：补偿人工、材料等生产经营耗费、缴纳流转税、偿还借款利息、计提折旧和偿还借款本金。

按以上内容完成财务分析后，还应对各项财务指标进行汇总，并结合不确定性分析的结果，做出项目财务分析的结论。

三、项目的国民经济评价

国民经济评价是在合理配置资源的前提下，从国家经济整体利益的角度出发，计算项目对国民经济的贡献，分析项目的经济效率、效果和对社会的影响，评价项目的宏观经济上的合理性。

1. 经济效益与费用识别估算

经济效益和经济费用可直接识别，也可通过调整财务效益和财务费用得到。项目经济效益和费用的识别应符合下列要求：遵循有无对比的原则；对项目所涉及的所有成员及群体的费用和效益做全面分析；正确识别正面和负面外部效果，防止误算、漏算或重复计算；合理确定效益和费用的空间范围和时间跨度；正确识别和调整转移支付，根据不同情况区别对待。

（1）经济效益的识别计算

经济效益的计算应遵循支付意愿（WTP）原则和（或）接受补偿意愿（WTA）原则。

如果项目的产出效果表现为对人力资本、生命延续或疾病预防等方面的影响，如教育项目、卫生项目、环境改善工程或交通运输项目等，应根据项目的具体情况，测算人力资本增值的价值、可能减少死亡的价值，以及对健康影响的价值，并将量化结果纳入项目经济费用效益分析的框架之中。如果货币量化缺乏可靠依据，应采用非货币的方法进行量化。

效益表现为费用节约的项目，应根据“有无对比分析”，计算节约的经济费用，计入项目相应的经济效益。

对于表现为时间节约的运输项目，其经济价值应采用“有无对比”分析方法。根据不同人群、货物、出行目的等，区别下列情况计算时间节约价值：

①根据不同人群及不同出行目的对时间的敏感程度，分析受益者为得到这种节约所愿意支付的货币数量，测算出行时间节约的价值。

②根据不同货物对时间的敏感程度，分析受益者为得到这种节约所愿意支付的价格，测算其时间节约的价值。

（2）经济费用的识别计算

经济费用的识别计算应遵循机会成本原则。

（3）外部效果的识别计算

外部效果是指项目的产出或投入无意识地给他人带来费用或效益，但项目却没有为此付出代价或为此获得收益。为防止外部效果计算扩大化，一般只应计算一次相关效果。

环境及生态影响的外部效果是经济费用效益分析必须加以考虑的一种特殊形式的外部效果，应尽可能对项目所带来的环境影响的效益和费用（损失）进行量化和货币化，将其列入经济现金流。

环境及生态影响的效益和费用，应根据项目的时间范围和空间范围、具体特点、评价的深度要求及资料占有情况，采用适当的评估方法与技术对环境影响的外部效果进行识别、量化和货币化。

（4）影子价格的确定

经济效益和经济费用应采用影子价格计算。

对于具有市场价格的投入和产出，影子价格的计算应符合下列要求：

①可外贸货物的投入或产出的影子价格应根据口岸价格，按下列公式计算：

出口产出的影子价格(出厂价)=离岸价(FOB)×影子汇率-出口费用（6-37）

进口投入的影子价格(到厂价)=到岸价(CIF)×影子汇率+进口费用（6-38）

②对于非外贸货物。其投入或产出的影子价格应根据下列要求计算：

如果项目处于竞争性市场环境中，应采用市场价格作为计算项目投入或产出的影子价格的依据，如果项目的投入或产出的规模很大，项目的实施将足以影响其市场价格，导致“有项目”和“无项目”两种情况下市场价格不一致。在项目评价中，取二者的平均值作为测算影子价格的依据。

③影子价格中流转税（如消费税、增值税、营业税等）宜根据产品在整个市场中发挥的作用，分别计入或不计入影子价格。

如果项目的产出效果不具有市场价格，应遵循消费者支付意愿和（或）接受补偿意愿的原则，按下列方法测算其影子价格：

①采用“显示偏好”的方法，通过其他相关市场价格信号，间接估算产出效果的影子价格。

②利用“陈述偏好”的意愿调查方法，分析调查对象的支付意愿或接受补偿的意愿，推断出项目影响效果的影子价格。

特殊投入物的影子价格应按下列方法计算：

①项目因使用劳动力所付的工资，是项目实施所付出的代价。劳动力的影子工资等于劳动力机会成本与因劳动力转移而引起的新增资源消耗之和。

②土地是一种重要的资源，项目占用的土地无论是否支付费用，均应计算其影子价格。项目所占用的农业、林业、牧业、渔业及其他生产性用地，其影子价格应按照其未来对社会可提供的消费产品的支付意愿及因改变土地用途而发生的新增资源消耗进行计算；项目所占用的住宅、休闲用地等非生产性用地，市场完善的，应根据市场交易价格估算其影子价格；无市场交易价格或市场机制不完善的，应根据支付意愿价格估算其影子价格。

③项目投入的自然资源，无论在财务上是否付费，在经济费用效益分析中都必须测算其经济费用。不可再生自然资源的影子价格应按资源的机会成本计算；可再生自然资源的影子价格应按资源再生费用计算。

（5）影子汇率

影子汇率是指用于对外贸货物和服务进行经济费用效益分析的外币的经济价格，应能正确反映外汇的经济价值，应按下式计算：

$$\text{影子汇率}=\text{外汇牌价}\times\text{影子汇率换算系数} \tag{6-39}$$

2. 经济费用效益分析

经济费用效益分析应从资源合理配置的角度，分析项目投资的经济效率和对社会福利所做出的贡献，评价项目经济合理性。对于财务现金流量不能全面、真实地反映其经济价值，需要进行经济费用效益分析的项目，应将经济费用效益分析的结论作为项目决策的主要依据之一。

如果项目的经济费用和效益能够进行货币化，应在费用效益识别和计算的基础上，编制经济费用效益流量表，计算下列经济费用效益分析指标，分析项目投资的经济效率：

- 经济净现值（ENPV）

经济净现值（ENPV）是指项目按照社会折现率将计算期内各年的经济净效益流量折现到建设期初的现值之和，应按下式计算：

$$\text{ENPV}=\sum_{t=0}^{n}(B-C)_t(1+i_s)^{-t} \tag{6-40}$$

式中：ENPV—— 经济净现值；

B—— 经济效益流量；

C—— 经济费用流量；

$(B-C)_t$—— 第 t 期的经济净效益流量；

n—— 项目寿命年限；

i_s ——社会折现率。

在经济费用效益分析中，如果经济净现值等于或大于零，表明项目可以达到符合社会折现率的效率水平，认为该项目从经济资源配置角度可以被接受。

- 经济内部收益率（EIRR）

经济内部收益率是指项目在计算期内经济净效益流量的现值累计等于零时的折

现率，应按下式计算：

$$\sum_{t=0}^{n}(B-C)_t(1+\mathrm{EIRR})^{-t}=0 \tag{6-41}$$

式中其他符号意义同上。

如果经济内部收益率等于或大于社会折现率，表明项目资源配置的经济效率达到了可以被接受的水平。

- 经济效益费用比（R_{bc}）

经济效益费用比是指项目在计算期内效益流量的现值与费用流量的现值之比，应按下式计算：

$$R_{bc}=\frac{\sum_{t=1}^{n}B_t(1+i_s)^{-t}}{\sum_{t=1}^{n}C_t(1+i_s)^{-t}} \tag{6-42}$$

式中：B_t——第 t 期的经济效益；

C_t——第 t 期的经济费用。

如果经济效益费用比大于 1，表明项目资源配置的经济效率达到了可以被接受的水平。

在完成经济费用效益分析后，应进一步分析对比经济费用效益与财务现金流量之间的差异，并根据需要对财务分析与经济费用效益分析结论之间的差异进行分析，找出受益或受损群体，分析项目对不同利益相关者在经济上的影响程度，并提出改进资源配置效率及财务生存能力的政策建议。

对于效益和费用可以货币化的项目应采用上述经济费用效益分析方法；对于效益难于货币化的项目，应采用费用效果分析方法；对于效益和费用均难于量化的项目，应进行定性经济费用效益分析。

项目的国民经济评价和财务评价是相互联系的，既有相同的地方，也有不同的地方，相同点表现在两者的评价目的相同，都是寻求以最小的投入获得最大的产出。

由于这两类评价所代表的利益主体不同，因而国民经济评价与财务评价相比存在以下区别：

第一，两者评价的出发点不同。

财务评价是站在企业或项目自身的角度，衡量投资项目的盈利状况，评价项目财务上是否有利可图；国民经济评价是站在国家整体角度，分析投资项目为国民经济创造的效益和做出的贡献，评价项目经济上的合理性。前者主要为企业或项目的投资决策提供依据，后者则是为政府宏观的投资决策提供依据。

第二，两者计算费用和收益的范围不同。

在财务评价中，根据企业的实际收支情况确定项目的财务收益和费用，收益和费用中要考虑通货膨胀、税金、利息、国家给予的补贴等。在国民经济评价中，根据所耗费的有用资源和项目对社会提供的有用产品及服务来考查项目的费用和收益，一般不考虑通货膨胀、税金、折旧等转移支付，但要考虑间接受益和间接费用。由于费用和收益范围的不同，同一个投资项目，财务评价和国民经济评价的计算结果有差异，在某些情况下结论也会有差异。

第三，两者评价中采用的价格不同。

财务评价应采用以市场价格体系为基础的预测价格。在建设期内，一般应考虑投入的相对价格变动及价格总水平变动。在运营期内，若能合理判断未来市场价格变动趋势，投入与产出可采用相对变动价格；若难以确定投入和产出的价格变动，一般可采用项目运营期初的价格；有要求时，也可考虑价格总水平的变动。

国民经济评价应采用以影子价格体系为基础的预测价格，不考虑价格总水平变动因素。

第四，两者评价中使用的参数不同。

所谓评价参数，主要指汇率、贸易费用率、工资及折现率。在财务评价中，上述各参数需根据不同行业的不同企业，以及企业条件、企业环境自行选定。在国民经济评价中，同样为了达到投资项目横向可比的目的，采用国家统一测定的影子汇率、影子工资和社会折现率。

第五，两者评价中采用的核心指标不同。

国民经济评价的指标是经济净现值和经济内部收益率，财务评价的主要指标是财务净现值和财务内部收益率。国民经济评价的结论和财务评价的结论有时不一致，在西方私有制的经济体制下，以财务评价是否可行作为项目选取条件。在我国，以国民经济评价结果作为项目选取条件，对经济上可行、财务上可行的方案予以接受；对经济上可行但财务上不可行的方案，或重新修改方案，或国家通过价格补贴或减免税收等措施使方案在财务上也变为可行。对经济上不可行的项目，不论其财务评价是否可行都应予以拒绝。

四、经济评价指标的关系与方案选择

1. 各种评价指标与方法的比较

投资项目的经济评价是以动态指标为主的，静态指标只起辅助作用。性质上不同的指标主要有 5 个：净现值、内部收益率、动态投资回收期、费用—效益率和现值率。

当采用行业基准收益率 i_c 或 MARR（报酬率）作为计算折现率或评价判据时，因为 $NPV(i_c) \geqslant 0$ 则必然有 $IRR \geqslant i_c$，$NPVR(i_c) \geqslant 0$，$N/K(i_c) \geqslant 1$，$B/C(i_c) \geqslant 1$，故用任何一个指标都会得出相同的可行或者不可行的结论。

至于用哪一个指标则因不同的机构而异。例如，世界银行倾向把 IRR 作为主要评价指标，而美国国际开发署则规定采用 NPV，发达国家对公用项目的经济评价常

用 B/C，但 B/C 在发展中国家却使用不多，我国则规定主要的评价指标是 IRR。

对于一个独立项目而言，内部收益率一般与净现值的结论完全一致，即项目的内部收益率大于基准折现率时净现值必然大于零。内部收益率判据的优点是可以在不预先给出基准收益率的条件下求出来，IRR 的值不受外部参数（折现率）的影响而完全取决于工程项目本身的现金流量。内部收益率的缺点是：并不是在所有情况下都给出唯一的确定值。

净现值指标没有内部收益率的这一缺点，但净现值只能表示投资项目在经济净贡献上是否达到了要求的基准收益率，无法表示项目的净贡献比要求的收益率高出多少。此外，用净现值评价项目时并不考虑投资额大小。因此，容易忽视有限资金的最优利用。

当给定的基准折现率刚好等于项目的内部收益率时，动态投资回收期就等于项目的工程寿命期或计算期。一般情况下，若给定的基准折现率小于内部收益率，则必有小于工程寿命期的动态投资回收期。因此，动态投资回收期与内部收益率是等价的。

建国以来，我国一直把静态投资回收期指标作为筛选项目的一个主要指标，各部门积累了不少数据。考虑到资金的短缺会长期存在，投资回收期的长短有着较大的意义。因此，在《建设项目经济评价方法与参数》中，国家计委把静态投资回收期也列为计算指标，供项目决策时参考。

工程方案经济性评价，除了采用前述评价指标（如投资回收期 T_p、净现值 NPV、内部收益率 IRR），分析该方案评价指标值是否达到了标准的要求（如 $T_p \leqslant T_b$，$\mathrm{NPV}(i_o) \geqslant 0$，$\Delta\mathrm{IRR} \geqslant i_o$）之外，往往需要在多个备选方案中进行比选。多方案比选的方法，与被选方案之间关系的类型有关。因此，本节在分析备选方案及其类型的基础上讨论如何正确运用各种评价指标进行备选方案的评价与选择。

2. 备选方案及其类型

在工程和管理中，人们常常会遇到决策问题，因为设计或计划通常总会面对几种不同情况，又可能采取几种不同的方案，最后总要选定某一个方案。所以，决策时工程和管理过程的核心。

合理的决策过程包括两个主要的阶段：一是探寻备选方案，这实际上是一项创新活动；二是对不同备选方案作衡量和比较，称之为决策分析。由于经济效果是评价和选择的主要依据，所以决策过程的核心问题就是对不同备选方案经济效果的衡量和比较问题。

备选方案是由各级组织的操作人员、管理人员和研究人员制定的。在收集、分析和评价方案的同时，分析人员也可以提出实现目标的备选方案。备选方案不仅要探讨现有工艺技术，而且在有些情况下，还应探讨新工艺技术的研究和开发，过着改进现有的工艺技术。例如，某种专用零件常规采用铝或黄铜制作，此时的备选方案有两个，即仅需比较使用铝的方案和使用黄铜的方案就可以了。但是作为工程师还应考虑其他可能性，例如，用塑料的方案也许比用铝或黄铜的方案更为可取。

对备选方案经济差别的认识，可加强探求备选方案的能力。事实上经济差别正是创造备选方案的一种动力。工程或管理人员在观察某项工程或业务时，必定会不断地观察其中的一些经济差别，有计划地寻求备选方案。

只有在建立了一些备选方案的条件下，才能进行经济决策。同时，也只有了解了备选方案之间的相互关系，才能掌握正确的评价方法，达到正确决策的目的。

通常，备选方案之间的相互关系可分为如下三种类型：

（1）独立型。指各个方案的现金流量是独立的，不具有相关性，且任一方案的采用与否都不影响其他方案是否采用的决策。例如，个人投资，可以购买国库券，也可以购买股票，还可以购房增值等。可以选择其中一个方案，也可选择其中两个或三个，方案之间的效果与选择不受影响，互相独立。

独立方案的特点是具有“可加性”。例如，X 与 Y 两个投资方案，只选择 X 方案时，投资 30 万元，净收益 36 万元；只选择 Y 方案时，投资 40 万元，净收益 47 万元；当 X 与 Y 一起选择时，工序投资 30 + 40 = 70 万元，得到净收益共为 36 + 47 = 83 万元。那么，X 与 Y 具有可加性，在这种情况下，认为 X 与 Y 之间是独立的。

（2）互斥型。指各方案之间具有排他性，在各方案中最多只能选择一个。例如，同一地域的土地利用方案是互斥方案，是建居民住房，还是建写字楼等，只能选择其中之一；场址问题，也是互斥方案的选择问题；杭州新建机场建在萧山、余杭、还是建德，只能选择其中之一；建设国模问题也是互斥方案的选择问题。

（3）混合型。指独立方案与互斥方案混合的情况。例如，在有限的资源制约条件下有几个独立的投资方案，在这些独立方案中又分别包含着若干互斥方案，那么所有方案之间就是混合型的关系。例如，某公司有两个投资领域，一是现有工厂技术改造，另一个是新建一企业，这两个投资领域是相互独立的，但是现有工厂技术改造互斥方案两个，新建一企业也有三个厂址可供选择，因此组合起来的方案就是混合方案。

3. 独立方案的经济评价方法

独立方案的采用与否，只取决于方案自身的经济性，且不影响其他方案的采用与否。因此在无其他制约条件下，多个独立方案的比选与单一方案的评价方法是相同的，即用经济效果评价标准（如 NPV ≥ 0，NAV ≥ 0，$\Delta IRR \geq i_o$，$T_p \leq T_b$ 等）直接判别该方案是否接受。

4. 互斥方案的经济评价方法

对于互斥方案决策，要求选择方案组中的最优方案，且最优方案要达到标准的收益率，这就需要进行方案的必选。比选的方案应具有可比性，主要包括计算的时间具有可比性，计算的收益与费用的范围和口径一致，计算的价格可比。

互斥方案的比选可以采用不同的评价指标，有许多方法。其中，通过计算增量净现金流量评价增量投资经济效果，也就是增量分析法，是互斥方案比选的基本方法。

5. 混合方案的经济评价方法

混合方案的选择，是实际工作中常遇到的一类问题。例如，某些公司实行多种经营，投资方向较多，这些投资方向就业务内容而言，是相互独立的，而对每个投资方向又可能有几个可供选择的互斥方案，这样构成了混合方案的选择问题。这类问题选择方法复杂。

四、费用效果分析

费用效果分析师通过比较项目预期的效果与所支付的费用，判断项目的费用有效性和经济合理性。效果难于或不能货币化，或货币化的效果不是项目目标的主体时，在经济评价中应采用费用效果分析法，其结论作为项目投资决策的依据之一。

费用效果分析中的费用是指为实现项目预定目标所付出的财务代价或经济代价，采用货币计量；效果是指项目的结果所起到的作用、效应或效能，是项目目标的实现程度。按照项目要实现的目标，一个项目可选用一个或几个效果指标。

1. 采用费用效果分析的项目应满足的条件

费用效果分析遵循多方案比选的原则，所分析的项目应满足下列条件：

（1）备选方案不少于两个，且为互斥方案或可转化为互斥型方案；

（2）备选方案应具有共同的目标，目标不同的方案、不满足最低效果要求的方案不可进行比较；

（3）备选方案的费用应能货币化，且资金用量不应突破资金限制；

（4）效果应采用同一费货币计量单位衡量，如果有多个效果，其指标加权处理形成单一综合指标；

（5）备选方案应具有可比的寿命周期。

2. 费用效果分析方法的步骤

费用效果分析应按下列步骤进行：

（1）确立项目目标；

（2）构想和建立备选方案；

（3）将项目目标转化为具体的可量化的效果指标；

（4）识别费用与效果要素，并估算各个备选方案的费用与效果；

（5）利用相关指标，综合比较、分析各个方案的优缺点；

（6）推荐最佳方案或提出优先采用的次序。

3. 费用效果分析方法

费用应包括从项目投资开始到项目终结的整个期间内所发生的全部费用，可按费用现值公式或按费用年值公式计算。

项目效果计量单位的选择，应能切实度量项目目标实现的程度，且便于计算。

若项目的目标不止一个，或项目的效果难以直接度量，需要建立次级分解目标加以度量时，需要用科学的方法确定权重，借助层次分析法对项目的效果进行加权计算，形成统一的综合指标。

费用效果分析可采用下列基本方法：

（1）最小费用法，也称固定效果法，在效果相同的条件下，应选取费用较小的备选方案。

（2）最大效果法，也称固定费用法，在费用相同的条件下，应选取效果最大的备选方案。

（3）增量分析法，当效果与费用均不固定，且分别具有较大幅度的差别时，应比较两个备选方案之间的费用差额和效果差额，分析获得增量效果所付出的增量费用是否值得，不可盲目选择效果费用比大的方案或费用效果比小的方案。

五、项目的不确定性分析与风险分析

1. 不确定性分析

不确定性分析主要包括盈亏平衡分析和敏感性分析。盈亏平衡分析是指通过计算项目达产年的盈亏平衡点，分析项目成本与收入的平衡关系，判断项目对产出产品数量变化的适应能力和抗风险能力。盈亏平衡分析只用于财务分析。敏感性分析是指通过分析不确定性因素发生增减变化时，对财务或经济评价指标的影响，并计算敏感度系数和临界点，找出敏感因素。通常只进行单因素敏感性分析。

2. 风险分析

分析风险因素发生的可能性及给项目带来经济损失的程度。常用的风险分析方法包括专家调查法、层次分析法、概率树、CIM 模型及蒙特卡罗等分析方法，应根据项目具体情况，选用一种方法或几种方法组合使用。影响项目效益的风险因素可归纳为下列内容：项目收益风险、建设风险、融资风险、建设工期风险、运营成本费用风险、政策风险等。

风险分析的过程包括风险识别、风险估计、风险评价与风险应对。

六、区域经济与宏观经济影响分析

区域经济影响分析是指从区域经济的角度出发，分析项目对所在区域乃至更大范围的经济发展的影响。宏观经济影响分析是指从国民经济整体的角度出发，分析项目对国家宏观经济各方面的影响。直接影响范围限于局部区域的项目应进行区域经济影响分析，直接影响国家经济全局的项目应进行宏观经济影响分析。

区域经济与宏观经济影响分析应遵循系统性、综合性、定性分析与定量分析相结合的原则。其分析的指标体系宜由经济总量指标、经济结构指标、社会与环境指标和国力适应性指标构成，分析应立足于项目的实施能够促进和保障经济有序高效运行和可持续发展，分析重点影视项目与区域发展战略和国家长远规划的关系。分析内容应包括下列直接贡献和见解贡献、有利影响和不利影响。

具备下列部分或全部特征的特大型建设项目应进行区域经济或宏观经济影响分析：

- 项目投资巨大、工期超长（跨五年计划或十年计划）；
- 项目实施前对所在区域或国家的经济结构、社会结构以及群体利益格局等有较大改变；
- 项目导致技术进步和技术转变，引发关联产业或新产业群体的发展变化；
- 项目对生态与环境影响大、范围广；
- 项目对国家经济安全影响较大；
- 对区域或国家长期财政收支影响较大；
- 项目的投入或产出对进出口影响大；
- 其他对区域经济或宏观经济有重大影响的项目。

第五节　技术改造项目经济分析

一、技术改造概述

1. 技术改造的含义及特点

技术改造是在原有企业基础上进行的再建设，它用先进的技术和工艺设备对现有企业的产品、设备、工艺等进行改造，以提高产品质量，扩大生产规模，提高企业的经济效益水平，是一种以内涵式发展为主要特征的扩大再生产方式。它依靠技术进步来提高生产力要素质量，以实现增加产品品种，提高产品质量，扩大生产能力，提高生产效率，节能降耗，改善生产条件和提高经济效益的目的。所以，技术改造实质上是新技术、新工艺、新设备以及新的组织形式和管理手段在企业中的应用过程。

技术改造与基本建设是扩大再生产的两种基本手段。与基本建设相比，技术改造有如下特点：

（1）可以充分利用现有生产力要素，从而以较小的增量投入盘活大量的存量资源；

（2）技术改造是在坚持技术进步的前提下，充分考虑市场需求和企业实际情况，在稳定性和动态性之间进行平衡的结果。以技术进步为显著特征，以提高生产要素质量为主要标志；

（3）技术改造是一个动态的永恒的过程。在这个过程中，既有机器设备、工艺材料等“硬技术”的应用推广，又有思想理念、规则程序等“软技术”的实施；既有技术创新，又有管理创新；既有内涵的发展，又有外延的扩展。

2. 技术改造的内容

技术改造的内容是多方面的。概括将有以下几种主要类型：

（1）工序调整。对企业在生产中存在的瓶颈工序，进行有针对性的调整和强化。

（2）采用新工艺。用先进的工艺流程和操作方法替代落后的工艺和操作方法。

（3）更换陈旧设备。对于磨损（尤其是精神磨损）严重的设备及时用新型设备更换。

（4）设备现代化改装，把现代化技术成就“嫁接”在现有设备上，使其“焕发青春”。

3. 技术改造的意义

技术改造是企业战略决策的重要内容，在科技快速发展的时代，与企业生死攸关。企业技术改造的意义表现在以下几个方面：

（1）技术改造是促进企业技术进步的基本途径。企业经济的发展越来越依赖于技术进步，技术进步已成为支撑企业经济发展的永恒动力。而技术改造是实用、经济、快速地实现技术进步的基本途径。尤其是对于我国企业，由于普遍规模较小，技术进步储备不足，操作人员技术素质不高，所以技术改造更成为一种提升技术水平的首选方式。

（2）技术改造是促进企业产品升级和产品结构调整的有力手段。企业经济发展的基础是满足市场之需，而市场是随着人们的消费观念和消费能力的变化而变化的。企业要维护其市场地位，就必须不断进行产品升级换代和产品结构调整，以满足人们变化的、多元化的需求。技术创新才是产品升级的源泉。通过技术改造推动技术创新，并因此拉动产品升级和产品结构调整。

（3）技术改造是提高企业素质的基本保障。技术改造通过新的“硬技术”的引进和吸收，使生产力要素质量得以提高；通过新的“软技术”的实施，使得生产力要素的配置更加合理，使用更加科学。从而极大地提高企业的综合素质。企业素质的提高所产生的综合效益是十分可观的。

四、技改项目的经济性分析

1. 技改项目特点及其特殊性

在多年的建设项目经济评价工作中，遇到为数不少的扩建、改建、技术改造项目（以后统称为改扩建项目）的经济评价。它与新建项目相比有以下特点：

（1）不同程度地利用了原有资产和资源，以增量调动存量，以较小的新增投入取得较大的新增效益。

（2）原来已在生产经营，而且其状况还在发生变化，项目效益和费用的识别、计算较复杂。

(3) 建设期内建设与生产同步进行。

所以改扩建项目具有新建项目的一般性，又有其特殊性。

改扩建项目也是投资项目，具有一般新建项目所共有的特点。因此，一般新建项目经济评价的原则和基本方法也适用于改扩建项目。但是，改扩建项目与从无到有的新建项目又有所不同。对于新建项目来说，所发生的费用、产生的效益都可归于项目，而改扩建项目的费用和效益既与企业原有基础部分有关，又涉及新投资的部分，从而给评价项目的经济效益带来新的问题。如果改扩建项目所涉及的费用和收益可以很清楚、很容易地从总的费用和收益中分离出来，那么这样的项目就和新建项目没有区别，可采用新建项目的经济评价方法。虽然在一定条件下，这种分离是可能做到的，但是对多数改扩建项目来说，实现这种分离是很困难的，必须寻找新的评价原理和方法。

2. 技改项目效益识别与费用识别

识别效益和费用是进行技改项目经济评价的基础性工作，其准确合理性直接影响评价精度和评价结论。效益和费用识别的方法有两种："有无"法和"前后"法。

在进行改扩建项目经济评价时，应采用"有无对比"原理，即进行改扩建（称"有项目"）和不进行改扩建（称"无项目"）的效益对比分析，不能用"改扩建前"与"改扩建后"的"前后对比"原理。因为，改扩建前（即现状）只能说明改扩建前这一时点上企业的状况，而无项目反映的是不进行改扩建时企业状况随时间推移发生的变化。因而，"前后对比"不能说明投入产出方面随时间变化所发生的变化，有可能导致对项目投资所产生的净以益作出错误的判断。如在以下三种情况下，就能出现下述错误：

①企业自身和市场需求都有一定潜力，通过改善经营管理，企业的净收益可以逐年增长（比如增长 2%），进行改扩建 以后，可促使企业的净收益得到更大程度的增长（比如每年增长 10%）。在这种情况下，如果只是简单地比较"项目前"和"项目后"，就会错误地把项目投产后增加的净收益都归功于改扩建项目。实际上属于改扩建项目后的净收益只有 8%（10%－2%＝8%）。在这种情况下，用"前后对比"原理会高估改扩建项目的净收益。

②如果原有企业不进行改扩建，企业净收益将会逐年下降，改扩建后，只是维持了原有的净收益水平。在这种情况下采用"前后对比"原理会低估改扩建项目的净收益。

③如果原有企业不进行改扩建，企业净收益将会逐年下降，而改扩建后，不但避免了净收益的下降，而且还比改扩建前有了增加。在这种情况下，若简单地采用"前后对比"原理，就无法识别这部分由避免净收益下降所获得的净收益，因而会低估改扩建项目的净收益。可以看出"有无对比"与"前后对比"的结果是不同的，"前后对比"其作法违背了资金的时间价值这一原则，因此会导致错误的结论。

五、改扩建项目经济评价方法

评价方法有两种：总量效果评价法和增量效果评价法。

1. 总量效果评价法

总量效果评价法也叫总量法，就是分别计算进行有项目和无项目两种情况下的企业总体效益，然后进行对比分析。有项目与无项目实际上是互相排斥的两个备选方案，对这类项目的评价，实际是对互斥方案的研究，因此在进行评价时要用价值型指标（如净现值）。

用总量效果评价法进行经济评价应把原有资产作为现金流出。因为原有资产不仅有其实物形态，而且具有价值形态，若拥有者不使用这笔资产，可将其出售。如拥有者不出让，就意味着失去了获得这笔收入的机会，这是一种机会损失，因此在经济分析中将其视为支出。另外，还应注意企业部分原有资产转让出售的可能性。即如果由于改扩建而使部分原有资产不再有用，并能转让出售，这笔收入应视为现金流入。下面举例说明。

【例 6-9】某企业现有固定资产 70 万元，流动资产 30 万元，若进行更新改造需要投入 50 万元资金，改造于当年完成。计算期设定为 10 年，基准受益率 $i_c=10\%$。改造与不改造每年收入及支出见表 6. 10。

表 6. 10　　改造与不改造每年收入及支出预测表

	不改造		改造	
年份	1-9	10	1-9	10
年收入	700	700	800	800
资产回收		335		385
年支出	590	590	600	600

（1）原有资产列入现金流出

不改造的净现值为 $NPV_{无}$，改造后的净现值为 $NPV_{有}$，不改造 $NPV_{无}$ 的计算见表 6. 11。

表 6. 11　　不改造现金流量

	0	1	2	3	4	5	6	7	8	9	10	合计
现金流入		700	700	700	700	700	700	700	700	700	1 035	
现金流出	1 000	590	590	590	590	590	590	590	590	590	445	
净现金流量	-1 000	110	110	110	110	110	110	110	110	110	445	
累计净现金流量	-1 000	-890	-780	-670	-560	-450	-340	-230	-120	-10	435	

表6.11(续)

	0	1	2	3	4	5	6	7	8	9	10	合计
净现值(i_c = 10%)	-1 000	100	90.9	82.6	75.1	68.3	62	56.4	51.4	46.6	171.8	-194.9
累计净现值($NPV_{无}$)	-1 000	-900	-809.1	-726.5	-651.4	-583.1	-521.1	-464.7	-413.3	-366.7	-194.9	

$NPV_{无}=-194.9$ 万元，同样方法可得 $NPV_{有}=-122.6$ 万元。

虽然 $NPV_{有}>NPV_{无}$，但 $NPV_{有}$、$NPV_{无}$ 均小于零，所以不能轻易地做出应当改造的结论。

（2）原有资产不列入现金流出

同样的计算方法可计算得到：不改造的净现值 $NPV'_{无}=805.1$ 万元。改造的净现值 $NPV'_{有}=877.4$ 万元。按此得到的结论是，$NPV'_{有}>NPV'_{无}>0$，按这个结果可得出该改造项目可以上马。

从以上两种方法的计算和分析，可以看出忽略原有资产与考虑原有资产的评价结果是不同的。忽略原有资产，有可能将实际上不可行的项目判为可行。因此，采用总量法时必须将原有资产列入现金流出。总量法的优点也在于它不仅能够体现改扩建与否的相对效果，而且能够体现其绝对效果。

总量效果评价法虽然能同时体现相对效果和绝对效果，但是，单凭企业改扩建后的总量效益是不能说明改扩建投资的效果水平的。只有改扩建方案引起的费用和效益的增加额，才是该项目的真正费用和效益。另外，总量法需将原有资产视为投资。如果要使计算结果真实地反应时间价值，那就需要对原有资产进行评估，由于评估工作非常复杂，因此总量评价法，有时是不可取的。

2. 增量效果评价法

增量效果评价法也叫增量法，它是用改扩建与不改扩建的增量现金流量计算增量效果指标，然后作出判断。由于在计算现金流量的时候，改扩建与不改扩建具有相同原有资产，可相互抵消，因此评价方法可大大简化。

增量效果指标主要有增量净现值（ΔNPV）增量内部收益率（ΔIRR）。通常，当 $\Delta NPV>0$ 或 $\Delta IRR>i_c$ 时，则项目可行。但因为增量法所体现的是相对效果，不能体现绝对效果，作为投资决策的依据是否可靠，下面通过分析对这种方法进行验证与说明。我们将改扩建项目增量指标和总量指标可能出现的结果列于表 6.12 中，从上至下第 1、2、5、6 四种情况，增量指标与改扩建后总量指标结果一致，根据增量指标进行决策不会发生错误。第 4 种情况是越改越坏，不应进行改扩建。

表 6.12 增量指标和总量指标

增量指标	总量指标		按增量指标做出的决策
	不改扩建	改扩建	
$\Delta NPV > 0$	$\Delta NPV_{无} > 0$	$\Delta NPV_{有} > 0$	改扩建
$\Delta NPV > 0$	$\Delta NPV_{无} < 0$	$\Delta NPV_{有} > 0$	改扩建
$\Delta NPV > 0$	$\Delta NPV_{无} < 0$	$\Delta NPV_{有} < 0$	改扩建
$\Delta NPV < 0$	$\Delta NPV_{无} > 0$	$\Delta NPV_{有} > 0$	不改扩建
$\Delta NPV < 0$	$\Delta NPV_{无} < 0$	$\Delta NPV_{有} < 0$	不改扩建
$\Delta NPV < 0$	$\Delta NPV_{无} > 0$	$\Delta NPV_{有} < 0$	不改扩建

第三种情况，不管进行或不进行改扩建，总量指标都达不到基准值，但增量指标大于零说明改扩建投资改善了企业的效益，增量效益是可行的。而改扩建后总量效益仍不好是由于原企业的效益太差，这笔增量投资还不足以把全部存量带动起来。这种情况下企业有三种选择：a. 不进行改扩建，继续生产经营；b. 进行改扩建；c. 关闭企业，把现有资产拍卖。

由于增量指标大于零，改扩建投入的资金产生了效益，使企业整体效益得到了提高，故方案 b 优于方案 a，可以进行改扩建。

方案 b 和方案 c 的优化选择。如果只看增量指标，是可以进行改扩建的。如果只看总量指标，那就应该考虑关闭企业把现有资产拍卖。所以，这时如果只看一种指标，有可能做出错误的选择。这种情况下就需要同时看总量指标和增量指标。如果企业排除了关闭，把现有资产拍卖的选择，那么只进行增量指标的计算就可以了。

【例 6-10】某矿业公司焦化厂，为了提高经济效益，改变亏损面貌，提出了对该厂进行技术改造的设想。下面将一些主要指标列于表 6.13。

表 6.13 焦化厂技术改造经济评价指标

	单位	数量
技改项目总投资	万元	2 572.00
项目计算期	年	15
基准收益率	%	7
总量净现值（$NPV_{无}$）	万元	-5 707.73
总量净现值（$NPV_{有}$）	万元	-63.78
增量净现值（ΔNPV）	万元	-5 643.95

从上表可知：$\Delta NPV > 0$，$NPV_{无} < 0$，$NPV_{有} < 0$。

ΔNPV 远大于零，说明技改项目资金的投入产生了很大的效益，但从 $NPV_{无} < 0$ 和 $NPV_{有} < 0$ 来看，技术改造后总量效益仍没有达到规定值以上。是进行技术改造

还是不进行技术改造？排除掉关厂拍卖资产的可能，所以只从增量指标就可判定该技改项目是可行的。

改扩建项目经济评价中，一般情况下只需要进行增量效果评价，即可满足投资决策要求，只有当现有企业确实亏损严重，需要就关闭企业把现有资产拍卖还是进行改扩建做出决策时，需同时进行增量效果评价和总量效果评价。

思考与练习

一、简答题

1. 简述工程经济的构成要素。
2. 如何进行可行性研究的阶段划分？其主要工作内容是什么？
3. 财务评价中盈利能力指标偿债能力指标有哪些？
4. 总投资及总成本的详细构成及其估算方法是什么？

二、论述题

1. 互斥方案、独立方案、混合方案等多方案的比较方法是什么？

2. 某市投资26亿元建成了五层互通、高32米、双向六车道、全长15公里的双门桥立交，这是华东地区最大的现代化城市立交桥。该桥西接赛虹桥立交，东至大明路，南接龙蟠路和卡子门高架，北至龙蟠南路和秦虹路路口，有效地解决了该市城市快速交通的“瓶颈”，缓解了城区的交通压力。试定性分析这一政府投资项目的费用和效益构成。

三、计算题

1. 某小型投资项目有五个互斥备选方案，各方案预测数据见表1，计算分析期均为6年。

（1）基准收益率为10%，哪一个方案最优？

（2）C方案在什么情况下才能成为最优方案？

表1　　单位：万元

方案	A	B	C	D	E
初始投资	100	200	300	400	500
年净收益	35	50	95	120	152

2. 有互斥方案A、B、C，计算期内各年净现金流量如表2所示，设基准收益率为10%，试根据表中各方案的数据，解答以下几个问题：

表 2

单位：万元

年末	0	1	2	3	4	5
方案 A	-150	50	50	50	50	50
方案 B	-150	30	40	50	60	70
方案 C	-150	70	60	50	40	30

（1）三个方案的内部收益率分别为 20%、17%、24%，是否可据此认为 C 方案是最优方案？为什么？

（2）计算 3 个方案的净现值，并选择最优方案。

（3）当基准收益率提高时，对哪一个方案有利？为什么？

（4）若三个方案是独立的方案，且有投资资金 450 万元，如何选择最优投资方案？

（5）在（4）中，如果投资资金只有 300 万，又如何选择？说明理由。

3. 某集团拟投资一个新项目，其原始资料简化如下：

（1）计算期为 10 年，建设期为 1 年，第二年为投产期，投产当年即达到设计生产能力。

（2）建设投资 4 000 万元（不含建设期利息），建设投资全部形成固定资产（年限平均法计提折旧，折旧年限 15 年，残值率 5%）。建设投资资金来源：资本金为 1 000 万元，其余为银行贷款；银行贷款的条件：年利率 10%，按年计息，建设期只计息不还款，第 2 年开始按利息当年结清、本金在投产后的第五年年末（即项目计算期的第 6 年年末）一次还清方式归还建设贷款。

（3）流动资金投资 500 万元，其中资本金为 300 万元，其余向银行贷款，年利率 10%，按年计息。

（4）销售收入、经营成本和增值税及附加见表 3，所得税税率为 25%。

表 3

单位：万元

年份	1	2	3	4	5	6	7	8	9	10
销售收入		3 000	3 000	3 000	3 000	3 000	3 000	3 000	3 000	3 000
经营成本		1 500	1 500	1 500	1 500	1 500	1 500	1 500	1 500	1 500
增值税及附加		150	150	150	150	150	150	150	150	150

问题：

（1）计算以下经济要素，并写出计算过程：

①建设投资贷款各年的利息（相同年份予以说明，不必重复计算）；

②固定资产年折旧费；

③各年的总成本（相同年份予以说明，不必重复计算）；

④各年的所得税及税后利润，（相同年份予以说明，不必重复计算）；

（2）编制该项目的“资本金财务现金流量表”。

第七章　价值工程

第一节　价值工程的基本原理

价值工程（Value Engineering，简称 VE），也称价值分析（Value Analysis，简写 VA），是 20 世纪 40 年代产生的一门新兴的管理技术。价值工程的创始人是美国工程师麦尔斯（L. D. Miles）。第二次世界大战期间，美国军火工业有了很大的发展，但是由于原材料供应短缺，这在客观上提出了合理利用资源和节约资源的问题。麦尔斯从多年的采购工作实践中摸索到短缺材料可以寻找相同功能者作为“替代者”的经验，他认为购买的不是材料本身而是材料功能，在经历了一系列成功实践之后，总结出一套在保证同样功能的前提下降低成本的较完整的科学方法，定名为“价值分析”。后期随着这一研究内容的不断完善和丰富，其研究领域也从材料代用逐步推广到产品设计、生产工程、组织、服务等领域，成为了一套成熟的提高产品价值、降低产品成本的科学体系——价值工程。

战后的实践证明：价值工程是一种新兴的工程经济方法，它用“价值”的概念，把技术和经济统一起来，谋求用最低的成本，得到必要的功能。在满足使用者需要的同时，可以使企业和社会都获得最佳的经济效果，使有限的资源得到充分合理的利用。

价值工程首先在美国得到广泛重视和推广，由于麦尔斯《价值分析程序》的发展，1955 年价值工程传入日本后，他们把价值工程与全面质量管理结合起来，形成具有日本特色的管理方法，并取得了极大成功。我国运用价值工程是从 20 世纪 70 年代末开始的。1984 年国家经委将价值工程作为 18 种现代化管理方法之一，向全国推广。1987 年国家标准局颁布了第一个价值工程标准《价值工程基本术语和一般工作程序》。

一、价值工程的概念

价值工程就是通过各相关领域的协作，对所研究对象的功能与费用进行系统分析，不断创新，旨在提高所研究对象价值的思想方法和管理技术。目标是以最低的寿命周期成本，可靠地实现产品或服务的必要功能，从而提高产品或服务的价值。

价值工程包括三个基本概念，即价值、功能和寿命周期成本。

1. 价值

价值工程中"价值"的含义不同于政治经济学中所说的价值，即"凝结在商品中的一般人类劳动"，也不是统计学中用货币表示的价值。而更接近于日常生活中"值不值得"的意思，是指事物的有益程度，反映了功能和成本的关系，用数学比例式表达如下：

$$V = \frac{F}{C} \tag{7-1}$$

式中：V（value）——研究对象的价值；

F（function）——研究对象的功能；

C（cost）——研究对象的成本，即寿命周期成本。

价值的大小取决于功能和成本。产品的价值高低表明产品合理有效利用资源的程度和产品物美价廉的程度。产品的价值越高，说明其资源利用程度越高；产品的价值越低，说明其资源没有得到有效利用，应采取改进措施加以提高。提高价值是消费者利益的要求，也是企业和国家的要求。因此企业应当采取一系列有效措施来提高产品的价值，满足消费者的需求，提高企业的竞争力。

2. 产品的功能

价值工程中的功能是指产品能够满足某种需求的一种属性，具体来说功能就是有效。任何产品都具有功能，如住宅的功能就是提供居住空间，建筑物基础的功能就是承受荷载等。

功能必须表达它的有用性。没有用的东西就没有什么价值，也就谈不到价值分析了。以产品来说，人们在市场上购买商品就是购买它的功能，而非产品本身的结构。如人们购买住宅，实质是购买住宅"提供生活空间"的功能。功能是产品的本质属性。价值工程自始至终都要围绕用户要求的功能，对产品的本质进行思考。

3. 寿命周期成本

价值工程中的成本指的是寿命周期成本，包括产品从研究、设计、制造、销售、使用直至报废为止的整个寿命周期过程中所发生的全部费用，称为寿命周期成本 C，包括生产成本 C_1 和使用成本 C_2，计算式为：

$$C = C_1 + C_2 \tag{7-2}$$

在一定范围内，产品的生产成本和使用成本存在着此消彼长的关系。随着产品功能水平的提高，产品的生产成本 C_1增加，使用及使用成本 C_2降低；反之，产品功能水平降低，其生产成本 C_1降低，但使用及使用成本 C_2会增加。因此当功能水平逐步提高时，寿命周期成本 $C = C_1 + C_2$ 呈马鞍形变化，如图 7.1 所示。寿命周期成本为最小值 C_0时，所对应的功能水平是仅从成本方面考虑的最适宜功能水平。

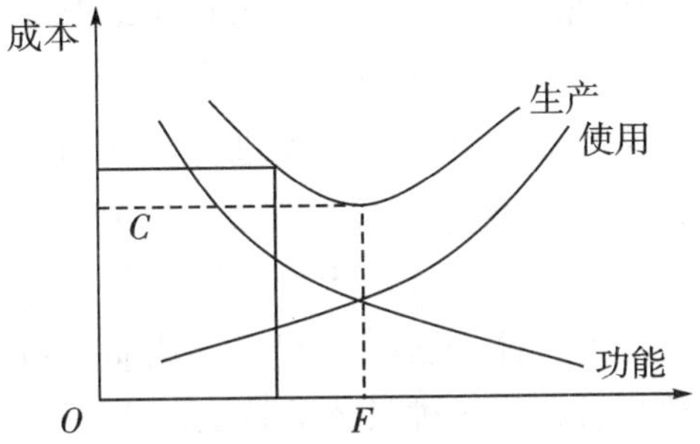

图 7.1　寿命周期成本与功能的关系

对于用户而言，它们对产品所支付的费用，除了包括种种费用在内的生产成本外，还有使用成本，特别是对一些产品，如空调、冰箱、住宅等耐用性产品，其维护使用费用往往远高于购置费用。因此，用户把整个寿命周期成本的多少作为选择产品的依据是非常重要的。所以，生产企业只有站在用户的角度，把企业的利益和用户的利益紧密地结合在一起在考虑降低设计制造成本的同时，还应考虑降低用户的维护使用成本，企业的产品才能具有真正的生命力。否则，只降低设计制造成本，反而提高了维护使用成本，用户买得起却用不起，企业产品就不可能有持久的生命力。在价值工程活动中，虽然把重点放在产品的设计阶段，但既要重视降低设计制造成本，也必须重视降低维护使用成本，把产品的生产和使用作为一个整体。这样做，不仅对企业有利，对用户有利，对整个社会也有极大的益处。

二、价值工程的定义

价值工程的定义是：以功能分析为核心，力求用最低的全寿命周期费用，可靠地实现产品或作业的必要功能的一种有组织的创造性活动。价值工程的定义包括以下四个内容：

（1）功能分析是价值工程的核心。即准确地分析产品或作业的必要功能、剩余功能、不必要功能是价值工程实施效果的关键；能分析是价值工程特有的一种分析方法，也是价值工程的重要特点。价值工程活动之所以能取得显著效果，其关键就在于抓住了功能系统分析这一环节。只有通过功能系统分析，才能了解现有功能的性质，明确功能的满足程度及各功能之间的逻辑关系，为研究功能与成本之间的关系打下基础。由于功能与成本的关系是相当复杂的，只有采用系统的观点和方法，进行定性和定量的分析研究，才能达到满足功能需求，降低成本，提高研究对象价值的目的。

（2）追求的是全寿命周期费用最低，这就说明仅仅追求产品的生产成本最低是不够的，还需要考虑产品在其寿命周期的使用成本。

（3）价值工程是有组织的创造性活动，价值工程的活动范围涉及企业内外生产经营活动的许多环节，必须把与价值工程对象相关的环节，从产品的开发、设计、制造、供销、成本核算直到把产品用户的有关人员组织起来，有组织、有计划、有步骤地展开，形成功能与成本综合分析的创造性活动。价值工程强调，要想提高价值必须有创造性的活动，它是通过对研究对象进行功能与成本的系统分析，找出改进目标后，突出价值工程活动过程中“不断创新”环节，充分发挥人的主观能动性和创新精神，并把突破、创新的思想移植于价值工程的具体操作上，把提高价值的目标和提高功能或降低成本的具体创新结合起来。从而创造出新的功能载体或者新的生产载体来，使指导思想转化为一种具体的技法。

（4）从消费者角度分析必要功能，价值工程的目的是以最低的费用实现产品的必要功能，因此价值应从用户的角度来考虑，而不是从制造者或设计者的角度来考虑。产品功能的高低是以能否满足用户的需要来衡量和评价的。因此，功能不能满足用户的要求，即质量再高的产品是没有市场的；但是，如果质量超过了用户的需要，导致费用和价格的大幅提高，显然也不会受到市场的欢迎。所以从价值工程的观点来看，功能不足、功能过剩或不必要功能对产品的市场竞争能力都不利，应以满足用户所需要的必要功能为目标。

三、价值工程的特点

价值工程是一种行之有效的降低成本的科学方法。价值工程着重研究用最低寿命周期成本向用户提供必要功能。其特点有以下几个方面：

1. 坚持用户第一的观点

任何一种产品或者一项服务工作，如果没有用户或服务对象，那么这种产品或者服务工作就没有存在的必要。如果这种产品的用户少，用户不大爱用，或者一项服务工作，顾客少，不受欢迎，那么，这种产品或者服务工作就是不景气的，它也没有什么发展前途。所以，一切从用户出发，一切为用户着想，是价值工作的特点之一。

2. 以功能分析为核心

价值工程的核心是进行产品功能和所需费用的分析。这是价值工程独特的一种研究方法。因为用户要求的不是产品本身，而是产品所提供给他们的功能。价值工程所要研究的，就是用户所需必要功能的内容，和如何用最低费用实现必要功能的途径。

3. 以提高技术经济效益为目的

应用价值工程的目的是提高社会和企业的技术经济效益。这正是企业生产和经营的目的，也是我国经济建设中迫切需要解决的问题。价值工程通过研究产品（或作业）的功能和所需费用，达到提高产品价值的目的，以取得较好的技术经济效益。

4. 技术与经济工作相结合

技术与经济是一个统一体的两个方面，缺一不可。价值工程就是一种把技术和经济工作结合起来综合分析问题的方法。它指导技术人员要关心自己所从事工作的成本费用，经济工作人员要关心自己所从事经济工作的技术问题，而管理人员要善于把这两者紧密地结合好，这是提高企业技术经济效益的一个重要方面。价值工程把技术工作和经济工作结合起来，综合研究问题，克服了过去技术与经济脱节的现象。

5. 进行有组织的活动

应用价值工程要采取有组织的活动，发挥集体的智慧。价值工程的运用，依赖企业的经营管理、产品设计、试验研究、产品制造、物资供应、协作配套、生产组织、产品销售、技术服务等各个方面，需要运用产品设计、材料选择、制造工艺、技术经济分析、信息等各门学科的知识。因此，要依靠各方面专家的智慧和经验，系统将一切组织起来，进行有目的活动才能获得成功。

6. 采用系统分析方法

价值工程在分析研究对象时，采用系统分析方法。价值工程创始人拉里·迈尔斯曾指出：价值工程是一个完整的系统，这个系统运用各种已有的技术知识和技能，有效地识别哪些是多余的功能，从而改进产品，提高价值。

7. 价值工程以研制阶段为重点

产品的功能和寿命周期费用主要取决于研究设计阶段。据统计，产品成本70%~80%是由研制阶段决定的。设计和计划阶段的节约，是最大的节约，所以价值工程活动主要侧重在这一阶段。

四、提高价值的途径

从价值的定义式可知，价值的提高与功能和成本紧密相关，所以要提高某一产品的价值，必须从功能与成本两方面来考虑。提高价值有以下五种途径：

1. 应用新技术、新材料，在提高产品功能的同时，又降低产品成本

随着科学技术的进步，新技术、新材料的不断涌现，特别是价值工程活动的日益深入，人们在改进产品设计、研制更新换代产品时，有所创新，有所突破，既提高了产品的功能，又降低了产品的成本，比如从计算机的发展历史来看，随着科技进步，依次经历了电子管、晶体管和集成电路三阶段发展，其成本越来越低，但运算速度越来越快，体积也越来越小。

2. 功能不变，降低成本，提高价值

这是开展价值工程活动普遍采用的基本途径，也是企业提高经济效益常用的方

法之一。企业生产产品，在保证用户需求功能的前提下，当然是尽量降低成本，以提高企业的经济效益；用户购买产品，在保证所需功能的前提下，也自然是选购价格便宜的产品，以提高用户的资金效益。显然，这一途径多用于对现有产品的工艺改进、材料代用、结构简化等方面，以求在保证产品功能不变的条件下，降低产品的成本。特别需要指出的是，成本的降低不损害用户所需功能，否则，将根本违背价值工程活动的目的。

3. 功能有所提高，成本不变，提高价值

功能有所提高，成本不变。若产品的价格不变，功能提高，就会增强企业产品的竞争能力。用户花同样的钱，买到的是质量和性能更好的产品，必然扩大企业产品的市场。显然，这是一条企业和用户均会受益的途径。

这种措施对于美学功能在功能系统中占有较大比重的产品，其效果非常明显。像改变颜色、式样、包装等，无需增加成本，却可使功能有显著提高。

4. 功能略有下降，成本大幅度降低，提高价值

任何一种产品的用户都不会处在一个需求层次上，因此，企业必须生产不同功能档次的产品为适应各种层次用户的需求，虽然功能略有下降，但价格（成本）却大幅度降低，从而使产品的价值提高了。这样，不仅用户会得到经济实惠，企业也会因薄利多销而取得良好的经济效益。当然，这里需要指出的是，所谓功能略有下降，是以满足使用者需求为前提的，并在认真进行功能分析的基础上，确保产品的基本功能或不可缺少的使用功能，剔出不必要功能，削减过剩功能，从而使产品成本有较大幅度的下降。如手机处理器，联发科公司生产的手机处理器从性能上比高通公司略差一些，但价格却有大幅降低，所以多年来依然能够能在中低端手机市场上占得一席之地。

5. 提高功能，适当提高成本，大幅度提高功能，从而提高价值

一般而言，提高产品的功能往往会引起产品成本的提高。但是，当功能提高的幅度大于成本提高的幅度时，产品的价值也会提高。在市场竞争更加激烈的今天，企业要想提高市场占有率，增加市场竞争力，就必须不断推出新颖的、多功能的产品或具有“与众不同”功能的产品，只要用户喜欢，哪怕价格稍高一些，也会赢得顾客。

上述5种基本途径，仅是依据价值工程的基本关系式，从定性的角度所提出来的一些提高价值的思路，在价值工程活动中，具体选择提高价值途径时，则须进一步进行市场调查，依据用户的要求，按照价值分析的重点，针对不同途径的适用特点和企业的实际条件进行具体的选择。

四、价值工程的指导原则及工作程序

麦尔斯在长期实践过程中，总结了一套开展价值工作的原则，用于指导价值工

程活动的各步骤的工作。这些原则是：

（1）分析问题要避免一般化，概念化，要作具体分析。

（2）收集一切可用的成本资料。

（3）使用最好、最可靠的情报。

（4）打破现有框框，进行创新和提高。

（5）发挥真正的独创性。

（6）找出障碍，克服障碍。

（7）充分利用有关专家，扩大专业知识面。

（8）对于重要的公差，要换算成加工费用来认真考虑。

（9）尽量采用专业化工厂的现成产品。

（10）利用和购买专业化工厂的生产技术。

（11）采用专门生产工艺。

（12）尽量采用标准。

（13）以“我是否这样花自己的钱”作为判断标准。

这 13 条原则中，第 1 条~第 5 条是属于思想方法和精神状态的要求，提出要实事求是，要有创新精神；第 6 条~第 12 条是组织方法和技术方法的要求，提出要重专家、重专业化、重标准化；第 13 条则提出了价值分析的判断标准。

进行一项价值分析，首先需要选定价值工程的对象。一般说来，价值工程的对象是要禁社会生产经营的需要以及对象价值本身被提高的潜力。例如，选择占成本比例大的原料部分如果能够通过价值分析降低费用提高价值，那么，这次价值分析对降低产品总成上的影响也会很大。远定分析对象后需要收集对象的相关情报，包括用户需求、销售市场、科技技术进步状况、经济分析以及本企业的实际能力等。价值分析中能够确定的方案的多少以及实施成果的大小与情报的准确程度、及时程度、全面程度紧密相关。有了较为全面的情报之后就可以进入价值工程的核心阶段——功能分析。在这一阶段要进行功能的定义、分类、整理、评价等步骤。经过分析和评价，分析人员可以提出多种方案，从中筛选出最优方案加以实施。在决定实施方案后应该制订具体的实施计划、提出工作的内容、进度、质量、标准、责任等方面的内容，确保方案的实施质量。为了掌握价值工程实施的成果，还要组织成果评价。成果的鉴定一般以实施的经济效益、社会效益为主。

价值工程已发展成为一门比较完善的管理技术，在实践中已形成了一套科学的实施程序。这套实施程序实际上是分析问题、综合研究和方案评价的 3 个一般决策程序，通常是围绕以下 7 个合乎逻辑程序的问题展开的：

（1）价值工程的研究对象是什么？

（2）它的作用是什么？

（3）它的成本是多少？

（4）它的价值是多少？

（5）有无其他方法实现同样功能？

（6）新的方案成本是多少？功能如何？

（7）新的方案能满足要求吗？

按顺序回答和解决这 7 个问题的过程，就是价值工程的工作程序和步骤。主要是选择价值工程对象，收集情报，功能系统分析，功能评价，方案创造和评价，方案试验和提案，活动成果评价。其具体内容如下：

（1）选择价值工程对象

价值工程的主要途径是进行分析，选择对象是在总体中确定功能分析的对象。它是根营企业、市场的需要，从效益出发来分析确定的。对象选择的基本原则是：在生产经营上有迫切的必要性，在改进功能、降低成本上有取得较大成果的潜力。

（2）收集情报

通过收集情报，可以从情报中得到进行价值工程活动的依据、标准、对比对象，同时可以受到启发、打开思路，深入地发现问题，科学地确定问题的所在和问题的性质，以及设想改进方向、方针和方法。

（3）功能系统分析

功能分析也称为功能研究，对新产品来讲，也叫功能设计，是价值工程的核心。价值工程的活动就是围绕这个中心环节在进行。因为价值工程的目的是用最低的寿命周期成本，可靠地实现用户所需的必要的功能。所以，价值工程师对产品的分析，首先不是分析产品的结构，而是分析产品的功能，亦即从传统的对产品结构的分析（研究）转移到对产品功能的分析和研究。这样就摆脱了现存结构对设计思路的束缚，可广泛联系科学技术的新成果。找出实现所需功能的最优方案，提供了一种有效方法。

功能分析包括功能定义、功能分类和功能整理。功能定义是指用来确定分析对象的功能。功能分类是指确定功能的类型和重要程度，如基本功能、美观功能，必要功能、不必要功能等。功能整理是指制作功能系统图，用来表示功能间的“目的”和“手段”关系，去除不必要功能。

①确定功能定义。对功能要给予科学的定义，进行按类整理，理顺功能之间的逻细关系，为功能分析提供系统资料。

②功能整理。功能整理的目的是确切地定义功能，正确地划分功能类别，科学地确定功能系统，发现和提出不必要的功能和不正确的或可以简化的功能。

（4）功能评价

其目的是寻求功能最低的成本。它是用量化手段来描述功能的重要程度和价值，以找出低价值区域。明确实施价值工程的目标、重点和大致的经济效果。功能评价的主要尺度是价值系数，可由功能和费用来求得。此时，要将功能用成本来表示，以此将功能量化，并可确定与功能的重要程度相对应的功能成本。

（5）方案创新和评价

为了改进设计，就必须提出创新方案，麦尔斯曾说过，要得到价值高的设计，必须有20~50个可选方案。提出实现某一功能的各种各样的设想，逐步使其完善和具体化，形成若干个在技术上和经济上比较完善的方案。提出改进方案是一个创造的过程，在进行中应注意以下几点：

①要敢于打破框架，不受原设计的束缚，完全根据功能定义来设想实现功能的手段，要从各种不同角度来设想。

②要发动大家参加这一工作，组织不同学科、不同经验的人在一起商讨改进方案，互相启发。

③把不同想法集中，发展成方案，逐步使其完善。在提出设想阶段形成的若干种改进新方案，不可能十分完善，也必然有好有坏。

因此，一方面要使方案具体化，一方面要分析其优缺点，进行评价，最后选出最佳方案。

方案评价要从两方面进行：一方面要从满足需要、满足要求、保证功能等方面进行评价；另一方面要从降低费用，降低成本等经济方面进行评价。总之，要看是否提高了价值，增加了经济效果。

（6）方案试验和提案

为了确保选用的方案是先进可行的，必须对选出的最优方案进行试验。验证的内容有方案的规格和条件是否合理、恰当，方案的优缺点是否确切，存在的问题有无进一步解决的措施。并将选出方案及有关技术经济资料编写成正式提案。

（7）评价活动成果

在方案实施以后，需要对实施方案的技术、经济、社会效果进行分析总结。

以上工作程序和问题见表7.1。

表7.1　　价值工程一般工作程序

<table>
<tr><th rowspan="2">价值工程的工作阶段</th><th colspan="2">活动程序</th><th rowspan="2">对应问题</th></tr>
<tr><th>基本步骤</th><th>具体步骤</th></tr>
<tr><td rowspan="6">1. 分析问题</td><td rowspan="2">（1）确定VE工作对象</td><td>1）选择对象</td><td rowspan="2">①价值工程的研究对象是什么？</td></tr>
<tr><td>2）收集资料</td></tr>
<tr><td rowspan="2">（2）功能系统分析</td><td>3）功能定义</td><td rowspan="2">②它的作用是什么？</td></tr>
<tr><td>4）功能整理</td></tr>
<tr><td rowspan="2">（3）功能评价</td><td rowspan="2">5）功能评价</td><td>③它的成本是多少？</td></tr>
<tr><td>④它的价值是多少？</td></tr>
<tr><td>2. 综合研究</td><td>（4）方案创造</td><td>6）方案创造</td><td>⑤有无其他方法实现同样功能？</td></tr>
</table>

表7.1(续)

价值工程的工作阶段	活动程序		对应问题
	基本步骤	具体步骤	
3. 方案评价	（5）方案评价	7）概括评价	⑥新方案的成本是多少?
		8）指定具体方案	
		9）详细评价	
		10）方案评审	
	（6）方案实施	11）方案实施	⑦新方案能满足要求吗?
		12）成果评价	

第二节　VE 的组织与对象选择

选择价值工程活动的对象，就是要具体确定功能成本分析的产品与零部件。这是决定价值工程活动收效大小的第一个步骤。在一个企业里，并不是对所有产品都要进行价值工程分析，而是有选择、有重点地进行。这样就可以提高价值工程活动的效果，在工作量相同的情况下，力争取得最好的成效。一般地说，选择价值工程活动的对象，必须遵循一定的原则，运用适当的方法保证对象选择得合理。

一、对象选择原则

价值工程是就某个具体对象开展的有针对性的分析评价和改进，有了对象才有分析的具体内容和目标。价值工程的对象选择过程就是逐步收缩研究范围、寻找目标、确定主攻方向的过程。一般说来，对象的选择有以下几个原则：

1. 与企业生产经营发展相一致的原则

由于行业、部门不同，环境、条件不同，企业经营目标的侧重点也必然不同。企业可以根据一定时期的主要经营目标，有针对性地选择价值工程的改进对象。通常企业经营目标有如下九个方面：

（1）对国计民生影响较大的产品。

（2）国家计划任务和社会需要较大的产品。

（3）对企业经济效益影响较大的产品。

（4）竞争激烈的产品。

（5）扩大销售量，提高市场占有率的产品。

（6）计划延长产品寿命周期的产品。

（7）用户意见大，质量有待继续提高的产品。

（8）成本高、利润少的产品。

（9）出口创汇的产品。

2. 潜力大、易于提高价值的原则

对象选择要围绕提高经济效益这个中心，选择价值低、潜力大并和企业人力、设备、技术条件相适应，在预定时间能取得成功的产品或零部件作为价值工程活动对象。具体可以从下列几个方面分析和选择：

（1）从设计方面看，对产品结构复杂、性能和技术指标差距大、体积大、重量大的产品、部件进行价值工程活动，可使产品结构、性能、技术水平得到优化，从而提高产品价值。

（2）从生产方面看，对数量多、关键部件、工艺复杂、原材料消耗高和废品率高的产品或零部件，特别是对量多、产值比重大的产品，如果把成本降下来，所取得的总的经济效果会比较大。

（3）从市场销售方面看，选择用户意见多、系统配套差、维修能力低、竞争力差、利润率低的，或者选择市场上畅销但竞争激烈的产品。对于新产品、新工艺和寿命周期较长的产品也可以列为重点。

（4）从成本方面看，选择成本高于同类产品、成本比重大的，如材料费、管理费、人工费等。推行价值工程就是要降低成本，以最低的寿命周期成本可靠地实现必要功能。

根据以上原则，对生产企业，有以下情况之一者，应优先选择为价值工程的对象：

①结构复杂或落后的产品。

②制造工序多或制造方法落后及手工劳动较多的产品。

③原材料种类繁多和互换材料较多的产品。

④在总成本中所占比重大的产品。

对由各组成部分组成的产品，应优先选择以下部分作为价值工程的对象：

①造价高的组成部分。

②占产品成本比重大的组成部分。

③数量多的组成部分。

④体积或重量大的组成部分。

⑤加工工序多的组成部分。

⑥废品率高和关键性的组成部分。

二、分析对象选择方法

价值工程研究对象选择往往要兼顾定性分析和定量分析，因此，研究对象选择的方法有多种，不同方法适宜于不同的价值工程研究对象。应根据具体情况选用适当的方法，以取得较好的效果，下面分别介绍如下：

定性的方法主要有经验分析法和寿命周期分析法。

1. 经验分析法

经验分析法也称因素分析法。这种方法是根据经验，运用智慧对各种影响因素进行综合分析，区分主次与轻重，充分考虑所选对象的必要性和可能性，尽可能准确地选择出价值工程改善对象。

该方法简便易行，考虑问题比较全面，不需要对有关人员作特殊培训，特别是在时间紧迫或企业资料不完善的情况下，效果明显。但此方法缺乏定量分析，精确程度较差，对象选择是否适当，主要取决于分析人员的经验、知识和责任心，可结合决策树分析法使用。一般用于下列情况：

（1）供选择的对象，其条件比较悬殊。

（2）预计所考虑的对象能够提高经济效益的差异比较明显的。

（3）在繁多的产品、品种（或零部件）中，粗略筛选工作对象。

2. 寿命周期分析法

产品寿命周期是指产品从投入市场开始直至被淘汰为止所经历的时间，实际是指产品的技术寿命。这段时间一般按产品在市场上的销售量的多少分为投入期、发展期（成长期）、成熟期（饱和期）、衰退期四个阶段。

使用产品寿命周期分析法，首先确定产品在寿命周期中处在哪个阶段，然后采取相应措施提高产品的价值。

（1）对于处在投入期的新产品，价值工程活动的重点是使产品的功能和成本尽可能满足用户的要求，使产品具有较大价值，投入市场就能扩大销售，有较大盈利空间。

（2）对于处在发展期的产品，价值工程活动的重点是改进产品的工艺和物资供应条件，增加产量并扩大销售量。

（3）对于处在成熟期的产品，首先是少许投资尚能较大降低成本或增加功能的产品，要着重进行价值工程分析。再就是产品销售已下降，但对购买力低的用户尚有吸引力的产品，也应着重价值分析。在该阶段，要努力降低成本和提高功能，增强产品竞争能力，并应抓住时机进行更新换代的研制工作。尽快开发新产品，一旦产品进入衰退期，应立即向市场投入具有更高价值的新产品。

定量的方法主要有百分比分析法、ABC 分析法以及我们后面将会提到的强制确定法和价值系数法等。

2. 百分比分析法

百分比分析法是一种通过分析某种费用或资源对企业的某个技术经济指标的影响来选择价值工程对象的方法。

【例 7.1】某公司拟开发 5 种类型产品，在各项功能基本相同的前提下，其成本比重与利润比重见表 7.2 所示。

表 7.2 产品成本比重及利润比重

产品	成本比重（%）	利润比重（%）	价值工程对象选择
A	35	20	
B	20	30	
C	25	10	
D	12	25	
E	8	15	
合　计	100	100	

【解】从表 7.2 可知，A、C 两种类型产品的成本比重大于利润比重，故将 A、C 两产品作为价值工程的分析对象，研究降低其成本的途径。

3. ABC 分析法

ABC 分析法是一种运用数理统计的分析技术原理，按照局部成本在总成本中的比重大小来选择价值工程对象的方法，国外把这种方法叫帕雷托分析法。此法是选择价值工程对象最常用的方法之一。其基本原理是在选择价值工程对象时，要分清主次、轻重，区别关键的少数和次要的多数，根据不同的情况进行分类对待。

ABC 分类法是意大利经济学家帕雷托（Perato）于 19 世纪引入经济管理的，他在分析研究本国财富分配状况时从大量的统计资料中发现，占人口比例小的少数人，拥有绝大部分社会财富，而占有少量社会财富的则是大多数人，ABC 分类法应运而生。后来在生产实践中，人们发现经济管理活动也存在此种不均分布的规律，因而，逐步把帕雷托的 ABC 分类法的原理和方法应用于选择价值工程活动的对象，效果十分显著。

ABC 分析法根据研究对象对某项技术经济指标的影响程度，通过研究对象的成本和数量比例，把拟研究对象划分成主次有别的 A、B、C 三类。将举足轻重的划为 A 类，作为价值工程的研究对象。通过这种划分，准确地选择价值工程改善对象。ABC 分类的参考标准见表 7.3 所示。

表 7.3 ABC 分类的参考标准

分类	累计成本比重（%）	数量比重（%）
A 类	70	10
B 类	20	20
C 类	10	70

在运用上述标准时，成本标准是最基本的，数量标准仅作为参考。ABC 分析法的步骤如下：

（1）确定每一对象的成本。

（2）计算每一对象的成本与总成本的百分比，即成本比重，并依大小顺序排列编表。

（3）按顺序累计研究对象的成本比重，当成本比重累积到（70%左右时，视为A类；当成本比重累计介于70%~90%之间时，除掉A类以后的为B类，其余则为C类。

【例7.2】某土建工程共需购买10种混凝土构配件，总成本为189.8万元，各构配件成本与数量见表7.4所示。用ABC分析法选择价值工程对象。

表7.4　　构配件成本与数量表

编号	1	2	3	4	5	6	7	8	9	10	Σ
成本(万元)	80	60	15	12	8	5	3	2.5	2.2	2.1	189.8
构件数量	1	1	2	1	2	4	3	2	3	2	21

【解】将10种混凝土构配件按成本大小依次排列填入表7.4的序号1。

计算出各混凝土构配件的累计成本比重，填入表7.4的序号2。

计算出各混凝土构配件的数量比重，填入表7.4的序号3。

计算出各混凝土构配件的累计数量比重，填入表7.4的序号4。

分类累计成本比重归并和分类累计数量比重归并，填入表7-5的序号5、6。

根据表7.3的分类标准，混凝土构配件划分类别见表7.5的序号7。

表7.5　　ABC分类

序号	编号	1	2	3	4	5	6	7	8	9	10
1	成本比重（%）	42.15	31.61	7.90	6.32	4.21	2.63	1.58	1.32	1.16	1.11
2	累计成本比重（%）	42.15	73.76	81.66	87.98	92.19	94.82	96.40	97.72	98.88	99.99
3	数量比重（%）	4.76	4.76	9.52	4.76	9.52	19.05	14.29	9.52	14.29	9.52
4	累计数量比重（%）	4.76	9.52	19.04	23.8	33.32	52.37	66.66	76.18	90.47	99.99
5	分类累计成本比重归并	73.76%		18.43%			7.80%				
6	分类数量比重归并	9.52%		23.80%			66.67%				
7	类别	A		B			C				

由表7.5可知，A类混凝土构配件的成本约占总成本的74%，为价值工程的重点研究对象。在工程实施中应控制好构件1、2的采购成本，同时 避免施工中发生浪费现象。

三、信息资料情报收集

在VE活动中，收集情报的工作是非常重要的。一般说，情报收集得越多，提高价值的可能性就越大。因为通过情报，可以对有关问题进行分析对比，而通过对比往往使 VE 人员受到启发，打开思路，发现问题和找出差距，可以找到解决问题的方向和方法，可以从情报中找到提高价值的依据和标准。因此，在一定意义上可以说 VE 成果的大小在很大程度上取决于情报收集的质量、数量与适宜的时间。

价值工程情报，就是以价值工程为主体，对其有关客体的内容通过识别、加工、整理、分析、综合、判断、选择等方式获得有用的资料，并为价值工程活动提供信息。

情报是为了达到某种特定目的而收集的。因此要着眼于寻找改进依据，要在庞大的总体系统中找出需要改进的薄弱环节，必须有充分的情报作为依据，如功能分析时需要经济情报，在此基础上才能创造性地运用多种手段，正确地进行对象选择和功能分析。

1. 情报收集需要注意的方面

（1）情报收集要广泛，要掌握全面的信息，以便从全局去观察、研究和分析问题，避免出现片面的结论。同时要注重所收集的信息资料应是可靠无误的。错误的信息会导致错误的结论，导致错误的决策，这关系到企业的兴衰成败，所以信息要真实可靠。

（2）收集信息资料的目的必须明确，力求避免盲目性。目的性就是要解决“专”的间质，即对每个问题要有深入细致的资料。

（3）收集情报前，要了解对象和明确范围，只有对对象的功能及寿命周期有足够的了解，才能透过现象弄清本质，与用户的真正要求作比较，有效地进行研究分析。

（4）要注意时间的重要性，错过时机无可挽回，因而信息要及时，才能适应国民经济迅速发展、市场需求瞬息万变、竞争激烈的需要。

2. 情报收集的内容

由于 VE 对象不同，需要收集的情报也有所不同。原则上讲应将产品研制、生产、流通、交换、消费全过程中的有关情报都收集起来，并对其进行整理和分析。VE 的情报内容大致有如下几个方面：

（1）用户方面的情报

用户方面的情报对价值改善具有规定性作用，是产品设计的基本依据。主要包括如下内容：

①用户的基本要求。用户要求产品必备的基本功能及其水平；对产品寿命与可靠性要求；希望价格降低幅度及交货时间；对技术服务的具体要求；对产品所产生副作用的最高限度等。

②用户的基本条件。用户所处的销售地区及其市场阶层；用户的经济条件及购买力水平；用户的文化水平及操作能力；用户的使用环境及维修、保养能力等。

（2）销售方面的情报

销售方面的情报对价值改善具有指导性作用，是确定产品设计目标的重要基础。

主要包括如下内容：

①产品方面。产品销售的市场范围及其发展趋势；产品销售数量的演变及其缘由；国家需求计划与市场需求预测；产品的技术现状及其发展的可能。

②竞争方面。主要竞争对手的技术经济现状及其未来发展趋势；竞争对手的主要特性与问题；名牌产品的优势与特色；各企业的产量、销量以及售后服务等。

（3）技术方面的情报

技术方面的情报，对价值改善具有方向性作用，是改进设计的主要来源。主要包括如下内容：

①科技方面。有关的科研成果及其应用情况新结构、新材料、新工艺的现状及其发展；标准化的具体要求及其存在问题；国内外同类产品的开发与研究方向。

②设计方面。产品设计的主要功能标准与其相关要求；产品的结构原理及零部件配合的先进程度；材料价格、尺寸、精度；产品造型的适时程度及其体积、重量、色泽的发展趋向。

（4）成本方面的情报

成本方面的情报，对价值改善具有参考性作用，是确定成本目标的参照系统。主要有如下内容：

①同类企业成本。同类企业的生产成本、使用成本；主要原材料、能源费用的构成情况及其变化趋势；车间经费、企业管理费等有关资料；产品及其组件等历史资料中的最低成本。

②供料企业成本。供料企业成本的变动，必将引起供应材料价格的变动。具体包括原材料、燃料生产企业的各种成本的现状；各个历史时期的发展变化情况；未来发展的趋势与可能。

（5）本企业的情报

①经营状况。指企业的经营思想、方针、目标；企业的近期发展与长远发展规划；企业的经营品种与相应产量、质量情况；企业的技术经济指标在同类企业中所处的地位。

②综合能力。指企业的开发、设计、研究能力；技术经济的总体水平；施工生产的能力；施工机械等技术装备情况；保证产品质量的能力；按时交货能力及应变能力等。

（6）协作企业的情报

协作企业的情报，对改善价值具有制约的作用，它是产品开发设计可能性的外界因素，主要包括如下内容：

①涉及对象。产品开发、设计所涉及的原材料、辅助材料、半成品、外协件的品种，规格、数量、质量以及订货的难易程度。

②企业概况。经常性的供应与协作企业地区分布、距离、交通运输、联络的难易程度；企业的经营管理水平，质量、价格、信誉情况；企业的长远发展趋势与可

靠性状况。

(7) 政府社会部门法规和条例方面情报

法规、条例等信息包括国家的新经济政策；有关产品的优惠政策；有关部门的技术政策、能源政策；有关部门的对外贸易、技术引进，以及环保方面的法规等。

需要收集的情报很难一一列举，但收集情报时要注意目的性、可靠性、适时性。收集情报要事先明确目的，避免无的放矢。要力争无遗漏又无浪费地收集必要的情报。情报是行动和决策的依据，错用了不可靠的情报会导致 VE 活动的失败。准确的情报只有在需要使用时提出才有价值，过时的情报毫无用处，如果不能及时得到必要的情报，VE 活动就无法进行下去。

第三节 功能分析和评价

价值工程旨在提高研究对象的价值，其目的是以对象的最低寿命周期成本实现使用者所需功能，以获取最佳的综合效益。显然，要想提高对象价值，获取最佳的综合效益，必须抓住对象的本质——功能。为此，只有通过功能系统分析，才能加深对功能的理解，探索功能要求，明确功能的性质和相互关系，并使功能数量化，进而对研究对象进行价值评价和成本评价，以利于方案创新。

功能分析是价值工程活动的核心和基本内容，它通过分析信息资料，用动词和名词的组合方式，简明正确地表达各对象的功能，明确功能特性的要求，并绘制功能系统图，从而弄清楚产品各功能之间的关系，以便去掉不合理的功能，调整功能间的比重，使产品的功能结构更合理。功能系统分析包括功能定义、功能整理和功能计量等内容。通过功能系统分析，回答对象“是干什么用的”的提问，从而准确地掌握用户的功能要求。

一、功能分类

既然功能是满足某种需求的一种属性，那么，凡是满足用户需求的任何一种属性都应属于功能的范畴。功能的概念是广义的，它随着研究对象的不同，可以有多方面的含义，如就一个机构、一项活动来说，其功能可以解释为其所具有的特定职能或任务。

例如表可以显示时间，还能防水、防磁、防能。显然，这些属性并非一样。如不能显示时间，就无法称其为手表；若不能防水，也就很难保证其可靠准确地显示时间。但对十大多数用户而言，手表缺乏防水功能并不一定就认为手表不能使用。一个产品可以有多种功能，为了更好地研究这些不同的功能，首先需要将功能进行分类。

1. 从功能的重要程度角度看可分为基本功能和辅助功能

（1）基本功能。基本功能是与对象的主要目的直接有关的功能，是对象存在的主要理由。一个产品可以有多种功能来满足用户对产品所提出的各种要求，其中能满足用户基本要求的那一部分功能就是产品的基本功能，它是产品存在的基本条件，也是用户购买产品的主要原因。显然，一件产品并不一定只具有一项基本功能。例如，手表的基本功能是显示时间，而闹钟的基本功能是显示时间和定时产生响声。由于基本功能是用户需求的基本原因，因此不能由设计者或企业加以改变，相反却要想方设法给予保证。

（2）辅助功能。辅助功能是为更好地实现基本功能服务的功能。辅助功能又称为二次功能，是为有效地实现基本功能而添加的功能。其作用虽然相对于基本功能是次要的，但它是实现基本功能的重要手段。例如，手表的基本功能是显示时间，而防水、防磁、防震则是为了更准确地显示时间而附加的辅助功能。又如，电视机的遥控功能就是为使基本功能能够得到更方便的实现而附加的辅助功能。

由于辅助功能是由设计者附加上去的功能，当然是可以改变的，所以，应该在确保基本功能实现的前提下，根据需要和可能来增加或剔除辅助功能。从开展价值工程活动本身来说，改进辅助功能是开展价值工程活动的重要课题，也是降低成本潜力较大的地方。

需要指出的是，随着科学技术的进步和用户需求的变化，基本功能和辅助功能的划分是相对的，有时辅助功能也可以转化为基本功能。例如，洗衣机的基本功能曾经是洗涤衣物，而自动、半自动、漂洗、脱水等为其辅助功能。但发展到目前的“全自动”洗衣机时，由于可以根据需要来预选操作程序，“自动洗涤”就成为其基本功能了。

2. 从用户对功能需求角度看分为必要功能和不必要功能

按用户的要求可分为必要功能和不必要功能。必要功能是为满足使用者需求而必须具有的功能，不必要功能是对象所具有的、与满足使用者的需求无关的功能。

必要功能是用户所必要的功能，它包括基本功能与辅助功能，基本功能一定是必要功能，而辅助功能既有必要的部分，也可能包含有不必要的部分。不必要功能的发生，可能源于生产厂家的失误，也可能源于用户不同的要求。因此，区分功能必要与否，必须以用户的需求为准绳，而不能凭生产厂家的主观臆断。发现不必要功能并剔除不必要功能，正是价值工程活动中研究功能的重要目的。当然，功能是否必要，对于不同用户来说，有不同的划分标准，因此，在产品设计时，要有明确的市场目标群体才能准确地划分必要功能与不必要功能。

3. 从功能的性质角度看可分为使用功能和美学功能

（1）使用功能。使用功能是对所具有的与技术经济用途直接有关的功能，凡是从产品使用目的方面所提出的各项特性要求都属于使用功能，也就是产品及其组成部分的实际用途或给用户带来的效用，并体现用户要求效用的程度，如可靠性、安全性、维修性、操作性和有效性等。使用功能是用户最关心的功能。它们往往通过基本功能或辅助功能来体现，如热水瓶的保持水温、手表的显示时间和计时均是使用功能。

确定产品使用功能不仅要考虑使用目的（用户所要求的效用），也要考虑使用时间与条件，还要考虑企业的经营方针、生产技术水平及用户的购买能力。只有这样，才能使产品的使用功能既满足用户需求，又符合社会利益（如环境保护等）。

（2）美学功能。美学功能是与使用者的精神感觉、主观意识有关的功能，如贵重功能/美学功能、外观功能、欣赏功能等。美学功能是在满足用户对使用功能要求的前提下，为了吸引用户，提高竞争能力，在贵重、美学、外观、欣赏等方面所提供的功能，如产品的结构、造型、色彩、数字符号、商标图案、包装装潢等。美学功能多通过辅助功能来实现，但像工艺品、装饰品的美学功能则属于基本功能。

有些产品只要求使用功能，不要求美学功能，如矿产资源、地下管道及其他无须外观要求的产品。有些产品却只要求美学功能，一般不要求使用功能，如工艺品等。但对大多数产品来说，则既有使用功能，又有美学功能，只不过因产品性质、经济发达程度、民族特点、风俗文化的不同，使用功能与美学功能的构成比例不同而已。但随着生产的发展和生活水平的不断提高，美学功能越来越显示出重要的作用。

4. 从功能的满足程度角度看，可分为不足功能和过剩功能

不足功能是对象尚未满足使用者需求的必要功能，过剩功能是对象所具有的、超过使用者需求的必要功能。不足功能既可以表现为产品的整体功能在数量上低于某一确定标准，也可以表现为某些零部件的功能对于产品整体功能的需求，而这些都必然导致产品在使用中表现为功能不足以满足使用者的需求。如手表的准确性不够，洗衣机把衣服洗得不够干净，钢笔墨水流出不够均匀等。过剩功能虽然从定性的角度看属于必要功能，但在数量上超过了使用者的需求。它可以表现为产品的整体功能在数量上超过了某一确定标准，也可以表现为某些零部件的功能超出产品整体功能的需求，造成了资源的浪费。例如国家规定的某汽车报废里程限额为 30 万公里，但该汽车在运行了 30 万公里后其主要零部件依然性能稳定，可以继续安全运行 5 万公里，那么该汽车的主要零部件相对于用户而言就属于过剩动能。过剩功能虽然从功能角度相对用户来说没有造成问题，但增加了不必要的成本，提高了产品的价格，削弱了产品的市场竞争力。

功能是对象满足某种需求的一种属性。这也就是说，在价值工程活动中，功能作为一种属性是价值工程对象所固有的性质，是客观存在的。它不随时间、地点、条件和人的主观感受而变化，与需求偏好和特点有关，可以用客观的技术指标来衡量。但作为满足某种需求的一种属性，即与人的主观感受有关。这种主观感受不仅含有心理因素，还有技术因素、经济因素和其他因素，是这些因素的结合统一，由用户在市场购买时进行评估。因此，功能又是主观的。因此在对功能进行描述时，

是需要建立在充分的市场调查的基础之上的。

功能的客观属性取决于功能载体的客观性，但功能与其载体在概念上应该分开。因为用户购买物品时需要的是它的功能，而不是物品本身，只要功能相同，物品是可以替代的，像防火纸替代石棉板那样。由于人们需求的本质是产品的功能，而同一功能具有多个载体，为实现同一功能，也可能有多种手段。所以，功能可以与现有载体或手段相分离，从而可以去寻找替代的新载体或新手段。例如，显示时间可由手表实现，也可以由手机实现；既可以是指针显示，也可以是液晶显示。电子管电路的功能先后由晶体管电路、集成电路实现，当然，这种实现已不是简单的载体替代或功能扩展，而是一种创新。从开展价值工程活动的实践看，功能载体的替代在价值工程初始阶段多表现为资源（特别是材料）的替代，但随着价值工程活动的深入开展，以功能创新的结构替代原有结构，特别是局部功能结构创新影响产品发生质变的应用实例越来越多。

二、功能定义

功能定义，是通过对产品与其各组成部件的逐一解剖而认识它在产品中的具体效用，并用简明扼要的语言给予结论上的表述。这一认识与表述的过程，就是功能定义。因为无论是产品或零部件，从现象来说它们具有作为物品所特有的外形或材质，及其所表现的物理性能。而功能定义就是要透过这些表面上的现象找出隐藏在背后的特性，从中抽出本质的东西——功能，并一项一项地加以区别和限定，特别是要把它们的关系搞清楚。显然，功能定义的过程，就是将实体结构向功能结构抽象化的过程，即透过现象看本质的过程。功能定义的方法主要如下：

1. 使用功能的定义方法

使用功能大多是以一定的动作行为作用于某一特定的对象。由于动作行为必然以动词来表述，被作用的对象是动词的宾语。因此，对使用功能下定义时，要用动词和名词构成的动宾词组来描述。动宾词组作为功能定义的主要形式，不仅适用于使用功能，还适用于基本功能的定义。

2. 辅助功能的定义方法

辅助功能的定义是对产品基本功能实施过程中的辅助性要求所进行的限定与描述。例如，收音机的基本功能是“发生音响信息”，其辅助功能有：音质优美、性能稳定、造型大方、色泽美观等。

3. 美学功能的定义方法

对美学功能下定义，就是对研究对象所具有的外观、特性或艺术水平进行定性的表述。一般情况下，对象的外观、特性或艺术水平用形容词来描述，由此构成一个名词加形容词的陈述与被陈述关系的主谓词组。例如，前述收音机的美学功能造型大方、色泽美观就是这种结构。

在给功能下定义时，必须注意以下几点：

1. 抓住功能本质

在给功能下定义时要围绕用户所要求的功能，对事物进行本质思考。只有这样，才能正确理解产品应具备的功能，才能抓住问题的本质。有些产品之所以给用户提供不必要的功能、过剩功能或漏掉用户所需要的功能，或功能水平不能满足用户要求等，往往是由于设计者没有从用户的要求出发，真正理解产品应具备的功能而造成的。所以说，能否抓住问题的本质来准确描述功能定义，对价值工程活动的好坏与成败有着重大的影响。

2. 表达准确简明

对于产品及其组成部分的功能定义的正确与否，直接关系到以后价值工程活动的成果。因此，必须定性准确，否则，以后在改进产品及产品组成部分的功能时，就会发生混乱现象。例如，钢笔的功能定义，如果认为是“写字”，这种表述就是不太合适的，因为这是站在人们使用钢笔的角度出发来给钢笔下的定义，所以，定性不准。如果站在客体的立场来给钢笔下功能定义，则可以是“有节奏均匀地流出墨水”，这就相对定性准确些了。再如气压表的功能定义，如果描述为“测量压力”，这虽然是站在客体的立场上给气压表下的功能定义，但也不够精确。而应该是“测压准确”或者是“精确地测量压力”。因为，一个不精确的气压表是没有使用价值的。为此，有时在给产品下功能定义时，还要加上一个对客体功能说明的规定性副词。通过这样准确性的描述，才能为今后改进产品的功能指出方向。还要注意功能定义的表达必须简单明了，切合实际，不可一词多义，含糊不清。

3. 尽可能定量化

尽可能使用能够测定数量的名词来定义功能，以便于在功能评价和方案创造过程中将功能数量化，利于价值工程活动中的定量分析。例如，吊车的功能，不能用“起吊物品”，因为物品这种表述是无法测量的。若改用“起吊重物”的表述，这就可以通过吊车的起重重量来具体量化，而且，在评价功能和成本高低时，就有了定量化的依据。

4. 要考虑实现功能的制约条件

虽然功能定义是从对象的实体中抽象“功能”这一本质的活动，但在进行功能定义时，不能忘记可靠的实现功能所应具备的制约条件。例如，对轴承和润滑油的功能，则不能简单地定义为减少摩擦，而应根据其特点（制约条件）描述为“减少滚动摩擦”或“减少滑动摩擦”。

在功能定义时，应该考虑的实现功能所需要的制约条件有：

（1）功能承担对象是什么？

（2）实现功能的目的是什么？

（3）功能何时实现？

（4）功能在何处实现？

（5）实现功能的方式有哪些？

（6）功能实现的程度怎样？

5. 注意功能定义表述的唯一性

在给功能下定义时，对研究对象及其构成要素所具有的功能要一项一项地明确，每一项功能只能有一个定义。若一个构成要素有几项功能，就要分别逐项下定义。如暖水瓶外壳有两项功能，则要分别定义为“保护瓶胆”和“美化外观”。而若几个构成要素同时具有某一项功能，则这些构成要素的功能定义中都应具有这一功能定义，也就是说，不论构成要素具有几成功能，还是功能需要几个要素同时实现，都要满足某一特定功能必须对应于唯一的确定的功能定义。

功能定义确定以后，为了保证其准确无误，还可以通过以下检查提问的办法来验证：

（1）是否用主调词组或动宾词组简明扼要地对功能下定义？

（2）对功能的理解是否一致？

（3）功能的表达是否一致？

（4）功能定义是否存在遗漏之处？

（5）功能的表达是否有利于定量化？

（6）给功能下定义时，是否考虑扩大改进思想？

（7）是否存在凭主观推断对功能下定义的现象？

（8）是否考虑了功能实现的制约条件？

（9）是否存在无法下定义的功能？

（10）是否每项功能只有一个定义？

三、功能整理

所谓功能整理，就是在功能定义的基础上，按照功能之间的逻辑关系，把产品构成要素的功能按照一定的关系进行系统的整理与排列，然后绘制功能系统图，以便从局部与整体的相互关系上把握问题，从而达到掌握必要功能和发现不必要功能的目的，并提出改进的办法。对产品及其零部件进行功能定义和功能分类，这只是单独对各个零部件进行功能分析，而没有研究它们之间的内在依存关系。一个产品所属的零部件在结构上既相对独立，又相互联系；产品功能通过各零部件功能的相互联结得到实现，所以一个产品既存在一个结构系统，又存在一个功能系统，而功能系统是更本质的东西，是生产者和使用者最终的目的。所以，我们必须从功能的角度去分析研究产品各零部件担负的功能，零部件越多，它们之间的关系也越复杂。特别是一件大型产品，其零部件十分繁多，功能之间的内在关系错综复杂，如果不从功能系统的角度进行研究分析，就很难看清各个功能之间的逻辑关系及其重要程度。这样，就不便于开展价值工程活动。因此，需要进一步加以整理。

功能整理的作用主要如下：

（1）明确功能体系关系。功能体系主要由两种关系构建：一种是从属关系，即某一部分功能是从属于另一部分功能的，表现为“目的与手段”的关系，手段是从属于目的的，是为目的服务的；另一种是并列关系，即它们在功能系统中相互独立，都是为了达到同一目的而设置的功能。通过功能整理，可以明确哪些是目的功能，哪些是手段功能，它们又是由哪些零部件（构成要素）来实现的。进而可以从大量的功能中明确它们之间的层次和从属关系，明确它们是如何组成与产品结构相对应的体系来实现产品总体功能的，并进一步整理出一个与产品结构系统相对应的功能系统来。

（2）判别功能必要性。在功能整理过程中，可能会发现某些特有目的或无法连接上下位关系的功能，那么，这些功能是否必要，就会突显出该功能的零部件是否必要的问题，就很值得进一步探讨了。如果目的功能十分肯定，却找不到手段功能，就需要考虑是否应追加或补充其下位功能。同样，当有若干项手段功能为同一目的功能服务时，则要考虑是否存在重复功能的问题。

（3）检查功能定义准确性。在进行功能整理时，有时会发现有的功能找不到其目的功能。这种没有目的功能是否就是不必要功能呢？这时候还需要重新审核已有的功能定义。因为，有可能是功能定义表达不当，以致形成了目的性不明确的功能项目；或者是在功能定义过程中，遗漏了其目的功能。通过功能整理，进一步检查功能定义，通过修改和补充，已达到完善功能定义的目的。

（4）奠定功能定量分析基础。功能分析的最终步骤是功能定量分析，通过功能整理，可以定性地分析出各单项功能之间的内在逻辑关系，并绘制出各功能系统框图，最终为进行有效的功能定量分析提供依据。

（5）明确改进重点。通过功能整理，可以清晰透彻地了解产品功能系统与产品结构系统的对应关系，可以准确地划分功能区域，并相应地确定价值工程活动的范围，做到抓大放小，突出重点，避免盲目低效价值工程工作。

2. 功能整理的一般程序

功能整理的主要任务就是建立功能系统图。因此，功能整理的过程也就是绘制功能系统图的过程，其工作程序如下：

（1）编制功能卡片。把功能定义写在卡片上，每条写一张卡片，这样便于排列、调整和修改。

（2）选出最基本的功能。从基本功能中挑选出一个最基本的功能，也就是最上位的功能（产品和目的），排列在最左边。其他卡片按功能的性质，以树状结构的形式向右排列，并分别列出上位功能和下位功能。

（3）明确各功能之间的关系。逐个研究功能之间的关系，也就是找出功能之间的上下位关系。

（4）对功能定义作必要的修改、补充和取消。

（5）按上下位关系，将经过调整、修改和补充的功能，排列成功能系统图。

功能系统图是按照一定的原则和方式，将定义的功能连接起来，从单个到局部，再从局部到整体而形成的一个完整的功能体系，其一般形式如图 7.2 所示。

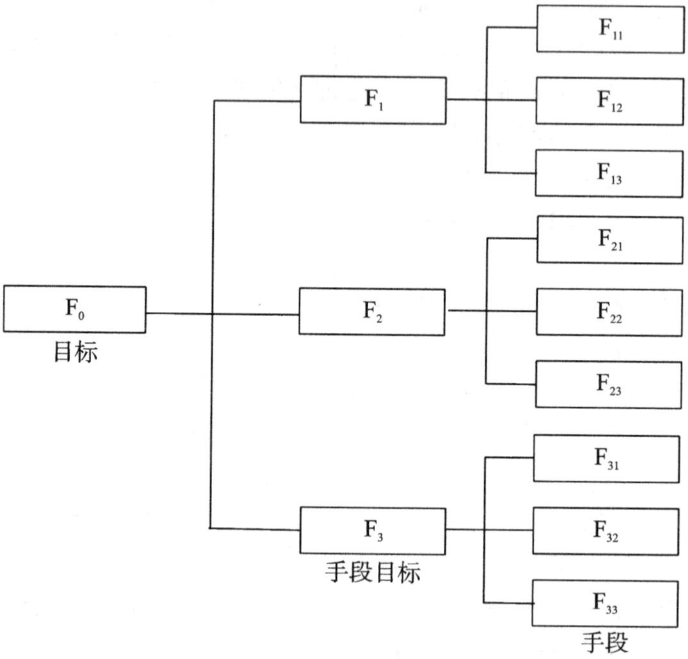

图 7.2 功能系统图

在图 7.2 中，从整体功能 F_0开始，由左向右逐级展开，在位于不同级的相邻两个功能之间，左边的功能（上级）是右边功能（下级）的目标，而右边的功能（下级）是左边功能（上级）的手段。

四、功能计量

功能计量是以功能系统图为基础，依据各个功能之间的逻辑关系，以对象整体功能的定量指标为出发点，从左向右地逐级测算、分析，确定出各级功能程度的数量指标，揭示出各级功能领域中有无功能不足或功能过剩，从而为保证必要功能、剔除过剩功能、补足不足功能的后续活动（功能评价、方案创新等）提供定性与定量相结合的依据。

功能计量又分为对整体功能的量化和对各级子功能的量化。

（1）整体功能的量化。整体功能的量化应以使用者的合理要求为出发点，以一定的手段、方法确定其必要功能的数量标准，它应能在质和量两个方面充分满足使用者的功能要求而无过剩或不足。整体功能的量化是对各级子功能进行计量的主要依据。

（2）各级子功能的量化产品整体功能的数量标准确定之后，就可依据“手段功能必须满足目的功能要求”的原则，运用目的—手段的逻辑判断，由上而下逐级推算、测定各级手段功能的数量标准。各级子功能的量化方法有很多，如理论计算法、技术测定法、统计分析法、类比类推法、德尔菲法等，可根据具体情况灵活选用。

五、功能评价

通过功能定义和功能整理，明确了用户所要求的功能，仅仅是定性地解决了“功能是什么”的问题。而要有效地开展价值工程活动，还必须解决“功能的成本是多少”和“功能的价值是多少”的问题，即通过对功能进行定量的分析，确定重点改善的功能，这才是功能评价所要解决的问题。

所谓功能评价，是指对通过功能系统分析所确定的功能领域进行定量化计算，并定量地评价功能价值，从而选出功能价值低、改善期望值大的功能作为价值工程的重点改进对象的活动。依据价值工程的基本关系式 $V = F/C$ ，要定量地评价功能价值，必须先将功能和成本数量化。成本可以用货币单位直接进行定量度量，但功能却不同。一方面，大多数功能不易用数量准确计量；另一方面，有些功能虽可能直接计量，但一个产品各项功能的计量单位也会不尽相同，须找出一个共同的标准才能进行比较和评价；就是计量相同，也往往不能进行简单的计算与比较。因此，功能评价的关键是将功能数量化，即对功能价值进行测定与比较。

功能评价，实际上就是指找出实现功能的最低费用作为功能的目标成本（又称功能评价值）和两者的差异值（改善期望值），然后选择功能价值低、改善期望值大的功能作为价值工程活动的重点研究对象。功能评价工作可以更准确地选择价值工程研究对象，同时，制定目标成本有利于提高价值工程的工作效率，提高工作人员的信心。

1. 计算功能现实成本

功能成本的核算工作与产品成本的核算工作存在着差异，后者是以产品作为成本核算对象并归集成本，前者则是以功能作为核算对象来归集成本。功能成本核算时会遇到这样一些情况：一个功能是由若干个零部件或若干个其他功能组成；一个零部件或者一个功能可同时支持若干个功能。为了能较正确地计算功能成本，常常需要编制功能成本分析表，如表 7.6 所示。

表 7.6　　功能成本分析表

零件名	零件成本（元）	功能							
		F_{11}		F_{12}		F_{13}		F_{14}	
		成本系数	成本	成本系数	成本	成本系数	成本	成本系数	成本
A	500	0.4	200			0.6	300		
B	240	0.5	120	0.5	120				
C	300			0.8	240	0.2	60		
D	600	0.2	120			0.1	60	0.7	420
合计	1 640		440		360		420		420

其编制方法如下：

（1）将功能系统图中各个独立功能、组成部分（零部件）以及成本列入表中。

（2）分析各个零件在上述功能中承担的作用，分别列入功能栏中。为了便于测算，尽可能将零件的作用按其在各个功能中的重要性折算成系数。

（3）把各个零部件的成本在相应的功能中进行分摊并汇总，分别计算出各个功能的现实成本。

2. 计算功能评价值

功能评价值就是必要功能的最低成本或目标成本。功能评价值是个理论数据，实际工作中常用近似值来替代它，即虚拟的功能以及实现功能的成本，计算功能评价值的方法较多，这里仅介绍功能重要性系数评价法。

功能重要性系数评价法是一种根据功能重要性系数确定功能评价值的方法。这种方法是把功能划分为几个功能区（即子系统），并根据各功能区的重要程度和复杂程度，确定各个功能区在总功能中所占的比重，即功能重要性系数。然后将产品的目标成本按功能重要性系数分配给各功能区作为该功能区的目标成本，即功能评价值。

功能重要性系数又称功能评价系数或功能指数，是指评价对象（如零部件等）的功能在整体功能中所占的比率。确定功能重要性系效的关键是对功能进行打分。常用的评分方法有间接评分法、强制评分法等。

（1）间接评分法。间接评分法是把各功能（或零部件）按重要程度进行排序、两两比较得出重要性系数的一种方法。其计算过程如下：

确定各功能的重要度比值。

计算各功能的重要性系数，见表7.7。

$$重要性系数 = \frac{\frac{F_i}{F_5}}{\sum_{i=1}^{n}\frac{F_i}{F_5}} \tag{7-3}$$

如果产品有五个功能，以 F_5 的重要程度为一个单位，F_4 的重要程度为 F_5 的1.5倍比值。以每个重要度比值除以合计重要度比值即为各功能重要性系数，如 F_1 对 F_5 的功能比值为4.5，除以合计比值11.8，则重要性系数为0.38，同理可以得出所有功能的重要性系数。

表7.7　　　　间接评分法计算表

功能比值	F_1	F_2	F_3	F_4	F_5
F_i/F_5	4.5	1.8	3	1.5	1
重要性系数	0.38	0.15	0.25	0.13	0.09

（2）强制确定法，又称为 FD 法，包括 0–1 评分法和 0–4 评分法。它是采用一定的评分规则——强制对比，来评定评价对象的功能重要性。

0–1 评分法。0–1 评分法是请 5–15 名对产品熟悉的人员参加功能的评价。首先按照功能重要程度两两对比打分。重要的打 1 分，相对不重要的打 0 分，见表 7.8。表 7.8 中要分析的对象（零部件）自己与自己相比不得分，用“×”表示。最后，根据每个参与人员选择该零部件得到的功能重要性系数 W_i，可以得到该零部件的功能重要性系数平均值为：

$$W = \frac{\sum_{i=1}^{n} W_i}{k} \tag{7-4}$$

式中：k——参加功能评价的人数。

为避免不重要的功能得零分，可将各功能累计得分加 1 分进行修正，用修正后的总分分别去除各功能累计得分即得到功能重要性系数。

表 7.8　功能重要性系数计算表

零部件	A	B	C	D	E	功能总分	修正得分	功能重要性系数
A	×	1	1	0	1	3	4	0.267
B	0	×	1	0	1	2	3	0.200
C	0	0	×	0	1	1	2	0.133
D	1	1	1	×	1	4	5	0.333
E	0	0	0	0	×	0	1	0.067
合计						10	15	1.00

0–4 评分法。0–4 评分法与 0–1 评分法相似，操作性较强，但又能揭示各功能间重要程度，其准确度也高于 0–1 评分法。0–4 评分法的做法也是请若干位专家分别参加功能的证分。

a. 先按照功能的重要度一对一打分，绝对重要的功能打 4 分；

b. 比较重要的功能打 3 分；相对重要的功能各打 2 分；

c. 一般重要的功能打 1 分；

d. 相对不重要的功能打 0 分，见表 7.9。

然后，也将各个专家的评分值汇总计算平均值来确定功能的重要性系数。

表 7.9　0–4 评分法

功能名称	A	B	C	D	E	F	得分
A	×	1	3	4	2	4	14
B	3	×	4	4	3	4	18

表7.9(续)

功能名称	A	B	C	D	E	F	得分
C	1	0	×	3	1	3	8
D	0	0	1	×	0	2	3
E	2	1	3	4	×	4	14
F	0	0	1	2	0	×	3

3. 功能价值分析

在经过对产品整体及零部件进行功能的现实成本和目标成本的测算之后，就可以计算功能的价值，进而对价值分析评价。编制功能评价值与价值系数计算表7.10如下：

表7.10　　**功能评价值与价值系数计算表**

功能	功能重要性系数 ①	功能评价值 ②=目标成本×①	实现成本 ③	功能价值系数 ④=②/③	改善幅度 ⑤=③-②
A					
B					
C					
D					
合计					

功能的价值计算出来后，需要进行分析，以揭示功能与成本之间的内在联系，确定评价对象是否为功能改进的重点，以及其功能改进的方向及幅度，从而为后面的方案创造工作奠定良好的基础。

根据表中所给出的计算方法，功能价值系数计算结果有以下三种情况：

（1）$V=1$。即功能评价值等于功能现实成本。这表明评价对象的功能现实成本与实现功能所必须的最低成本大致相当。此时，说明评价对象的价值为最佳，一般无需改进。

（2）$V<1$。即功能现实成本大于功能评价值。这表明评价对象的现实成本偏高，而功能要求不高。这时，一种可能是存在着过剩的功能，另一种可能是功能虽无过剩，但实现功能的条件或方法不佳，以致实现功能的成本大于功能的实际需要。这两种情况都应列入功能改进的范围，并且以剔除过剩功能及降低现实成本为改进方向，使成本与功能的比例趋于合理。

（3）$V>1$。即功能现实成本低于功能评价值。这表明该部件功能比较重要，但分配的成本较少。此时，应进行具体分析，功能与成本的分配可能已较理想，或者有不必要的功能，或者应该提高成本。

应注意一个情况，即 V=0 时，要进一步分析。如果是不必要的功能，该部件应取消，但如果是最不重要的必要功能，则要根据实际情况处理。

第四节　方案创新

方案创新是从提高对象的功能价值出发，在正确的功能分析和评价的基础上，针对应改进的具体目标，通过创造性的思维活动，提出能够可靠地实现必要功能的新方案的过程。从某种意义上讲，价值工程可以说是创新工程，方案创造是价值工程取得成功的关键一步。因为前面所论述的一些问题，如选择对象、收集资料、功能成本分析、功能评价等，虽然都很重要，但都是为方案创造服务的。前面的工作做得再好，如果不能创造出高价值的创新方案，也就不会产生好的效果。所以，从价值工程技术实践的角度来看，方案创造是决定价值工程成败的关键阶段。

方案创新的过程中，要正确对待下述两个问题：

1. 充分发挥人才的作用

首先，方案创新是一项开拓性的工作，它汇集了群体的思想和智慧。在知识爆炸的现代社会，个人的知识、专长、经验及思考能力都是有限的，为此，要充分调动人的积极性和能动性，要组织不同专业、不同经验的人参与，使其知识、经验相互补充、思想相互启迪，以进行创造性思维。其次，要善于使用人才。方案创新包括形成设计构想和制订具体方案两个步骤，不同步骤对人才使用的要求不同，在形成设计构想阶段，需要人们的发散性思维，对人才的使用可以突破专业框架。因此，要尽可能组织各类人才，利用他们的专业知识和独特见解，形成别具风格的设计构想；而在制订具体方案阶段，则要把设计构想具体化、方案化，对专业知识和实际经验的依赖程度较高，这时，就需要有一批专业人才来完成方案设计。最后，要特别注重外行的启迪作用。方案创新，贵在其新。在实际工作中，外行可能一语中的，因此，对一些看似幼稚的建议、离题的设想，应作详细地、具体地分析，从其本质上看有无合理的成分，最终决定取舍。

2. 把握方案创新的指导思路

从方案创新阶段我们要回答的问题（有无其他具有同样作用的方案）来看，它应包含这样两层含义：一是创新。方案创新不是原有方案的重复、补充或是数量上的堆砌，而是在否定原有方案的基础上所出现质的飞跃，是对原有框架的突破，二是以用户需求为核心，价值工程的出发点是满足用户必要功能的同时尽可能降低成本，因此，各种方案设计都应该围绕用户需求这个核心，必须彻底了解用户对各项功能的不同要求，从而寻找出既能满足用户需求的功能，又能最低限度降低成本的设计方案。

方案创新的理论依据是功能载体具有替代性。这种功能载体替代的重点应放在以功能创新的新产品替代原有产品和以功能创新的结构替代原有结构方案。而方案创造的过程是思想高度活跃、进行创造性开发的过程。为了引导和启发创造性的思考，可以采取各种方法。比较常用的方法有以下几种：

（1）头脑风暴法。头脑风暴法是指自由奔放地思考问题。具体地说，就是由对改进对象有较深了解的人员组成的小集体，在非常融洽和不受任何限制的气氛中进行讨论、座谈，打破常规、积极思考、互相启发、集思广益，提出创新方案。这种方法可使获得的方案新颖、全面、富于创造性，并可以防止片面和遗漏。它通过召集一定数量的专家（10~15 人）一起开会研究，共同应对某一问题做出集体判断。头脑风暴法的优点如下：

①它能够发挥一组专家的共同智慧，产生专家智能互补效应。

②它使专家交流信息、相互启发，产生“思维共振”作用，爆发出更多的创造性思维的火花。

③专家团体所拥有及提供的知识和信息量比单个专家所有的知识和信息量要大得多。

④专家会议所考虑的问题的方面以及所提供的备选方案，比单个成员单独思考及提供的备选方案更多、更全面和更合理。

这种方法的主要缺点是：与会专家人数有限，代表性是否充分成问题；与会者易受权威及潮流的影响；出于自尊心等因素，有的专家易于固执己见等。

为了给专家提供一个充分发挥创造性思维的良好环境，获得真知灼见，采用头脑风暴法组织专家会议时，应遵守如下基本原则：

①提出论题或议题的具体要求，限制议题的范围，并规定提出设想时所用的术语，使主题突出，而不至于漫无边际。

②不能对别人的意见或建议评头论足、提出怀疑，不要放弃和中止讨论任何一个设想，而要对每一个设想加以认真研究，而不管它是否适当或可行。

③鼓励与会者对已提出的设想或方案加以改进和综合，给予准备修改自己的设想者以优先发言权。

④支持和鼓励与会者解放思想，创造一种自由讨论的氛围，激发其想象力和创造力。

⑤发言要简练、不要详述，冗长的阐述将有碍创造性气氛，使人感到压抑。

⑥不允许参加者宣读事先准备好的建议一览表。

头脑风暴法有各种类型，如直接的头脑风暴法——这是依据一定的规则，鼓励创造性活动的一种专家集体评估的方法；质疑的头脑风暴法——这是同时召开两个专家会议的集体产生设想或方案的方法（第一个会议按照直接的头脑风暴法的要求进行，第二个会议对第一个会议提出的设想或方法加以质疑）；有控制地产生设想的方法——这是一种利用定向智力活动作用于产生设想的过程，用于开拓远景设想和独到设想的方法；鼓励观察的方法——其目的是在一定限制条件下，就所讨论的问题找出合理的方案；对策创造方法——即就所讨论问题寻找一个统一的方案。

（2）哥顿法。这是美国人哥顿在 1964 年提出的方法。这个方法也是在会议上提方案，但究竟研究什么问题，目的是什么，只有会议的主持人知道，以免其他人受约束。例如，想要研究试制一种新型剪板机，主持会议者请大家就如何把东西切断和分离提出方案。当会议进行到一定时机，再宣布会议的具体要求，在此联想的基础上研究和提出各种新的具体方案。

这种方法的指导思想是把要研究的问题适当抽象，以利于开拓思路。在研究到新方案时，会议主持人开始并不全部摊开要解决的问题，而是只对问题作一番抽象笼统的介绍，要求大家提出各种设想，以激发出有价值的创新方案。这种方法要求会议主持人机智灵活、提问得当。提问太具体，容易限制思路；提问太抽象，则方案可能离题太远。

（3）专家意见法。这种方法又称德尔菲（Delphi）法，是由组织者将研究对象的问题和要求，函寄给若干有关专家，使他们在互不商量的情况下提出各种建议和设想；专家返回设想意见，经整理分析后，归纳出若干较合理的方案和建议，再函寄给有关专家征求意见，再回收整理；如此经过几次反复后专家意见趋向一致，从而最后确定出新的功能实现方案。这种方法的特点是专家们彼此不见面，研究问题的时间充裕，可以无顾虑、不受约束地从各种角度提出意见和方案。缺点是花费时间较长，缺乏面对面的交谈和商议。

（4）专家检查法。该方法由主管设计的工程师作出设计，提出完成所需功能的办法和生产工艺，然后请各方面的专家（如材料、生产工艺、工艺装备、成本管理、采购等方面）按顺序审查。这种方法先由熟悉的人进行审查，以提高效率。

方案创新的方法很多，总的宗旨是要充分发挥出各有关人员的智慧，集思广益，多提方案，从而为评价方案创造条件。

第五节　方案评价

通过方案创新，产生了许多可行方案，要选择最佳方案并付诸实施，则必须对各个方案的优缺点进行分析、比较、论证和评价，并在评价过程中进一步完善待选定的方案。方案评价可以分为概略评价与详细评价。

一、方案概略评价

在创新的方案有很多的情况下，受制于人力、财力、物力，不可能对所有的方案均制定具体的实施内容，然后再进行评价。方案概略评价就是从节省资源的目的出发，从众多的方案中，选择出若干个有价值的备选方案的粗选方法。在概略评价阶段，具有预测的性质，属于探索性评价。此时，还没有开展大量的试验研究工作，还没有准确的实践方面的数据，主要是参考有关资料，汇总设计、生产及销售部门的意见，来全盘考虑方案中的各种问题。要用较短的时间，对众多的方案进行初步选择。方法要求简单、明确、易行。其工作步骤如下：

1. 方案评价前的整理、筛选

方案概略评价前，为了减少工作量，可将众多方案进行整理、筛选。整理的基本内容有这样几项：一是确定各种方案的实质内容，明确其主要目标，即把各种方案中一些较抽象的概念、功能含糊的内容重新定义；二是挑选出价值提高明显的方案；三是把各个方案中的内容、构思较类似的归并为一类，从中选出较好的一种方案以备评价。

2. 方案的概略评价

概略评价是以粗笔墨对众多的备选方案进行评比、筛选，其评价的参照物是现有的产品方案。概略评价包括技术、经济、社会三个方面的主要影响因素，不同性质的方案，有不同的概略评价内容。一般可从以下几个方面进行评价：

（1）技术可行性。对功能是否满足用户要求，满足程度怎样，企业内部是否具备实施方案技术条件，技术难题能否解决，相关企业外部条件能否解决等方面进行评价。

（2）经济合理性。主要是测算方案的寿命周期成本，与目标成本进行比较，是否能实现预定的期望目标，企业内部是否允许，投资是否可能。

（3）社会适宜性。主要考虑是否符合国家政策法规，是否最有效地利用资源，有无造成环境污染或损害生态平衡，对国民经济是否存在不利影响等。

（4）综合分析。在结合技术、经济和社会三方面因素基础上，根据企业经营方针的需要，进行综合分析、评价。考虑能否盈利，是否能提高对象的价值，是否能提高社会效益和经济效益等。在以技术水平和成本水平为主要评价内容时，不能简单地从粗略对比结果来筛选，而要从价值的升降来综合考虑。因此，在概略评价的过程中，要在对比表格的基础上，根据价值的高低，全盘考虑该方案能否满足功能与成本方面的要求，从能否提高价值的角度来解决方案的取舍。

概略评价要求效率高，时间及时，而不要求详尽确切，所以，在方法上要求简便易行，形式灵活多样，不受严格限制。既可使用技术、经济指标类推，也可采用差异比较法或优缺点列举评价法。

3. 概略评价注意事项

（1）对方案设想要进行系统整理。方案创新阶段采取有效的方法，可以激发价值工作人员的创意，获得众多的创新设想方案。在对其概略评价之前，为了提高评价效率，需要对众多的方案设想分别归类，系统整理。对内容大致相同的设想归为一类，以便取长补短，提高设想的质量，使之不断完善。

（2）概略评价不必要搞得很严密，评价标准不应过细过严，要透过现象抓住本质，避免把好的方案扼杀在萌芽状态。一些有价值的方案，在设想阶段往往很不完善，初看起来毫无道理，如果标准过严过细，很容易把它们淘汰掉。应当以宽容、积极的态度去发现和扶持它们，从而提供更多的有可能带来突破性成效的备选方案。

（3）概略评价阶段不能确定最后的提案。

（4）小组成员中只要有一人坚持认为方案可行，也应当暂时保留。

（5）对不采用的方案要弄清楚原因。

（6）对经济性好而技术上难度大的方案，不可轻易否定。设想不明确的要适当具体化，表面上离题很远的设想，要抓住实质，联结主题，以利于评价的进行。

3. 方案的具体化

方案的具体化是赋予此方案的可操作性。其主要内容有：产品和零部件的结构设计；产品的生产流程；零部件的加工工艺及装配设计；产品及零部件的检测方法及体系；外购材料、配件及专用设备等。

为了进一步地详细评价，对新方案中设计新工艺、新材料的生产环节，应作具体的试验，以检验其是否达到预定的设计效果，如存在问题，则应及时调整或修改方案。

二、方案详细评价

方案详细评价是对已初步筛选入围并具体化的若干个可行性方案进一步的评价，从中选择出最优方案，以便正式提案审批和付诸实施。详细评价的主要内容包括三个方面：技术评价、经济评价和社会评价。有时，则需在三者的基础上，对方案进行综合评价。

1. 技术评价

技术评价就是评定新方案在技术上的可行性，以用户要求的功能为依据，评价方案的必要功能和实现功能条件的强度。技术评价是以能否实现预定功能为中心，对新方案的技术性能、可靠性、外观、协调性和成功率等方面进行逐项评价。对产品来说，一般可从以下几个方面的内容进行评价：

（1）技术设计、设计原理、关键问题、先进性、成功率。

（2）产品或零件的功能、性能、加工性、装配性、搬运性、安装件、可靠性、维修性、操作性、安全性、外观、整体协调性。

（3）材料供应的保证程度。

（4）目前存在问题的解决程度。

（5）制约条件的满足程度。

技术评价一般可采用如下的工作步骤：

（1）准备工作。准备工作包括研究技术的目的，把握技术的要点，确定对比技术，确定替代方案。

（2）寻找影响。在技术开发和技术应用过程中，新技术除产生预期效果外，往往还产生许多副效果。这些副效果有的有利于社会的进步，称为正影响；但也有很多有碍社会的进步，称为负影响。有的负影响是直接的，明显的，有的负影响是潜在的，负影响中还有不可逆的负影响。寻找和分析这些负影响，特别是那些不可逆的负影响，是技术可行性评价的重要任务。要从各个方面、各种角度查明可能产生的直接影响及间接影响，必要时应通过各种试验、计算或评定，取得必要的数据和资料。

（3）整理分析。对查明的各种影响的内容、相互关系和影响程度进行分析，并进行系统整理。

（4）挑选出非容忍性的影响，即社会不容许存在影响或可能对社会带来极大危害的影响。这是方案的否决因素。

（5）制定对策。为消除非容忍性影响带来的危害，制定相应的技术对策，进一步修订替代方案。

（6）综合评价，得出结论。

综合评价是技术评价的最后阶段，在上述各个阶段的基础上，对技术发展的各个替代方案进行综合比较，从而决定最优方案。同时对要研究的技术与现有技术进行对比，对拟研究的技术是否发展和如何发展，作出结论性意见。

2. 经济评价

方案的经济可行性主要是以产品寿命周期成本为主要目标，同时，围绕着新方案在实施过程中所产生的成本、利润、年节约额，以及初期投资费用等进行测算和对比。

（1）成本评价。成本估算以寿命周期成本为标准，包括生产成本和使用成本两部分。评价时把两部分成本之和最低的方案视为经济性最优的方案。但是，生产成本是企业可控制的，而使用成本与使用方法、使用状态有关，企业难于控制，是不可控制成本。因此，评价时，实际上是以生产过程中产品产生的成本为主进行的。同时应该指出，进行成本预测时要以未来成本进行估算，不能简单地套用现行成本资料。

（2）利润评价。利润是销售收入减去成本和税金以及销售费用后的纯收入。利润是一个综合指标，它反映了企业在一定时期内的经营成果。在单位产品利润一定的情况下，产品销售收入越多，说明产品越受欢迎，满足用户要求的程度越高，方案的价值越高。

（3）方案措施费用评价。方案措施费用是指实施方案时所投入的设计费用、设备安装费用、试验与试制费用等技术措施费用、生产组织调整费用，以及因采用新方案而产生的损失费。同时还要估算失败风险损失，而且要评价与该方案所获利润的比值大小。

（4）节约额和投资回收期的评价。为了评价方案的经济效果，必须计算节约额和投资回收期。其中回收期越短的方案越有利。如果回收期超过标准回收期，则方案不可取。此外还要考虑到：回收期应小于该产品的生产期限；回收期要小于措施装备和设备的使用年限；回收期内科学技术是否有大的突破等。

在经济评价中，不能仅从企业的短期利益和局部利益来决定方案的优劣，应更多地兼顾国家、厂商、用户三者之间的利益，实现企业长远发展规划，从而确定多赢的方案。

3. 社会评价

社会评价是指从宏观角度上来评价方案实施后对社会利益产生影响的一种方法。主要是谋求企业利益、用户利益及社会利益的一致性，谋求从企业角度对方案的评价与从其他角度对方案评价一致。社会评价的内容要根据方案的具体情况而定。一般要考虑以下几个方面的问题：

（1）政策法规方面：是否符合国家有关政策、法令、规定、标准以及科技发展规划的要求。

（2）国民经济方面：方案的实施效果是否与国家的长远规划及国民经济发展计划要求相一致。方案的社会效果是否与社会范围内的人、财、物、资源的合理利用相一致。

（3）生态环境方面：在防止环境污染、自然环境及保护生态平衡等方面是否存在抵触或危害。

（4）用户利益方面：是否符合使用者的风俗习惯，对身体健康、心理状态、人际关系等有无不利影响，能否满足使用要求。

（5）其他方面：包括发展对本地区、本部门产业经济的影响，对工业布局的影响，对出口创汇或节约外汇的影响，对填补国家空白及提高科技水平的影响，对改善社会就业及劳动条件的影响，对精神文明、人口素质、文化教育方面的影响等。社会评价是一个涉及范围广、关系复杂的问题，目前价值工程的方案评价只能作粗略评价。

4. 综合评价

综合评价是在上述三种评价的基础上，对整个创新方案的诸因素作出全面系统的评价。为此，首先要明确评价项目，即确定评价所需的各种指标和因素；然后分析各个方案对每一评价项目的满足程度；最后再根据方案对各评价项目的满足程度来权衡利弊，判断各方案的总体价值，从而选出总体价值最大的方案，即技术上先进、经济上合理和社会上有利的最优方案。

方案综合评价的方法有很多，常用的定性方法有德尔菲法，优缺点列举法等；常用的定量方法有直接评分法、加权评分法、比较价值评分法、环比评分法、强制评分法、几何平均值评分法等。下面简要介绍几种方法：

（1）优缺点列举法。优缺点列举法是指把每一个方案在技术上、经济上的优缺点加以详细列出，进行综合分析，并对优缺点做进一步调查，用淘汰法逐步缩小考虑范围，从范围不断缩小的过程中找出最后的结论。

（2）直接评分法。直接评分法是指根据各种方案能达到各项功能要求的程度，按 10 分制（100 分制）评分，再算出每个方案达到功能要求的总分，比较各方案总分，作出采纳、保留、舍弃的决定，再对采纳、保留的方案进行成本比较，最后确定最优方案。

（3）加权评分法。加权评分法又称矩阵评分法。该方法是将功能、成本等各种因素，根据要求的不同进行加权计算，权数大小应根据它在产品中所处的地位而定，算出综合分数，最后与各方案寿命周期成本进行综合分析，选择最优方案。加权评分法主要包括以下四个步骤：首先，确定评价项目及其权重系数；其次，根据各方案对各评价项目的满足程度进行评分；然后，计算各方案的评分权数和；最后，计算各方案的价值系数，以较大者为优。

三、方案的实验与提案

1. 方案的实验研究

经过分析评价得到的优选方案，仍不能完全保证实施中不发生问题，尤其是在方案中采用了某些新方法、新手段、新工艺、新材料时。为了保证方案切实可行和达到提高价值的目的，必须对方案进行全面的测试和试验。通过系统的测试和试验之后，方能最终肯定其先进性、效益性和可行性。测试试验的内容一般包括：

（1）方案能否可靠地实现使用者所要求的功能？实现程度如何？

（2）方案的技术性如何？根据是否可靠？

（3）方案的技术性计算是否完整无遗？实验数据是否足够可靠？

（4）方案的寿命周期成本是否最低？根据如何？

（5）方案实施所需的人力、物力、财力有无保障？能否解决？

（6）方案与外部环境的适应程度如何？有无严重不协调？

（7）方案是否达到目标成本预期值和经济效益的要求？

方案的经济性方面的检查是不能缺少的，要从正式使用所处的内部与外部条件出发，检查方案整个寿命周期中的成本费用、工时消耗等各种数据、资料，计算、验证方案在正式使用时能否达到预计的经济性指标。

方案的技术性测试也是不可缺少的，即使是在方案评价阶段进行过单项的性能试验或样品试制，在正式编写方案和上报方案之前，有必要再次进行全面试验，试验条件要尽可能与正式使用的条件相同。

方案实验方法主要有性能试验、模拟试验、实地试验、样机试验和理论验证等。试验工作应当在方案上交之前完成。某些性能试验要贯穿在整个方案创造阶段中进行，以取得必要的数据和资料。

试验项目和试验条件，要按用户的实际需要来制定，尽量与实际使用条件相吻合，不能逃漏必要的项目，也不能降低要求。测试项目的确定，应注意避免条条框框的约束，尽可能只保留最必要的项目。

试验中取得的数据和资料，经过整理、分析之后，形成书面的试验报告，必要时可附在提案中作为定量分析的依据。

负责检查、测试的人员最好是没有参与本方案设计的同行专家，避免出现人为因素。

2. 提案的编制和审批

价值工程一般采用提案表的形式，按照方案的每一项改进内容填写一张，对重大项目，诸如新产品的设计，老产品的重大改进等，除填写本表外还要汇总成价值工程提案总表，而且要求附有详细的调查资料和技术、经济、社会评价及设计图纸和提案说明书等。

根据提案的内容和重要程度的大小，按照审批权限上报有关决策部门，报告中应该包含以下内容：

（1）价值工程分析对象产品的概况，选择理由。

（2）价值工程提案表。

（3）价值工程提案总表。

（4）提案的有关技术设计和经济分析方面的资料。

（5）价值工程工作表。包括各项专门情报功能系统图、功能评价。方案的评价及具体化、试制验证和调查改进效果。

（6）结论意见。

四、价值工程活动成果评价

在方案实施过程中，应该对方案的实施情况进行检查，发现问题及时解决。方案实施完成后，要进行总结评价和验收。

1. 经济效果评价

对价值工程活动的经济评价，可以根据需要，计算方案实施对能源、原材料消耗和劳动生产率、利润等指标的效果。一般应重点计算以下几项：

（1）节约率

$$节约率=\frac{原成本-改进后的成本}{原成本} \tag{7-5}$$

（2）年净节约率

$$年节约率=\text{VE}后单件成本降低额\times年预计销售量 \tag{7-6}$$

（3）节约倍数

$$节约倍数=\frac{年净节约额}{\text{VE}活动经费} \tag{7-7}$$

（4）价值工程活动单位时间节约数

$$价值工程单位时间节约数=\frac{全年净节约额}{价值工程活动延续时间经费} \tag{7-8}$$

其中 VE 活动经费为实施 VE 方案所需工时（人数×时数）乘 VE 成员平均小时工资。

除上述各项外，还可以根据需要列出各种项目，进行分析前后的比较，如零件的减少量、减少率，某个功能的成本降低率，按单位能量、功率、显量、容量等计算的经济效益等。

2. 技术成果评价

可以按照规定的技术指标进行评价，如产品质量指标、寿命指标、安全指标等达到的程度。这种评价尽量采用定量评价。

3. 社会效益评价

社会效益评价包括填补国内外科学技术或品种发展的空白，满足国家经济或国防建设的需要，节约贵重稀缺物资，节约能源消耗，降低用户购买成本或其他费用，防止或减少污染公害，增加就业效果和外汇效果等方面的效益。

4. VE 工作总结

待全部工作结束之后，要进行总结。总结的内容是预订目标是否如期实现，与国内外同类产品相比还存在什么差距等，同时要对 VE 活动的计划安排、工作方法、人员组织等方面的优缺点、经验和教训进行总结，以便今后改进。

第六节　案例分析

北方某城市建筑设计院在建筑设计中用价值工程方法进行住宅设计方案优选，具体应用如下：

一、选择价值工程对象

其院承担设计的工程种类较多，如表 7.11 是该院近三年各种建筑设计项目类别统计表。从表中可以看出住宅所占比重最大，因此将住宅作为价值工程的主要研究对象。

二、资料收集

（1）通过工程回访，收集广大用户对住宅的使用意见；

（2）通过对不同地质情况和基础形式的住宅进行定期的沉降观测，获取地基方面的第一手资料；

（3）了解有关住宅施工方面的情况；

（4）收集有关住宅建设的新工艺及新材料的性能、价格和使用效果等方面的情报；

（5）分地区按不同地质情况、基础形式和类型标准统计分析近年来住宅建筑的各种技术经济指标。

表 7.11　　各类建筑设计项目比重统计表

工程类别	比重（%）	工程类别	比重（%）	工程类别	比重（%）
住宅	22.19	实验楼	3.87	体育建筑	1.89
综合楼	6.86	宾馆	3.10	影剧院	1.85
办公楼	9.35	招待所	2.95	仓库	1.42
教学楼	5.26	图书馆	2.55	医院	1.31
车间	5.24	商业建筑	2.10	其他 38 类	27.06

三、功能分析

由设计、施工及建设单位的有关人员组成价值工程研究小组，共同对住宅的 10 个方面功能进行定义、整理和评价分析：①平面布局；②采光、通风、保温、隔热、隔声等；③层高与层数；④牢固耐用；⑤三防设施（防火、防震和防空）；⑥建筑造型；⑦室外装修；⑧室内装饰；⑨环境设计；⑩技术参数。

在功能分析中，用户、设计人员、施工人员以百分形式分别对各功能进行评分，即假设以上 10 项功能合计为 100 分，分别确定各项功能在总体功能中所占比例，然后将用户、设计人员、施工人员的评分意见进行综合，三者的权重分别为 60%、30%、10%。经整理后，各功能重要性系数见表 7.12。

表 7.12　　各功能评分及重要性系数

功能		用户评分		设计人员评分		施工人员评分		各功能重要性系数 φ_i
		得分 f_1	60% f_1	得分 f_2	30% f_2	得分 f_3	10% f_3	
适用	平面布局	37.25	22.350	31.63	9.489	33.25	3.325	0.351 6
	采光通风	17.38	10.428	14.38	4.314	15.50	1.550	0.162 9
	层高层数	2.88	1.728	4.52	1.356	2.85	0.258	0.033 7
安全	牢固耐用	19.15	11.490	14.25	4.275	21.63	2.163	0.179 0
	三防设施	5.47	3.282	5.75	1.725	2.88	0.228	0.052 9

表7.12(续)

功能		用户评分		设计人员评分		施工人员评分		各功能重要性系数 φ_i
		得分 f_1	60% f_1	得分 f_2	30% f_2	得分 f_3	10% f_3	
美观	建筑造型	4.25	2.550	6.87	2.061	5.30	0.530	0.051 4
	室外装修	6.12	3.672	5.50	1.650	4.97	0.497	0.058 2
	室内装饰	2.75	1.650	6.24	1.872	5.89	0.589	0.041 1
其他	环境设计	3.23	1.938	8.10	2.430	5.51	0.551	0.049 2
	技术参数	1.52	0.912	2.76	0.828	2.22	0.222	0.020 0
合计		100	60	100	30	100	10	1

各功能重要性系数计算式为

$$\varphi_i = \frac{60\% f_1 + 30\% f_2 + 10\% f_3}{100} \tag{7-9}$$

四、方案设计与评价

在某住宅小区设计中，该地块的地质条件较差，上部覆盖层较薄，地下淤泥较深。根据收集的资料以及上述功能系数的分析结果，价值工程研究小组集思广益，创造设计了10余个方案。在采用优缺点列举法进行定性分析筛选后，对所保留的5个较优方案进行定量评价优选，如表7.13～表7.15所示。

表7.13　**各方案成本及成本系数**

方案	主要特征	单方造价（元）	各方案成本系数
A	7层混合结构，层高3m，240内外砖墙，预制桩基础，半地下室存储间，外装修一般，内装饰好，室内设备较好	1 180	0.228 4
B	7层混合结构，层高2.9m，240内外砖墙，120非承重内砖墙，条形基础，外装修一般，内装饰好	920	0.178 1
C	7层混合结构，层高3m，240内外砖墙，沉管灌注桩基础，外装修一般，内装饰好，室内设备较好	1 210	0.234 2
D	5层混合结构，层高3m，空心砖内外砖墙，满堂基础，外装修及室内装修一般，屋顶无水箱	906	0.175 4
E	7层混合结构，层高3m，240内外砖墙，120非承重内砖墙，条形基础，外装修一般，内装饰好	950	0.183 9
合　计		5 166	1

注：各方案的建筑面积相同

表 7.14　　　　**方案各功能评分**

评价因素		方案各功能评价值				
功能因素	各功能重要性系数	A	B	C	D	E
平面布局	0.351 6	10	10	9	9	10
采光通风	0.162 9	10	9	10	10	9
层高层数	0.033 7	9	8	10	9	9
牢固耐用	0.179 0	10	10	9	8	10
三防设施	0.052 9	8	7	8	7	7
建筑造型	0.051 4	9	8	9	7	6
室外装修	0.058 2	6	6	6	6	6
室内装饰	0.041 1	10	8	8	6	6
环境设计	0.049 2	9	8	9	8	8
技术参数	0.020 0	8	10	9	2	10
各方案功能得分		9.487 1	9.094 8	8.928	8.288 2	8.943 5

表 7.15　　　　**各方案价值系数及最佳方案**

方　案	功能得分	功能系数	成本系数	价值系数	最佳方案
A	9.487 1	0.212 0	0.228 4	0.928 2	
B	9.094 8	0.203 3	0.178 1	1.141 5	★
C	8.928	0.199 5	0.234 2	0.851 8	
D	8.288 2	0.185 3	0.175 4	1.056 4	
E	8.943 5	0.199 9	0.183 9	1.087 0	
合　计	44.741 6	1	1	—	

$$\text{成本系数}C_k=\frac{\text{方案成本}}{\text{各方案成本总和}} \tag{7-10}$$

$$\text{方案得分}f_k=\sum_{i=1}^{10}\text{重要性系数}\varphi_i\times\text{方案功能评分值}\ P_{ik} \tag{7-11}$$

$$\text{功能系数}F_k=\frac{\text{各方案得分}f_k}{\text{各方案得分之和}} \tag{7-12}$$

由表 7.15 可知，方案 B 的价值系数最大，为最佳方案。

思考与练习

1. 什么是价值工程？如何理解其基本概念及相互关系？

2. 价值工程活动工作程序是什么？

3. 价值工程对象的选择原则和方法是什么？

4. 什么是功能定义？其基本方法和分类是什么？

5. 什么是功能整理？其工作步骤是什么？

6. 什么是功能评价？其内容是什么？

7. 什么是方案创新？应注意哪些问题？

8. 某工程师针对设计院提出的某住宅楼，提出了 A、B、C、D 四个方案，进行技术经济分析和专家调整后得出如表 7.16 所示数据。使用价值工程选择最优方案。

表 7.16　方案功能得分及其重要度

方案功能	方案功能得分				方案功能重要程度
	A	B	C	D	
F	9	9	8	9	0.25
F	8	10	10	10	0.35
F	10	7	9	8	0.25
F	9	10	9	9	0.1
F	8	8	6	8	0.05
单位造价/元	1 325	1 208	1 226	1 215	1

第八章　工程项目后评价

第一节　工程项目后评价概述

一、工程项目后评价的概念

工程项目后评价是指对已经完成的项目的目的、执行过程、效益、作用和影响等所进行的系统、客观的评价。具体来说，项目后评价是指在项目完成后，对项目的立项决策、建设目标、设计施工、竣工验收、生产经营全过程所进行的系统综合分析及对项目产生的财务、经济、社会和环境等方面的效益和影响及其持续性进行客观、全面的分析。

工程项目后评价时整个工程项目管理工作的延伸，通过工程项目后评价可以全面地总结工程管理中的经验和教训，并为以后改进工程管理和制定科学的投资计划与政策反馈信息，提供依据，这对提高工程管理水平将起到重要作用。

工程项目可行性研究和工程项目（前）评估是在工程项目建设前进行的，其预测和判断的正确性与否，最终工程的实际效益如何，需要在工程项目竣工投产后，根据实际数据资料和再预测资料进行再评估来检验。

工程项目竣工验收只是工程建设完成的标志，而不是工程项目管理的终结。工程项目建设和运营是否达到投资决策时所确定的目标，只有经过生产经营确定实际投资效应，才能做出正确的判断；也只有在这时对工程项目进行总结和评价，是工程项目管理工作的重要环节和不可或缺的组成部分。

二、工程项目后评价的分类

从不同角度出发，项目后评价可以分为不同的种类。

1. 根据评价的时点划分

根据评价的时点不同，项目后评价可以分为项目跟踪评价、项目实施效果评价和项目效益监督评价。

（1）项目跟踪评价

项目跟踪评价是指在项目开工以后到项目竣工验收之前任何一个时点所进行的评价。其目的或是检查项目评价和设计质量；或是评价项目在建设过程中的重大变更及其对项目效益的作用和影响；或是诊断项目发生的重大困难和问题，寻求对策和出路等。

（2）项目实施效果评价

项目实施效果评价也就是通常所说的项目后评价，是指在项目竣工以后的一段时期内所进行的评价。一般生产性行业在达到设计生产能力以后 2 年左右，基础设施行业竣工以后 5 年，社会基础设施可能更晚些。项目实施效果评价的目的通常是检查评价项目达到预期目标的程度；总结经验教训，为新项目的宏观导向、政策和管理反馈信息；同时，为完善已建项目、调整在建项目和指导待建项目服务。

（3）项目效益监督评价

项目效益监督评价是指在项目实施效果评价完成一段时间以后，在项目实施效果评价的基础上，通过调查项目的经营状况，分析项目发展趋势及其对社会、经济和环境的影响，总结决策等宏观方面的经验教训。行业或地区的总结都属于这类评价的范围。

2. 根据评价的内容划分

根据评价的内容不同，项目后评价可分为目标评价、项目前期工作和实施阶段评价、项目运营评价、项目影响评价和项目持续性评价。

（1）目标评价

一方面，有些项目原定的目标不明确或不符合实际情况，项目实施过程中可能会发生重大变化，如政策性变化或市场变化等，所以项目后评价要对项目立项时原定决策目标的正确性、合理性和实践性进行重新分析和评价；另一方面，项目后评价要对照原定目标完成的主要指标，检查项目实际实现的情况和变化并分析原因，以判断目的和目标的实现程度，也是项目后评价所需要完成的主要任务之一。判别项目目标的指标应在项目立项时就确定了。

（2）项目前期工作和实施阶段评价

项目前期工作和实施阶段评价主要通过评价项目前期工作和实施过程中的工作实践，分析和总结项目前期工作的经验教训，为今后加强项目前期工作和实施管理积累经验。

（3）项目运营评价

项目运营评价通过项目投产后的有关实际数据资料或重新预测的数据，研究建设项目实际投资效益与预测情况或其他同类项目投资效益的偏离程度及其原因，系统地总计项目投资的经验教训，并为进一步提高项目投资效益提出切实可行的建议。

（4）项目影响评价

项目影响评价主要分析评价项目对所在地区、所属行业和国家产生的经济、环境、社会等方面的影响。

（5）项目可持续性评价

项目可持续性评价是指对项目的既定目标是否能按期实现，项目是否可以持续保持产生较好的效益，接受投资的项目业主是否愿意并可以依靠自己的能力继续实现既定目标，项目是否具有可重复性等方面做出评价。

3. 根据评价的对象划分

根据评价的对象不同，项目后评价的划分如下：

（1）大型项目或项目群的后评价。

（2）对重点项目中关键工程运行过程的追踪评价。

（3）对同类项目运行结果的对比分析，即进行比较研究的实际评价。

（4）行业性的后评价，即对不同行业投资收益性差别进行实际评价。

4. 根据评价的主体划分

根据评价的主体不同，项目后评价可以分为项目自评价、行业或地方项目后评价及独立后评价。

（1）项目自评价

项目自评价由项目业主会同执行管理机构按照国家有关部门的要求编写项目的自我评价报告，报行业主管部门、其他管理部门或银行。

（2）行业或地方项目后评价

行业或地方项目后评价由行业或上级主管部门对项目自评价报告进行审查分析，并提出意见，撰写报告。

（3）独立后评价

独立后评价由相对独立的后评价机构组织专家对项目进行后评价，通过资料收集、现场调查和分析讨论，提出项目后评价报告。

三、项目后评价的特点

工程项目后评价不同于工程项目可行性研究和项目（前）评估，由于评估的内容和评价的时点不同，因此具有以下特点：

1. 现实性

工程项目后评价分析研究的是项目实际情况，所依据的数据资料是现实发生的真实数据或根据实际情况重新预测的数据；而项目可行性研究和项目前评价分析研究的是项目未来的状况，所用的数据都是预测数据。

2. 全面性

工程项目后评价的内容不仅包括投资项目立项决策、设计施工等投资过程，而且包括生产、营运等过程；不仅要分析项目投资的经济效益，而且还要分析项目的社会效益、环境效益以及潜在效益。

3. 探索性

项目后评价要分析企业现状，发现问题并探索未来的发展方向，因而要求项目后评价人员具有较高的素质和创造性，把握影响项目效益的主要因素，并提出切实可行的改进措施。

4. 反馈性

工程项目后评价的目的在于对现有项目的投资决策、设计实施、生产营运等实际情况的回顾和检查，并为有关部门反馈信息，以利于提高建设项目的决策水平和管理水平。因此，项目后评价的主要特点是反馈性。

5. 合作性

项目可行性研究和项目前评价一般只通过评价单位与投资主体间的合作，由专职的评价人员就可以提出评价报告；而后评价需要更多方面的合作，如专职技术经济人员、项目经理、企业经营管理人员、投资项目主管部门等。各方融洽合作，项目后评价工作才能顺利进行。

6. 反馈性

和项目前评估相比，后评价的最大特点是信息的反馈，也就是说，后评价的最终目标是将评价结果反馈到决策部门，作为新建项目立项和评估的基础，以及调整投资规划和政策的依据。

四、项目后评价的原则

为了充分实现和发挥项目后评价的作用，进行项目后评价时必须遵循一定的原则。工程项目后评价的基本原则如下：

1. 公正性原则

项目后评价应遵循公正性原则，即项目后评价工作必须从实际出发，尊重客观事实，依据项目实际所达到的技术、经济、社会和环境等各项指标，实事求是地评估项目的后果。

2. 全面性原则

项目后评价应遵循全面性原则，即项目后评价要全面地看待问题，既不脱离当时当地的客观环境和条件，正确评价当时的工作，又要站在发展的高度评价项目的成败，分析原因，总结经验教训，全面地对项目决策、设计施工、生产运营过程以及产生的结果作出评价。

3. 独立性原则

项目后评价的独立性原则指的是项目后评价应该由投资者和收益者以外的第三者来完成，避免由项目决策者和管理者自己评价，这样才能保证后评价的公正性和合法性。

4. 科学性原则

项目后评价的科学性主要包括：项目后评价工作必须有可靠的资料数据、科学的评估方法、合理的工作程序和有效的组织管理做保障；评价的结论和提出的改进建议要切合实际、切实可行；总结的经验教训要经得起实践的检验；整个评价工作要有利于指导今后的项目决策和建设管理工作。

5. 透明性原则

透明性是项目后评价的重要原则之一。一方面，项目后评价往往引起公众的高度关注，社会对投资决策活动及其效果实施有效的监督；另一方面，项目后评价的结论和成果要供更多的人借鉴，具有反馈性和扩散性。所以，项目后评价必须具有高度的透明性。

五、项目后评价的目的

工程项目后评价要达到总结经验、研究问题、吸取教训、提出建议，不断提高项目决策、管理水平和投资效益的目的，具体体现在以下几个方面：

（1）根据项目的实际成果和效益，检查项目预期的目标是否达到，项目是否合理有效，项目的主要效益指标是否实现。

（2）通过分析评价，找出成功的经验和失败的教训。

（3）为项目实施、营运中出现的问题提出改进建议，从而达到提高投资效益的目的。

（4）通过及时有效的信息反馈，提高和完善项目今后的营运管理水平。

（5）通过项目建设全过程各个阶段工作的总结，提高未来新项目的决策科学化、民主化、程序化水平。

六、项目后评价的任务

项目后评价的任务包括：根据项目的进程，审核项目准备和评价文件中所确定的目的；确定在项目实施各阶段实际完成的情况，分析变化的原因；分析工艺技术的选择情况，寻找成功点和失败点；对比分析项目的经济效益情况；评价项目对社会、环境的作用和影响；从被评价项目中总结经验教训，提出建议，供同类项目和未来项目或投资决策参考。

七、项目后评价的作用

工程项目后评价是工程经济评价的一个重要组成部分。项目后评价的实施，有利于检验工程项目管理工作的质量，对总结工程项目投资决策的经验教训，促进项目决策科学化、程序化、规范化和民主化，提高项目决策和实施的管理水平，具有十分重要的意义。项目后评价的作用：

1. 总结项目管理的经验教训，提高项目管理水平

投资项目管理是一项十分复杂的活动，它涉及银行、计划、主管部门、企业、物资供应、施工等许多部门，只有这些部门密切合作，项目才能顺利完成。如何协调各部门间的关系、采取什么样的具体协作形式等，都尚在不断探索的过程中。项目后评价通过对已经建成项目实际情况的分析研究，总结项目管理经验，指导未来项目管理活动，从而可以提高项目管理水平。

2. 提高项目决策科学化水平

通过建立完善的项目后评价制度和科学的方法体系，一方面可以增强前评价人员的责任感，促使评价人员努力做好前评价工作，提高项目预测的准确性；另一方面可以通过项目后评价的反馈信息，及时纠正项目决策中存在的问题，从而提高未来项目决策的科学化水平。

3. 为国家投资计划、投资政策的制订提供依据

通过项目后评价能够发现宏观投资管理中的不足，从而使国家可以及时地修正某些不适合经济发展的技术经济政策，修订某些已经过时的指标参数。同时，国家还可以根据后评价所反馈的信息，合理确定投资规模和投资流向，协调各产业、各部门之间及其内部的各种比例关系。

4. 为银行部门及时调整信贷政策提供依据

通过开展项目后评价，及时发现项目建设资金使用过程中存在的问题，分析研究贷款项目成功或失败的原因，从而为银行部门调整信贷政策提供依据，并确保投资资金的按期收回。

5. 可以对企业经营管理进行诊断，促使项目运营状态的正常化

项目后评价是在项目营运阶段进行的，因而可以分析和研究项目投产初期和达到生产能力时期的实际情况，比较实际情况和预测情况的偏差距离，探索产生偏差的原因，提出切实可行的措施，从而促进项目营运状态正常化，提高项目的经营效益和社会效益。

第二节　项目后评价的内容及方法

一、项目后评价的内容

项目后评价位于项目周期的末端，它又可视为另一个新项目周期的开端。项目后评价的作用主要表现在其反馈功能上，它一方面总结了项目全过程中的经验教训；另一方面又对在建和新建项目起着指导作用。

项目后评价的基本内容一般包括目标评价、实施过程评价、效益评价、影响评

价、持续性评价五个方面。

1. 工程项目目标评价

评价项目立项时原来预定目标的实现程度，是项目后评价的主要任务之一，项目后评价要对照原定目标完成的主要指标，检查项目实际实现的程度，即对地区，行业或国民经济，社会发展的总体影响和作用，目标评价的另一任务是对项目原定决策目标的正确性、合理性和实践性进行分析，有些项目原定的目标不明确，或不符合实际情况，项目实施过程中可能会发生重大变化，如政策性变化或市场变化等，项目后评价要对其进行重新分析。

工程项目目标后评价的具体内容包括以下几个方面：

（1）既定项目目标正确性与合理性的评价

工程项目目标的后评价的一项具体任务是要对项目原定目标的正确性和合理性进行分析评价。有些项目的原定目标存在不明确或不符合实际的情况，在项目实施过程中就要发生重大的目标变更。工程项目后评价要对项目原定目标的正确性与合理性进行分析评价，主要是对项目可行性研究报告的目标进行评价。对项目可行性研究报告的目标评价主要是评价项目前评价者在项目立项和可行性研究阶段所确定的项目目标是否科学合理，对项目产品及技术水平、项目产品的服务对象、产品市场定位、产品价格、质量、售后服务、市场占有率、综合竞争能力、产品盈利和项目盈利等目标的确定是否合理。若项目预定目标偏离实际较远，就应在工程项目后评价报告中给出评价和说明。

（2）对于项目目标实现情况的后评价

对项目目标实现情况的分析和评价主要是分析和确认项目实际实现的各种目标的情况是否合理，以及评价它与项目原定计划目标的一致性程度。由于根据项目前评价作出项目决策以后，项目所在国家及地区的宏观经济条件、市场供需情况和项目建设的各种条件都会发生变化，因此预定的项目目标的实现程度就成了工程项目后评价的主要任务之一。工程项目后评价要对照原定项目目标去分析和检查实际完成的指标情况，检查项目实际实现目标的情况和变化的情况，分析项目目标实际发生改变的原因，以判断项目目标发生变化的原因和程度。

工程项目目标实现情况的评价方法见表 8.1。

表 8.1　　项目预定目标的目的达到程度分析表

项目目标的内容和名称	目标的预定值	目标实际达到的数值	目标的实现程度	目标偏离原因分析

2. 项目实施过程评价

过程评价一般应对照项目立项时所确定的目标和任务，分析和评价项目执行过程的实际情况，从中找出产生变化的原因、总结经验教训。其主要内容包括前期工作评价、建设实施评价、生产运行评价和项目管理评价。

（1）项目前期工作评价

项目前期工作评价是指对立项决策、项目建设内容与规模、勘察设计、准备工作和决策程序等的评价。

（2）项目建设实施评价

项目建设实施评价是指对设备采购、工程建设、竣工验收和生产准备等各个阶段工作的评价，具体包括对施工准备、招标投标、工程进度、工程质量、工程造价、工程监理以及各种合同执行情况及生产运行准备情况等的评价。

（3）项目生产运行评价

项目生产运行评价是指对项目从正式投产到后评价期间项目的运行情况进行评价，主要包括对项目产品市场情况，原材料、燃料供应情况以及生产条件情况等进行评价。

（4）项目管理评价

项目管理评价是指对项目实施全过程中各阶段管理者的工作水平作出评价，主要分析和评价管理者是否能有效地管理项目的各项工作，是否与政策机构和其他组织建立了必要的联系，人才和资源是否使用得当，是否有较强的责任感等。从中总结出项目管理的经验教训，并对如何提高管理水平提出改进措施和建议。

3. 项目效益评价

项目效益评价包括项目财务后评价和项目国民经济后评价两部分，目的是通过对项目财务评价指标和国民经济评价指标的重新计算来确定原来的测算结果是否符合实际，并找出发生变化的主要原因。

（1）工程项目财务后评价

项目财务后评价是从企业角度对项目投产后的实际财务效益进行再评价，根据现行财务制度规定及项目建成投产后投入物和产出物的实际价格水平，重点分析总投资、产品成本、企业收益率、贷款偿还期与当初预测值之间的差距，剖析原因，并作出新的预测。

项目财务后评价指标体系包括三类：第一类是反映项目实际财务效果的指标，与前评价中的指标一致；第二类是反映项目后评价与前评价两者之间财务效果指标偏离程度的指标，如净现值变化率、内部收益率变化率、投资利润率变化率等；第三类是分析财务指标偏离原因的指标，包括固定资产投资变化率、产品销售收入变化率、产品经营成本变化率等。

①项目盈利能力分析。工程项目后评价测算项目财务净现值和内部收益率的目的是要将项目实际的财务结果与项目前评价进行对比分析，并且还要将项目的行业基准收益率和项目贷款利息进行分析，用以评价项目的盈利能力。在工程项目后评价的成本效益分析中，计算净现值和内部收益率时要扣除物价上涨的因素。因此，

这种工程项目后评价必须建立在同度量的原则之上，必须按照工程项目后评价与前评价的不变价格进行，使评价比较的项目数据具有可比性。另外，以工程项目后评价的时点作为基准时间，工程项目后评价的财务分析数据可分为两个时间段，此时点以前（T_1-T_2）使用不变价的实际发生数据，此时点以后（T_2-T_3）使用不变价的预测数据（见图 8.1）。

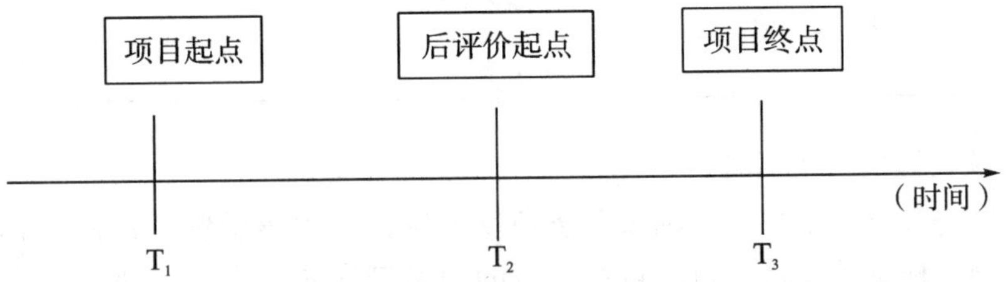

图 8.1　工程项目后评价时点

②项目清偿能力分析。工程项目后评价中的项目清偿能力分析主要用于分析和评价项目实际的财务清偿能力。这需要考察的指标包括负债资产比、流动比率和速动比率。这里的一项重要工作就是按项目的实际偿还能力来计算借款的偿还期。这可根据偿还项目长期借款本金（包括融资租赁扣除利息后的租赁费）的税后利润、折旧和摊销等数据来计算。这方面的后评价可以根据项目投产后的生产运营实际数据和未来的预测数据进行分析和评价。

③项目财务评价指标对比。项目的财务后评价中最重要的工作是对于项目前评价和项目实际发生的财务评价指标的对比分析。这种分析可以使用表 8.2 所示的对比表的形式进行。

表 8.2　　财务效益对比表

序号	分析内容	名称报表	评价指标名称	指标值		偏离值	偏离原因
				前评价	后评价		
1	盈利能力分析	项目投资现金流量表	全部投资回收期				
2			财务内部收益率（税前）				
3			财务净现值（税前）				
4		自有资金现金流量表	财务内部收益率（税后）				
5			财务净现值（税后）				
6		损益表	资金利润率				
7			资金利税率				
8			资本金利润率				

表8.2(续)

序号	分析内容	名称报表	评价指标名称	指标值		偏离值	偏离原因
				前评价	后评价		
9	清偿能力分析	资金来源与运用表	借款偿还期、偿债准备率				
10			资产负债率				
11		资产负债表	流动比率				
12			速动比率				

(2) 项目国民经济后评价

国民经济后评价是从宏观国家经济角度出发，采用影子价格、影子汇率、影子工资和社会折现率等参数，对项目投产后的国民经济效益进行再评价，重点分析项目的实际成本效益与预测成本效益之间的差别及产生的原因，包括投资的国民收入分析、直接外汇效益分析、调价的经济分析、社会效益分析和环境效益评价等。

工程项目国民经济后评价的主要作用是通过工程项目后评价指标与前评价指标的比较，分析项目前评价和项目决策质量以及项目实际的国民经济成本效益情况，以及分析和给出项目的可持续性发展情况。表 8.3 为工程项目国民经济效益指标对比表。

表 8.3　　工程项目国民经济效益指标对比表

序号	分析内容	名称报表	评价指标名称	指标值		偏离值	偏离原因
				前评价	后评价		
1	盈利能力分析	项目投资经济效益费用流量表	经济内部收益率				
2			经济净现值				
3		国内投资经济效益费用流量表	经济内部收益率				
4			经济净现值				
5	外汇效果分析	出口产品国内资源流量表及出口产品外汇流量	经济换汇成本				
6		替代出口产品国内资源流量表及替代出口产品外汇流量	经济节汇成本				

项目后评价中的国民经济评价与前评价中的国民经济评价的方法与内容是一致的，效益与费用的计算要建立在数据资料同期性的基础上。

4. 项目影响评价

(1) 经济影响评价

经济影响评价主要分析项目对所在地区、所属行业以及国家所产生的经济方面的影响，包括资源合理配置、产业结构的调整、能源开发和综合利用、技术进步等。

（2）环境影响评价

项目建设对环境的影响评价主要是对照前评价时的环境影响报告，重新审查项目实施后对环境产生的实际影响，审查项目环境管理的决策、规定、规范和参数的可靠性和实际效果。环境影响评价主要包括项目污染控制、区域环境质量影响、自然资源利用和保护、区域生态平衡影响和环境管理能力五个方面，见表 8.4。

表 8.4　环境影响后评价内容

序号	项目	内容
1	项目污染控制	多数生产项目的一项重要环境保护工作就是控制项目的污染。工程项目后评价在检查和评价项目污染评价项目污染控制方面的主要工作有分析和评价项目的废气、废水、废渣（简称“三废”）及噪声是否在总量和浓度上达到了国家和地方政府颁布的标准，评价项目实际的污染控制与项目设计之间的差距，项目的环保治理措施是否运转正常和项目环保的管理是否有效等
2	区域环境质量影响	区域环境质区域环境质量影响主要分析项目对当地环境影响较大的污染物，这些物质与环境背景有关，并与项目的“三废”排放有关
3	自然资源利用和保护	自然资源利用和保护包括项目对于水资源、海洋、土地、森林、草原、矿产、渔业、野生动植物等自然资源的合理开发、综合利用、积极保护等方面的评价。这种对自然资源利用方面的评价分析的重点是节约资源和资源的综合利用等。对于上述内容的评价方法要根据国家和地区环保部门制定的有关规定和办法进行
4	区域生态平衡影响	区域生态平衡影响评价内容包括项目对于人类、植物和动物种群，特别是珍稀濒危的野生动植物等生态环境所造成的综合影响，这方面的后评价内容主要是评价项目实际对于区域生态环境的影响，以及对项目前评价的预计情况和工程项目后评价的实际情况进行必要的对比分析
5	环境管理能力	环境管理能力评价内容包括对环境监测管理情况、“三同时”制度（防治环境污染和生态破坏的设施，必与主体工程同时设计、同时施工、同时投产使用）和其他环保条例的执行情况；环保资金、设备的管理；环保制度和机构、政策和规定的制定情况；环保技术管理和人员培调情况等

（3）社会影响评价

对工程项目社会影响的后评价是分析项目对国家或地方的社会发展目标的实际影响情况等。

项目社会影响后评价的具体内容包括项目对于就业的影响，对于地区收入分配的影响，对于居民生活水平和生活质量的影响，对于地方和社区发展的影响及对于文化教育和民族宗教的影响，具体内容见表 8.5。

表 8.5　社会影响后评价的内容

序号	项目	内容
1	对于就业的影响	项目对于就业的影响主要是指项目对于就业的直接影响。项目对于就业影响的评价可用绝对量指标，也可以使用相对量指标。绝对量指标是项目实际直接收纳的就业人员数量，可用下式计算，相对量指标是项目的就业率指标。 单位投资就业人数=新增就业人数/项目总投资 新增就业人数包括项目带来的直接和间接新增就业人数，其中含所在地区妇女就业的人数分析；项目总投资包括直接和间接的投资
2	对于地区收入分配的影响	项目对地区收入分配的影响主要是指项目对地区的收入及其分配的影响，即项目对公平分配和扶贫的影响。项目对于这些方面的影响后评价主要是评价项目实际的影响和项目实际情况与项目前评价的预计情况的差距，以及造成这些差距的原因，从而修订决策或采取相应的改进措施
3	对于居民生活水平和生活质量的影响	项目对于居民生活水平和生活质量的影响的后评价包括分析和评价项目实际引起的居民收入的变化，人口和计划生育情况，住房条件和服务设施的改善，教育和卫生条件的提高，体育活动和文化娱乐活动的改善等，以及相应的项目前后评价的对比
4	对于地方和社区发展的影响	项目对地方和社会发展的影响的后评价主要评价项目实际上对于地区和社区的基础设施建设以及未来发展的各种影响，项目对于地方和社区的社会安定、社区福利、社区组织和管理等方面的影响。这种后评价的内容也要作项目实际情况与项目前评价预计情况的比较
5	对于文化教育和民族宗教的影响	项目对于文化教育和民族宗教的影响包括项目对于文化和教育事业的影响，项目对于妇女社会地位的影响，项目对于少数民族和民族团结的影响，项目对于当地人民的风俗习惯和宗教信仰的影响等。这种后评价也包括对项目实际情况的评价和项目前后评价指标的对比

综上所述，社会影响评价是对项目在社会发展方面的效益和影响进行分析，重点评价项目对所在地区和社区的影响。评价的主要内容有：项目对社会文化、教育、卫生的影响；对就业、扶贫、公平分配的影响；对居民生活条件和生活质量的影响；对妇女、民族团结、风俗习惯和宗教信仰等的影响。

对于项目社会影响的后评价除了表 8.5 的内容以外，还要在这些专项评价的基础上，进行项目社会影响的综合评价。表 8.6 是项目社会影响综合评价的一种矩阵分析法的模式。

表 8.6　　项目社会影响综合评价矩阵

序号	指标（定性和定量）			评价		说明（措施与费用）
	原定指标	实际实现	差别	原因	结论	
1						
2						
⋮						

（4）技术进步影响评价

工程项目技术进步影响评价主要是对项目工艺技术、技术装备和工程技术选择的可靠性、适用性、配套性、先进性、经济合理性的再分析。在项目决策阶段认为可行的工艺技术和技术装备以及工程技术，在项目实施或使用中有可能与预想的结果有差别，许多不足之处会逐渐暴露出来，在工程项目后评价中就需要针对实践中存在的问题、产生的原因认真总结经验，以便在以后的项目设计或设备更新中选用更好、更适用、更经济的设备，甚至对项目原有的工艺技术和技术装备进行适当调整，更好地发挥技术和设备的经济效益。

项目技术后评价的主要方法和内容与项目前评价基本相同。对于加工制造业项目，其内容主要包括：检验项目工艺技术与技术装备的可靠性；检验工艺技术和技术装备是否合理；检验工艺技术和装备对产品质量的保证程度及检验工艺技术和技术装备的配套性。

5. 项目持续性评价

项目的持续性是指项目完成之后，项目的既定目标是否还可以持续，项目是否可以顺利地持续实施，项目业主是否愿意并可以依靠自己的能力持续实现既定的目标。

项目持续性评价主要包括以下几个方面：

（1）政府政策因素

根据政府的政策，重点分析政府政策对项目效益、目标的影响。

（2）管理、组织与参与因素

根据项目各机构的管理能力、效率来分析项目的持续性，如管理人员的素质、能力，管理机构的制度、组织形式、人员培训以及地方政府和群众的参与等各个方面。

（3）财务分析

在进行经济财务持续性分析时应把评价时点前的投资均视为沉没成本，项目是否持续的决策只能在对项目未来的收益、费用的合理预测及现有资产重估值的基础上进行，通过资产负债表计算项目的清偿能力、实际还贷能力，通过对项目未来的不确定性分析确定项目持续性的条件。

（4）技术因素

技术持续性评价根据项目前评价中的技术因素分析，确定关键技术的内容和条件，从技术培训、当地对装备维修条件的实际情况等方面，分析项目是否满足所选技术装备的需要，分析技术选择与运行操作、配件费用与汇率变动的关系，分析新技术推广的潜力、新产品开发的能力等。

（5）社会、文化、环境、生态持续性

社会、文化、环境、生态的持续性评价着重分析这几个方面出现的负面作用与影响及值得以后借鉴的经验与教训。

二、项目后评价的方法

项目后评价的方法是进行后评价的手段和工具，没有切实可行的后评价方法，就无法开展后评价工作。后评价与前期评价在方法上都采用定量分析与定性分析相结合的方法。但是评价选用的参数及比较的对象不同，决定了后评价方法具有不同于前期评价的特殊性。项目后评价最常用的方法包括对比分析法、逻辑框架法、成功度评价法和因果分析法。

1. 对比分析法

对比分析法是项目后评价的一般原则，对比是将项目前期的可行性研究和评估的预测结论，以及初步设计时的经济指标，与项目的实际运行结果及在评价时所做的新的预测相比较，用以发现变化和分析原因。

项目后评价采用对比法时，一是要注意数据的可比性，二是要与其他项目进行对比，可以是同行业对比、同规模对比、同地区对比等。

对比分析法包括前后对比法和有无对比法。前后对比法是项目实施前后相关指标的对比，用以直接估量项目实施的相对成效。它将项目实施前与项目实施后的情况加以对不，把项目可行性研究和评估时所预测的效益与项目竣工投产运营后的实际结果相比较，找出差异，分析原因。这也是项目过程评价应遵循的原则之一。

有无对比法是指在项目周期内“有项目”（实施项目）相关指标的实际值与“无项目”（不实施项目）相关指标的预测值加以对比，用以度量项目真实的收益、作用及影响。是将项目投产后实际发生的情况与没有运行的投资项目可能发生的情况相对比，以度量项目的真实效益、影响和作用。这种对比的重点主要是分清项目自身的作用和项目以外的作用，主要适用于项目的效益评价和影响评价。

2. 逻辑框架法（LFA）

逻辑框架结构矩阵，简称逻辑框架法（Logical Framework Approach，LFA），是由美国国际发展署于1970年提出的一种项目开发的工具，用于项目的规划、实施、监督和评价。

它是目前国际上广泛用于规划、项目、活动的策划、分析、管理、评价的基本方法，许多国际组织也把这种方法作为援助项目的计划、管理和后评价的主要方法。

逻辑框架法不是一种机械的方法或程序，而是一种综合、系统地研究问题的思维框架模式。这种方法有助于对关键因素和重要问题做出合乎逻辑的分析。它为项目计划者和评价者提供一种分析框架，用以确定工作的范围和任务，并通过对项目目标和达到目标所需要的手段进行逻辑关系的分析。

逻辑框架法是一种概念化论述项目的方法。它用一张简单的框图来清晰地分析一个复杂项目的内涵和关系，使之更易理解。这种方法是将几个内容相关且必须同步考虑的动态因素组合起来，通过分析其间的逻辑关系，从设计、策划到目的、目标等方面来评价一项活动或一个项目。逻辑框架法的核心概念是事物的因果逻辑关系。即“如果”提供了某种条件，“那么”就会产生某种结果，这些事件包括事物内在的因素和事物所需要的外部因素。

逻辑框架法的基本模式使用一张矩阵图来表示，见表 8.7。逻辑框架由 4×4 的模式组成，横行代表项目目标的层次，包括达到这些目标所需要的方法（垂直逻辑）；竖列代表如何验证这些目标是否达到（水平逻辑）。垂直逻辑用于分析项目计划做什么，弄清项目与结果之间的关系，确定项目本身和项目所在地的社会、物质、政治环境中的不确定因素。水平逻辑的目的是要衡量项目的资源和结果，确立客观的验证指标及其指标的验证方法来进行分析。水平逻辑要求对垂直逻辑 4 个层次上的结果做出详细说明。

表 8.7　逻辑框架法的模式

层次描述	客观验证指标	验证方法	重要外部条件
层次（影响）	目标指标	监测和监督手段及方法	实现目标的主要条件
目的（作用）	目的指标	监测和监督手段及方法	实现目的的主要条件
产出（结果）	产出物定量指标	监测和监督手段及方法	实现产出的主要条件
投入（措施）	投入物定量指标	监测和监督手段及方法	实现投入的主要条件

3. 成功度法

成功度法即所谓的打分评价法。它是以逻辑框架法分析的项目目标的实现程度和经济效益分析的评价结论为基础，以项目的目标和效益为核心所进行的全面系统评价。此方法是依靠评价专家或专家组的经验，对项目各方面的执行情况进行打分并评定其等级，再通过综合评价方法来确定项目总体的成功程度。

成功度评价见表 8.8，对其中各项内容做如下说明：

（1）评定项目指标。评定具体项目的成功度时，选择与项目相关的评价指标。

（2）项目相关重要性。项目相关重要性分为重要、次重要和不重要三级。评价人员应根据具体项目的类型和特点，确定出各项指标与项目相关的重要性程度。

（3）评定等级。项目成功度评价等级划分为A、B、C、D、E五级。其中：

A（成功）：完全实现或超出目标。相对成本而言，总体效益非常大。

B（基本成功）：目标大部分实现。相对成本而言，总体效益较大。

C（部分成功）：部分目标实现。相对成本而言，取得了一定效益。

D（不成功）：实现的目标很少。相对成本而言，取得的效益很小或不重要。

E（失败）：未实现目标。相对成本而言，亏损或者没有取得效益，项目不得不放弃。

表8.8　　项目成功度评价表

评定项目指标	项目相关重要性	评价等级	评定项目指标	项目相关重要性	评价等级
宏观目标和产业政策			项目投资及其控制		
决策及其程序			项目经营		
布局与规模			机构和管理		
项目目标及市场			项目财务效益		
设计与技术装备水平			项目经济效益和影响		
资源和建设条件			社会和环境影响		
资金来源和融资			项目可持续性		
项目进度及其控制			项目综合评价		
项目质量及其控制					

4. 因果分析法

对于一些建设周期较长的工程项目，在其整个建设过程中会受到社会经济发展变化与国家政策等内外因素的影响。这些项目实施中的主客观因素影响会导致项目实际的技术经济指标与项目前评价阶段的预测发生一定的偏差，而且对于项目的实施和运行效果发生较大的影响。因此，在项目后评价时除了要评价这些因素影响的结果以外，还要使用因果分析法去发现问题、分析问题，提出解决这些问题的对策、措施和建议，以便使今后的运营效果能够得以改善。

（1）因果分析的对象。因果分析的对象包括：对工程项目管理法规及办事程序的执行；工程技术及质量指标的变化，如设计方案、工期、工程建设数量及规模、设施设备技术标准等方面的变化；经营方式、管理体制及经济效益指标的变化。

（2）因果分析的方式。因果分析常采用因果分析图的方式进行。根据因果图的形状，也可称之为鱼刺图或树状图。一个投资项目的工程质量或效益等方面的技术经济指标往往会受到不同因素的影响，这些因素的共同作用，在项目的设计、施工建设、运营管理过程中，使得实际指标与前评价阶段预期的目标产生一定的差距，以至于影响到项目实施的总体目标或子目标。在这些复杂的原因中，由于它们不都是以同等效力作用于实施效果或指标的变化过程的，必定有主要的、关键的原因，也有次要的或一般的原因。在项目评价中不能对上述这些原因泛泛而论，必须从这些错综复杂的原因中整理出头绪，找出使指标产生变化的真正起关键作用的原因。这不是一件轻而易举的事情。因果分析图就是这样一种分析和寻找影响项目主要技术经济指标变化原因的简便有效的方法或手段。

因果分析图的工作步骤如下：

第一，作图。从项目中首先要找出或明确所要分析的问题或对象，并画一条从左至右的带箭头的粗线条，作为主干，表示要分析的问题。在箭头的右侧写出所要分析的问题或指标，如图 8.2 所示。

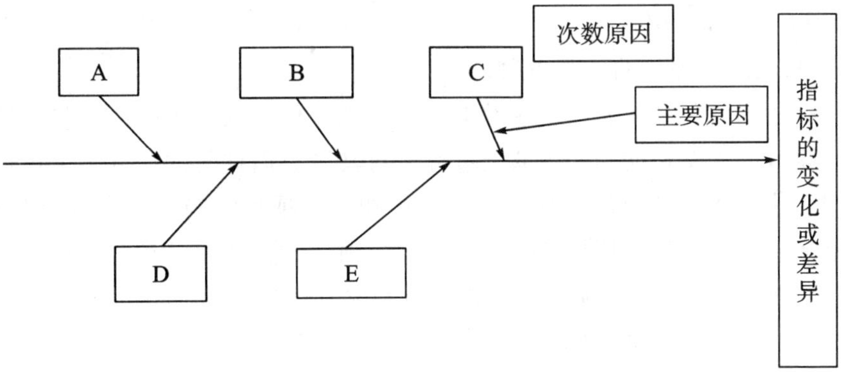

图 8.2　因果分析图

第二，原因分类。将原因、分析意见和收集的信息，按照问题的性质或属性进行分类，如外部因素、内部因素、主要因素、次要因素等。

第三，重要原因确定。对于造成项目重大变化，或对项目实施目标和效果产生重大影响的主要原因和核心问题加上突出的标记，作为重点分析评价对象。

第三节　项目前期工作与实施的后评价

一、前期工作后评价

1. 项目前期工作后评价的任务与意义

项目前期工作亦称项目准备工作，包括从编制项目建议书到项月正式开工过程中的各项工作内容。对其进行后评价的任务，主要是评价项目前期工作的实效，分析和总结项目前期工作的经验教训。其意义在于，分析研究项目投资实际效益与预测效益的偏差在多大程度上是由于前期工作失误所致，其原因何在，为以后加强工作管理积累经验。

2. 项目前期工作后评价主要内容

（1）项目筹备工作的评价；

（2）项目决策的评价；

（3）厂址选择的评价；

（4）勘察设计工作的评价；

（5）“三通一平”工作的评价；

（6）资金落实情况的评价；

（7）物资落实情况的评价。

二、项目实施后评价

1. 项目实施后评价的任务与意义

正式开工后，就意味着项目建设工作从前期工作转入实施阶段，包括从项目开工起到竣工验收、交付使用为止的全过程。对其进行后评价的任务，主要是评价项目实施过程中各主要环节的工作实效，分析和总结项目实施管理中的经验和教训。其意义在于，分析和研究项目实际投资效益与预计效益的偏差在多大程度上是在项目实施过程中造成的，为以后进一步改进项目管理工作积累经验。

2. 项目实施后评价的内容

项目实施后评价的内容主要包括以下几个方面：

（1）项目开工的主要分析和评价

①项目开工条件是否具备，手续是否齐全。

②项目实际开工时间与计划开工时间是否相符，提前或延迟的原因何在，对整个项目建设乃至投资效益发挥的影响如何。

（2）项目变更情况的主要分析和评价

①项目范围变更与否，变更的原因是什么。

②项目设计变更与否，变更的原因是什么。

③项目范围变更、设计变更对项目建设工期、造价、质量的实际影响如何。

（3）项目施工组织与管理的主要分析和评价

①施工组织方式是否科学合理。

②是否推行了工程项目管理，效果如何。

③施工项目进度控制方法是否科学，成效如何。

④施工项目成本控制方法是否科学合理，成效如何。

⑤施工技术与方案制订的依据是什么，有何独到之处，对项目实施有何影响，有何主要经验。

（4）项目建设资金供应与使用情况的主要分析和评价

①建设资金供应是否适时适度，是否发生过施工单位停工待料或整个项目因资

金不足而停建缓建的情况，其原因何在。

②建设资金运用是否符合国家财政信贷制度规定，使用是否合理，能否充分挖掘建设单位内部潜力、精打细算地使用资金，以保证建设任务按期完成或提前完成。

③资金占用情况是否合理。

④考核和分析全部资金的实际作用效率。

（5）项目建设工期的主要分析和评价

①核实各单位工程实际开工、竣工日期，查明实际开工推迟的原因并计算实际建设工期。

②计算实际建设工期变化率，主要是竣工项目定额工期率指标，并分析实际建设工期与计划工期产生偏差的原因。

③计算建筑安装单位工程的施工工期，以分析建设工期的变化。在进行项目建设工期后评价时，还应分析和研究投产前生产准备工作情况及其对建设工期的影响。

（6）项目建设成本的主要分析和评价

①查看主要实物工程量的实际数量是否超出预计数量，超出多少，原因何在。

②分析设备、工器具购置费用及工程建设其他费用是否与实际情况相符，设备的选型是否按设计中所列的规格、型号、质量标准采购。如果不一致，其原因何在，它对建设成本的增减有何影响。

③主要材料的实际消耗量是否与计划的情况相符；材料实际购进价格是否超出了预算中的预算价格；是否出现过因采购供应的材料、规格、质量达不到设计要求而造成浪费的现象。如果出现上述几种情况，原因何在，对建设成本的增减有何影响。

④各项管理费用的取费标准是否符合国家的有关规定，是否与工程预算中的取费标准相一致，不一致的原因何在。

（7）项目工程质量和安全情况的主要分析和评价

①计算实际工程质量合格品率、实际工程质量优良品率。

②将实际工程质量指标与合同文件规定的或设计规定的工程质量状况进行比较，找出偏差，进行分析。

③设备质量情况如何，设备及安装工程质量能否保证投产后正常生产的需要。

④有无重大质量事故，产生事故的原因何在。

⑤计算和分析工程质量事故的经济损失，包括计算返工损失率，因质量事故所造成的实际损失，以及分析无法补救的工程质量事故对项目投产后投资效益的影响程度。

⑥有无重大工程安全事故，其原因何在，所带来的实际影响如何。

（8）项目竣工验收的主要分析和评价

①项目竣工验收组织工作及其效率，竣工验收委员会的成员组成是否符合国家有关规定。

②项目竣工验收的程序是否符合国家有关规定。

③项目竣工验收是否遵守有关部门规定的验收标准，未遵循标准的原因何在。对项目投资效益的发挥有何影响。

④项目竣工验收各项技术资料是否齐全，是否按有关规定对各项技术资料进行系统整理。

⑤项目投资包干、招标投标等有关合同执行情况如何，合同不能履行的原因何在。项目投资包干、招标投标的具体形式有何特色，对今后改进项目管理有何经验教训。

⑥收尾工程和遗留问题的处理情况，处理方案实际执行情况如何，是否对投资效益有重大影响。

（9）同步建设的主要分析和评价

①相关项目在时间安排上是否同步，不同步的原因何在，有何影响。

②建设项目所采用的技术与前、后续项目的技术水平是否同步，不同步的原因何在，对项目投资效益的发挥有何影响。

③相关项目之间的实际生产能力是否协调、配套，不配套的原因何在，对项目投资效益的发挥有何影响。

④建设项目内部各单项工程之间建设速度是否满足要求，不满足要求的原因何在。

⑤项目同步建设方面有何经验教训，并提出改进意见。

（10）项目实际生产能力和单位生产能力投资的主要分析和评价

①项目实际生产能力有多大，与设计生产能力的偏差情况如何，产生的原因何在，对项目实际投资效益的发挥影响程度如何。

②项目实际生产能力与产品实际成本的高低有何关系，项目所形成的生产规模是否处在最优的经济规模区间。

③项目实际生产能力与产品实际市场需求量的关系如何。

④项目实际生产能力与实际原材料来源和燃料、动力供应及交通运输条件是否相应，应如何调整，对项目投资效益的影响程度如何。

实际单位生产能力投资是项目后评价的一个综合指标，它反映项目建设所取得的实际投资效果。它是竣工验收项目全部投资使用额与竣工验收项目形成的综合生产能力之间的比率。将它与设计概（预）算的单位生产能力造价比较，可以衡量项目建设成果的计划完成情况，综合反映项目建设的工作质量和投资使用的节约或浪费。与同行业、同规模的竣工项目比较，在消除不同建设条件因素后可以反映项目建设的管理水平。实际单位生产能力投资的评价，可通过计算单位生产能力投资变化率来进行，以此来衡量项目实际单位生产能力投资与预计的或与其他同类项目实际的单位生产能力投资的偏差程度，并具体分析产生偏差的原因。

第四节　项目运营后评价

1. 项目运营后评价的目的与意义

项目运营后评价的目的是通过项目投产后的有关实际数据资料或重新预测的数据，衡量项目的实际经营情况和实际投资效益，分析和衡量项目实际经营状况和投资效益与预测情况或其他同类项目的经营状况和投资效益的偏离程度及其原因，系统地总结项目投资的经验教训，并为进一步提高项目投资效益提出切实可行的建议。项目运营后评价的意义主要表现为以下几个方面：

（1）全面衡量项目实际投资效益。

（2）系统地总结项目投资的经验教训，指导未来项目投资活动。

（3）通过采取一些补救措施，提高项目运营的实际经济效益。

2. 项目运营后评价的内容与方法

项目运营阶段包括从项目投产到项目寿命期末的全过程。由于项目后评价的时机一般选择在项目达到设计生产能力的1~2年内，项目的实际投资效益还未充分体现出来，所以项目运营后评价除了对项目实际运营状况进行分析和评价外，还需要根据投产后的实际数据来推测未来发展状况，需要对项目未来发展趋势进行科学的预测。项目运营后评价主要有以下七方面内容：

（1）企业经营管理状况的评价

①企业投产以来经营管理机构的设置与调整情况，设置的机构是否科学合理，调整的依据是什么，调整前后运行效率比较，是否适应企业生存和发展的需要等。

②企业管理领导班子情况。

③企业管理人员配备情况。

④经营管理的主要策略是什么？

⑤企业现行管理规章制度情况。

⑥企业承包责任制情况。

⑦从企业经营管理中可以吸取哪些经验教训，并提出改善企业经营管理进一步发挥项目投资效益的切实可行的建议。

（2）项目产品方案的评价

①项目投产后到项目后评价时为止的产品规格和品种的变化情况。

②产品方案调整对发挥项目投资效益有何影响，产品方案调整的成本有多大。

③现行的产品方案是否适应消费对象的消费需求，现行产品方案与前评价或可行性研究时设计的产品方案相比，有多大程度的变化，产品方案的变化在多大程度上影响到项目投资效益。

④产品销售方式的选择。

（3）项目达产年限的评价

项目达产年限是指投产的建设项目从投产之日起到其生产产量达到设计生产能力时所经历的全部时间，一般以年表示。项目达产年限有设计达产年限与实际达产年限之分。设计达产年限是指在设计文件或可行性研究报告中所规定的项目达产年限；实际达产年限是指从项目投产起到实际产量达到设计生产能力时所经历的时间。建设项目的设计达产年限与实际达产年限由于受各种因素的影响难免出现不一致的情况，所以在项目后评价时，有必要对项目达产年限进行单独评价。

项目达产年限评价的内容和步骤是：

①计算项目实际达产年限。

②计算实际达产年限的变化情况。主要与设计或者前评价预测的达产年限进行比较，可以用实际达产年限变化率或实际达产年限与设计或预测的达产年限的差额来表示。

③实际达产年限与设计达产年限相比发生变化的原因何在。

④计算项目达产年限变化所带来的实际效益或损失。

⑤项目达产年限评价的结论是什么，其经验教训是什么，为促使项目早日达产有何可行的对策措施。

（4）项目产品生产成本的评价

产品生产成本是反映产品生产过程中物资资料和劳动力消耗的一个主要指标，是企业在一定时期内为研制、生产和销售一定数量的产品所支出的全部费用。项目产品生产成本的高低对项目投资效益的发挥会产生显著作用。生产成本高，则项目销售利润减少，项目投资效益降低；生产成本低，则项目销售利润增多，项目投资效益增加。在项目后评价时，进行项目产品生产成本评价的目的，在于考核项目的实际生产成本，衡量项目实际生产成本与预测生产成本的偏离程度，分析产生这种偏离的原因，为今后项目投资进行成本预测提供经验，同时为提高项目实际投资效益提出切实可行的建议。

项目产品生产成本评价的内容和步骤如下：

①计算项目实际产品生产成本，包括生产总成本和单位生产成本。在项目后评价时，产品生产成本也可以不重新计算，而从企业有关财务报表中查得。

②分析总成本的构成及其变化情况。

③分析实际单位生产成本的构成及其变化情况。

④与项目前评价或可行性研究中的预测成本相比较，计算实际生产成本变化并分析实际生产成本与预测成本的偏差及其产生的原因。

⑤项目实际生产成本发生变化对项目投资效益的影响程度有多大，降低项目实际生产成本的有效措施是什么。

（5）项目产品销售利润的评价

销售利润是综合反映项目投资效益的指标，对其进行评价的目的，在于考核项目的中心产品销售利润和投产后各年产品销售利润的变化情况，比较和分析实际产品销售利润与项目前评价或可行性研究中的预测销售利润的偏离程度及其原因，提出进一步提高项目产品销售利润及提高项目投资效益的有效措施。

产品销售利润评价的内容和步骤如下：

①计算投产后历年实际产品销售利润产生变化的原因。

②计算实际产品销售利润变化率。

③分析项目实际产品销售利润偏离预测产品销售利润的原因，计算各种因素对实际产品销售利润的影响程度。

④提出提高实际产品销售利润的对策和建议。

（6）项目经济后评价

项目经济后评价是项目后评价的核心内容之一。项目经济后评价的目的是衡量项目投资的实际经济效果。一方面，比较和分析项目实际投资效益与预测投资效益的偏离程度及其原因；另一方面，通过信息反馈，为今后提高项目决策科学化水平服务。经济后评价分为项目财务后评价和国民经济后评价两项内容。

（7）对项目可行性研究水平进行综合评价

尽管在项目前期工作后评价和实施后评价中都已从某种角度对项目可行性研究水平作出过评价，但只有在项目运营后评价时，才有可能对项目可行性研究水平进行综合评价。因为项目运营阶段是项目实际投资效益发挥的时期，通过项目运营后评价，尤其是通过项目经济后评价，才能具体计算出项目的实际投资效益指标，这样才便于与可行性研究中的有关预测指标进行比较。项目可行性研究水平评价的内容主要是对项目可行性研究的内容和深度进行评价。其评价的内容和步骤是：

①考核项目实施过程的实际情况与预测情况的偏差。

②考核项目预测因素的实际变化与预测情况的偏离程度，主要包括投资费用、产品产量、生产成本、销售收入、产品价格、市场需求、影子价格、国家参数和各项费率等的偏差。

③考核可行性研究各种假设条件与实际情况的偏差，主要包括产品销售量、通货膨胀率、贷款利率等的偏差。

④考核实际投资效益指标与预测投资效益指标的偏离程度，主要是实际投资利润率、实际投资利税率、实际净现值、实际投资回收期、实际贷款偿还期、实际内部收益率等的变化。

⑤考核项目实际敏感性因素和敏感性水平。

⑥对可行性研究深度进行总体评价。方法是通过上述各项考察，综合计算预测情况与实际情况的偏差幅度，然后根据设定的标准，评价可行性研究的深度。根据国外项目后评价情况，并结合我国的实际，可行性研究深度的评价标准应该是：a. 偏离程度小于15%时，可行性研究深度符合合格要求；b. 偏离程度在15%～25%之间时，可行性研究深度相当于预测可行性研究水平；c. 偏离程度在25%～35%之

间时，可行性研究深度相当于编制项目建议书阶段的预测水平；d. 偏离程度超过35%时，可行性研究的深度不合格。

⑦具体研究和分析项目的实际可行性研究水平，表现为⑥中出现b、c、d三种情况的原因。是预测依据不可信还是预测方法不科学？是预测人员素质不够高还是人为干预所致？是预测水平所致还是由客观环境演变造成的等。

⑧可供今后提高项目可行性研究水平的经验教训是什么？

思考与练习

1. 简述工程项目后评价的概念及特点。
2. 简述项目后评价与项目可行性研究的差别。
3. 简述项目后评价的作用及原则。
4. 简述项目过程后评价的内容。
5. 简述项目实施后评价的内容。
6. 简述项目运营后评价的意义与内容。

参考文献

[1] 邵颖红. 工程经济学概论 [M]. 北京：电子工业出版社，2015.

[2] 张厚钧. 工程经济学 [M]. 北京：北京大学出版社，2009.

[3] 何亚伯，张海涛，杨海红. 工程经济学 [M]. 北京：机械工业出版社，2008.

[4] 李志生. 建筑技术经济学 [M]. 成都：西南交通大学出版社，2016.

[5] 李慧民. 工程经济与项目管理 [M]. 北京：科学出版社，2016.

[6] 王飞. 工程经济学与案例分析 [M]. 北京：高等教育出版社，2015.

[7] 刘亚臣. 工程经济学 [M]. 4 版. 大连：大连理工大学出版社，2013.

[8] 宋健民. 工程经济学 [M]. 北京：中国电力出版社，2013.

[9] 鹿雁慧，王铁，宋晓慧. 工程经济学 [M]. 2 版. 北京：北京理工大学出版社，2013.

[10] 王克强，王洪卫，刘红梅. 工程经济学 [M]. 2 版. 上海：上海财经大学出版社，2014.

[11] 李忠富，杨晓冬. 工程经济学 [M]. 北京：科学出版社，2012.

[12] 王涯茜. 建设工程经济 [M]. 武汉：武汉大学出版社，2013.

[13] 冯为民，付晓灵. 工程经济学 [M]. 北京：北京大学出版社，2006.

[14] 王德胜. 企业危机预警管理模式研究——动态复杂环境下企业管理的新视角 [M]. 济南：山东人民出版社，2010.

[15] 杜春艳. 工程经济学 [M]. 武汉：华中科技大学出版社，2007.

[16] 陈建，段力平. 实用技术经济学 [M]. 2 版. 北京：高等教育出版社，2008.

[17] 李南. 工程经济学 [M]. 4 版. 北京：科学出版社，2013.

[18] 王修贵. 工程经济学 [M]. 北京：中国水利水电出版社，2008.

[19] 蒋丽波. 工程经济学 [M]. 西安：西北工业大学出版社，2012.

[20] 文放怀，刘任翔. 新产品开发管理体系 IPDFSS [M]. 深圳：海天出版社，2011.

[21] 朱燕萍. 决策树法在企业决策中的应用 [J]. 企业导报，2009 (2).

[22] 王永祥，陈进. 工程经济分析 [M]. 北京：北京理工大学出版社，2012.

[23] 刘燕，技术经济学 [M]. 成都：电子科技大学出版社，2013.

[24] 黄有亮，工程经济学习题集及解析 [M]. 南京：东南大学出版社，2016.

[25] 全国一级建造师职业资格考试用书编写委员会. 建设工程经济 [M]. 4 版. 北京：中国建筑工业出版社，2014.

[26] 范钦满，姜晴. 工程经济学 [M]. 北京：国防工业出版社，2013.

[27] 谭大璐，赵世强. 工程经济学 [M]. 2 版. 武汉：武汉理工大学出版社，2014.

[28] 项勇，卢立宇. 工程经济学 [M]. 2 版. 北京：机械工业出版社，2015.